禅宗·六祖慧能

张志军（明一居士）——著

中国出版集团 现代出版社

图书在版编目（CIP）数据

禅宗·六祖慧能 / 张志军著. -- 北京 : 现代出版社, 2018.1
ISBN 978-7-5143-6493-4

Ⅰ. ①禅… Ⅱ. ①张… Ⅲ. ①慧能（638-713）—传记 Ⅳ. ①B949.92

中国版本图书馆 CIP 数据核字（2017）第 226997 号

禅宗·六祖慧能

作　　者	张志军（明一居士）
责任编辑	陈世忠　张　霆
出版发行	现代出版社
地　　址	北京市安定门外安华里 504 号
邮政编码	100011
电　　话	010-64267325　010-64245264（兼传真）
网　　址	www.1980xd.com
电子信箱	xiandai@vip.sina.com
印　　刷	北京飞帆印刷有限公司
开　　本	710mm×1000mm　1/16
印　　张	21.25
字　　数	313 千
版　　次	2018 年 1 月第 1 版　2024 年 1 月第 6 次印刷
书　　号	ISBN 978-7-5143-6493-4
定　　价	52.80 元

前　言

他只字不识，但他的语录被尊称为“经”——《坛经》，这是佛教除释迦牟尼所说的语录之外，唯一被称作“经”的佛学著作。甚至，近代大学问家钱穆认为，它是中国有史以来第一部白话文作品。

他是一位樵夫，可是，像王维、白居易、柳宗元、苏东坡、黄庭坚……无数大文学家、大艺术家都对他推崇备至。

他是被人称作“南蛮子”的边氓，然而，贵为女皇的武则天以及唐中宗数次下诏请他进宫，要礼拜他为大唐国师，却被他拒绝了。

他仅仅在寺院卖了八个月的苦力，却一跃成了禅宗第六代祖师，千百年来，他的思想智慧不仅影响着中国社会，还传播到世界很多国家。

他，就是慧能。

慧能（公元638—713年。亦称惠能），是唐代著名的佛教改革者，禅宗实际上的创始人，中国历史上屈指可数的伟大思想家。他出身贫寒、目不识丁，却在24岁时，以行者之身，成为佛祖释迦牟尼血脉嫡传的佛教第三十三代祖师爷。而后，他又遭人追杀，被迫隐姓埋名15年……

是他将达摩撒下的禅的种子培育成了参天大树，并使之蔚然成林；是他实现了印度佛教中国化，玄学佛教生活化，贵族佛教平民化（都市佛教山林化），义理佛教实用化；是他对传统佛教进行了重大改革，高扬“顿悟成佛”的大旗，恰似风行草偃，不但使得禅宗其他流派尽归其宗，而且，他所创立的禅法，几乎成了汉传佛教的代名词。所谓中国佛教，其特质在禅。其后，禅宗百花齐放，争奇斗艳，大师辈出，五家七宗相继建立，开创了光耀千秋的辉煌局面。

有人问庐山归宗寺的道诠禅师："什么是禅？"

他回答："待到雪消后，自然春到来。"

康熙皇帝指着桅帆叠影、舳舻相继的长江问："这条江上有多少条船？"

镇江金山寺方丈香磬禅师伸出两根指头："不多不少，两条船。"

康熙追问："一眼望去，江船何止百条、千条，怎么能说只有两条？"

"一条为名来，一条因利去。"香磬禅师说。

白居易对禅心空灵不理解："心中污浊不可有，清净念头也不能存留吗？"

兴善惟宽禅师说："金屑虽贵，入目成翳。"

乾隆要到常州天宁禅寺视察，方丈眼开禅师说："我们就以坐禅来迎接圣驾吧。"——僧人在禅堂坐禅之时，任何人不得打扰，包括皇帝在内。

乾隆知道眼开禅师是开悟的祖师，要封他当国师。眼开禅师展颜一笑，双腿一盘，两眼一闭——死了。

这就是禅，禅的智慧，禅者的态度，禅者的风采。

以慧能为创派祖师的禅宗，在盛唐时期的异军突起，使得整个东方文化格局发生了重大变化，各个层面、各个领域无不受其影响，受其渗透。画蕴禅意品自高，禅是诗家切玉刀。中国传统文化从诗歌到绘画，从音乐到雕塑，正是因为禅的介入，引发艺术领域火山爆发、高原崛起式的突变，从而达到了空前的高度。

禅宗的崛起，不但启悟了道家的根本变革，而且直接孕育了新儒家学说——理学。人们评价新儒学是"阳儒阴佛""儒表佛骨""儒外佛里"，这其中的"佛"，指的正是禅。不是吗，从新儒学先驱李翱到理学集大成者朱熹，无不受禅宗的影响，他们大都是以儒家的语言，阐述禅的精髓。朱熹晚年将自己开办的书院，直接以佛教修行场所——"精舍"来命名。更有甚者，他教导学生的方法也是一半时间读书，一半时间静坐。——后人戏称："半天当儒生，半天做和尚。"

禅宗远在唐、宋时期便传到了邻国。越南独立的开国元勋，就是一位禅师。日本把禅宗当作其文化的三大主流之一。可以说，禅的精神，渗透到了日本人生活的方方面面。近年来，西方也多次掀起禅学热潮，坐禅中心遍布欧美……

——慧能在思想史、文化史的影响之大，由此可见一斑。

慧能从一个不识字的樵夫，成为享誉青史的一代宗师，被西方人称作“东方耶稣”，这个独特的历史现象，很是令人回味！

种种文献记载，慧能闻听了《金刚经》中一句“应无所住而生其心”便开悟了。毋庸置疑，六祖慧能系天纵英才，然而，他的天赋，他的思想，与他特殊的经历密切相关。他三岁丧父，从小以打柴为生，正是苦难的塑造与大自然的启发，使得他具备了从生活中领悟禅机、由自然现象契入宇宙真理的基础。因此，本传记透过神秘的宗教色彩，从一个活灵活现、有血有肉的人的角度来描述慧能的形象，并从中探索出慧能独特禅学的渊源。也就是说，我力图描绘的是，一个普普通通的中国人，是怎样像释迦牟尼那样顿悟成佛的！

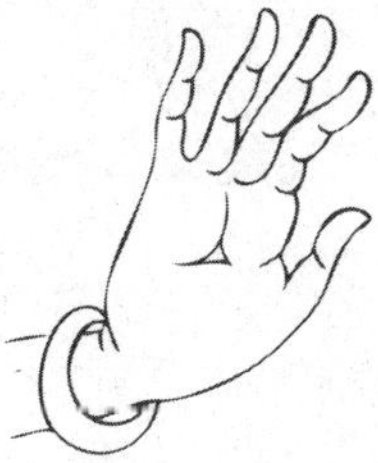

目　录

慧能：“转了一大圈，还得回到老地方啊！”

李氏：“那你想干什么？”

慧能：“砍柴呀。”

“视而不见，听而不闻，心不在焉……”慧能依然自言自语着。

忽然，他像是猛然领悟到了什么，一拍大腿，喊叫道：“对，就是因为心不在焉！心在一切在，心空一切空，一切由心生，一切由心灭！明白啦，我全明白啦！”

白云道长：“和尚，这里不是你的僧房，更不是你的禅床，快快起来。”

胖大和尚：“丈室容纳三千界，大千世界一禅床。你且说，此独木桥在大千世界之内，还是在大千世界之外？”

应无所住而生其心！

这一声，好像来自宇宙中心的呼唤；这一声，恰似发自灵魂深处的呢喃；这一声，他仿佛已经期待了很久、很久，好像从一生下来，他就在等待着它的到来……

“你们看，佛法的真谛，就像美妙的花香，也像动听的流水；而文字，就犹如你们指给我看的手指。手指能指出花香与流水的所在，但你们的手指本身，并不是馨香的山花，也不是动听的溪水。”

弘忍：“一样的粗活，为什么他苦、你乐？”

慧能：“神秀师兄知道自己在吃苦，所以心里就很苦。而我觉得干活就是干活，干活是一种生活需要，所以心里就很享受，自然也就很快乐，哪里还会觉得辛苦？”

在神秀的寮房里，小沙弥正在给神秀念诵慧能的偈子：“菩提本无树，明镜亦非台，本来无一物，何处惹尘埃。”

一道电光划破黑沉沉的云空，神秀心灵深处亦闪过一道照彻宇宙的光芒，他不禁大喝一声：“好——”

五祖开怀大笑：“极是，极是。自己的烦恼自己断，自己的生死自己了。参禅修道，犹如吃饭喝水，任何人都不能相互替代。所谓师父，只能为人指明前行的方向，是否能够到达不生不灭的彼岸，只能靠每一个人自度。”

慧能：“古往今来，中土贤圣，西天佛祖，释迦牟尼，孔子、孟子，老子、庄子，他们各自所阐述的宇宙人生的真谛，犹如一道垂直向上的梯子，虽然层次不同，但方向是一致的。”

无尽藏：“那么，怎样才能成佛？”

慧能："顿悟成佛！

神秀对空合十，呢喃道："谢谢大师开示。"

继而，他对着明镜一般的月亮，祈祷似的自言自语："我神秀之心，犹如天上明月。慧能师弟，你可了知……"

慧能从容不迫地走进法性寺来。他似乎别有意味地对着婴行神秘地笑了笑。婴行的魂魄似乎被慧能的神态摄去了，痴痴的，呆呆的，直到慧能的背影消失，他仍在发愣。

二百五十年的戒坛依旧庄严，一百七十岁的菩提树枝繁叶茂，绿荫匝地，高大参天。它们还在企盼着肉身菩萨的到来吗？

六祖："你从哪里来？"

他低下头，喃喃说："弟子怀让，从嵩山而来。"

六祖："什么样的一种东西来呢？"

慧能："这一树上的枝叶，有的欣欣向荣，有的枯黄萎缩，是向荣的好，还是枯萎的好？"

法海："当然是生机勃勃、欣欣向荣的树叶好。"

六祖："如是，如是，那就向荣去。"

他，六祖慧能，进入了一种最为神奇的禅定："龙奋迅三昧"——但见，他手中的禅杖活像一条飞龙，呼啸而出，升腾而起——

一道闪电从乌云中蹿出——

一声炸雷砸地轰鸣——

瓢泼大雨从天而降……

"您是行思大师吧？我叫希迁，从曹溪来。"

行思不禁抬起头，看了这个青年比丘一眼："你从曹溪来，带来了什么东西呢？"

行思说着，随手拈起一朵小小的野花，插在了斗笠上。

就是这样一句看似平常的话语，一个不起眼的动作，却蕴含着铺天盖地的禅机。

楔　子

梁武帝大通元年（527），正是金风送爽、稻谷飘香的季节，一艘硕大的远洋巨轮徐徐驶入珠江口。一位深目高鼻、赤须虬髯的比丘（俗称和尚），迎着猎猎江风，矗立在船头。他深邃的目光，透过淡淡的薄雾，久久凝望着震旦这块与他的家乡一样古老、一样神奇的大地。

这艘大船来自遥远的天竺。那位赤足站立在甲板上的番僧，就是注定要改变中国佛教发展方向，并对中华传统文化产生重大影响的达摩祖师。

达摩祖师的赤脚一踏上中国南海（今广州）坚实的土地便对外宣称：

“我要找一个不被人欺瞒的人。”

当时，正是中国魏晋南北朝时期。连贵为南朝皇帝的梁武帝，都不是达摩要找的人，所以，他一苇渡江之后，来到了河南嵩山，在距今少林寺七里半的五乳峰太古洞面壁而坐。这一坐，他老人家整整坐了九个年头。人称壁观婆罗门。

达摩面壁，当然是在等一个人，一个不被人欺瞒的人。这个人就是慧可。

慧可原名神光，长得方头大耳，聪慧异常。他听说了达摩面壁的故事之后，心有灵犀，立刻去向这位来自佛陀故乡的祖师求法问道。

神光兴冲冲来到嵩山，却在太古洞碰了一鼻子灰。那达摩整日面壁而坐，不言不语，不动不摇，任神光百般乞求，千遍诉说，他始终连眼皮都未曾抬一抬。莫非，你真的是一尊千年石佛？

从春到夏，从夏到秋，从秋到冬，达摩天天面壁，神光日日碰壁。但他锲而不舍，求道之心始终不渝。转眼到了寒冬腊月，神光照例坚持每天来请求达摩收他为徒，达摩依旧不理不睬。然而，这一天，神光为了求得无上大道，下定了决心：你不答应我的请求，我就站在山洞之外永远不离去！

这一天，是腊月初九。腊七、腊八，出门冻傻。这几日，正是全年最冷的时候，哈气凝霜，滴水成冰。朔风似快刀，一下又一下，在神光脸颊上划出一道道小裂口；寒气像冰蛇，从脚底钻入骨缝，啮咬着他的神经……他也像达摩那样，一动不动。入夜，鹅毛大雪从天而降。风卷雪糁儿，摔打在脸上，落进衣领里，神光被冻得瑟瑟直抖。但他一任严寒刺骨，风雪狂虐，坚持站立在山洞之外。夜，越来越深；雪，越下越大；风，一阵比一阵凛冽……

一夜北风紧，天亮雪尚飘。在太古洞外站立了整整一个晚上的神光，浑身沾满了雪糁儿，长满了霜花，挂满了冰坠，犹如冷霜凝固、冰雕雪砌一般。

达摩大师的意识从禅定中出来，向洞外看了一眼。于是，他不仅看进了满眼的洁白，也将雪人一样的神光看进了眼里。他不动声色地问道：

“你，在雪中站立了一夜，想求个什么？”

达摩大师终于开口了！神光欣喜若狂，激动万分。他悲欣交集，两行不知是苦是咸是甜是酸或者百种滋味交织在一起的眼泪，潸然而下……半晌，神光才断断续续从咯咯作响的牙缝里蹦出了一句话：

“和、和尚、慈、慈……悲，为、为我、开、开、开甘露法门。”

达摩祖师乜斜了他一眼，缓缓说道：“诸佛无上妙法，是天长地久，行难行之事，忍难忍之情，累世勤奋，旷劫精进而修得的。你凭着这么一点点小小的恭敬、小小的殷勤，就想得到？哼，你站在膝盖深的白雪中算得了什么？若想得我心法，除非天降红雪！”

天降红雪？这是不可能的事情啊！也就是说，神光求无上菩提没指望了！

神光又饿又冷，而此时此刻，他的一颗因绝望而不停抽搐的心，更是痛苦万分。他可以忍受风雪肆虐，但无法接受被达摩拒绝的现实。

这时，山崖上一株枝叶茂密的松树因为树冠上积雪太多，所有的树枝都被压得向下弯曲着。雪仍在不停地下，树上的积雪仍在不断地增多；好像，它已经再也无法承受那巨大的重量了，整棵大树随时都有可能轰然倒下……随着“咔嚓”一声响，树上一根最长的树枝折断了。整棵大树因了平衡被打破，在那一瞬间受到振动而强烈摇晃起来，树冠上的积雪纷纷坠落下来。

它虽然丢弃了一条最强壮的树枝，却换来了整棵大树的生命。

诗人说，大树每失去一条胳膊，就能得到一只眼睛。

目睹了这一切的神光突然受到了启发：不是吗，佛祖释迦牟尼以及历代祖师为了求法悟道，敲骨取髓，不惜身命。古人能做到，我为什么不能做到？

为了显示誓死求法的决心，为了表示自己发自灵魂的诚恳，神光抽出戒刀，猛然砍向自己的左臂——

奇迹出现了，从神光断臂处喷涌而出的鲜血，染红了空中飘飘洒洒的雪花，染红了白茫茫的雪地！

“师父，你看，你快看，天降红雪了！天真的在降红雪！”

达摩大师不禁热泪盈眶了。他没想到，神光为了求法而自行断臂。他十分动情地说：“可，可！历代诸佛当初求法之时，和你现在一样，都曾为法忘身，为法捐躯。你已经用你的行动证明，你完全有资格接续佛之慧命。”

从此，神光改名为慧可。

这慧可断了一条胳膊，疼得浑身哆嗦，但他不说自己身上疼痛，而是说：“师父，我心痛难安，请你为我安心。”

原来，慧可是在变相向达摩讨教佛法的真谛。因此，他所说的心，不是我们通常意义上的肉团子心脏，而是我们那颗真心，那心虽然无形无状，却能思维、能妄想、能说话、能辨音，举手投足，扬眉瞬目……无所不在，无所不能。佛教所谓的明心见性，心、佛、众生三无差别，说的就是这颗心。

达摩祖师听慧可说心痛难安，怪目圆瞪，倏地将一只大手伸到他的面前，大声喝道：“拿心来，我为你安！”

电光石火，就在达摩将手伸到他眼前的一瞬间，慧可清清楚楚地感到自己被一种无形无相却又切切实实存在的力量击中了。他目瞪口呆，惊诧万分，若有所悟，却又无从说起……

达摩的那只大手突兀在眼前，更横亘在整个天地之间，似乎还放射着淡淡的红光。它不停地向慧可索要着：拿心来，拿——心——来——

我们用心之时，那真心无处不在，无所不能，但用过之后，它又无影无踪，无形无相。这样的心，让慧可到哪里去找？慧可愣怔了半天，喃喃地说道：“师父，你叫我拿心来，可是，心在哪里呀？我找不到啊！”

“为你安心竟！”

达摩大吼一声。他这一吼，如同晴天霹雳，在慧可面门前轰然炸响，陡然震断了他的胡思乱想。是啊，心既然找不到，你还心痛个什么？心既然空无踪迹，你还安个什么？

觅心了不可得，为你安心竟！

迷雾散尽，艳阳高照。慧可自性田中慧日当空，寂照万方。他，大悟了。

花开花落几春秋。

有一天，达摩祖师对慧可说：“我将圆寂，现在，将《楞伽经》四卷、袈裟一领，正式传授给你。你为东土二祖，当知肩上担子之重。东土禅灯，靠你接续。”

慧可合十肃立，达摩祖师作偈云：

吾本来兹土，传法救迷情；

一花开五叶，结果自然成。

第一章　诞　生

沿着当年达摩大师到达中国的珠江口，溯江而上，到肇庆，有一条从西南方向奔腾而来的支流，名叫新兴江。新兴江中上游，一列大山纵横曲折，峰峦高耸，岩壁峻峭，蜿蜒五十余里，好像一条苍龙，卧在江边。因此，当地人都叫它龙山。

在相当于龙头的山峰之下，犹如巨龙小心翼翼藏在腭下的宝珠，悄然存在着一个小小的村庄。

卧龙腾跃，翱翔蓝空倾甘露，霓虹七色彩云飞；宝珠出世，光辉灿烂照九州，风韵千古泽后世。

钟灵之地，当有人杰出乎其类、拔乎其萃；山川奇异，自有贤圣与日同光、与月同辉。所以，千百年来，当地百姓一直传说，龙山之下潜伏着一道龙脉，一旦机缘成熟，将有一位伟大的帝王从这里诞生。据说，大唐王朝执掌天象的太史令夜观天象，忽然，他发现，一道白色祥光从岭南方向直冲寰宇，熠熠生辉，久久不散。太史令既兴奋又困惑：因为，这一瑞象，是一种千载不遇、万年难逢的大吉祥预兆，预示着一位名垂青史的伟大人物即将坐胎临世；然而，此时，恰逢大唐盛世，太宗皇帝李世民更是千古一帝，难道天地之间还酝酿着巨大的变数？他百思不得其解，便怀着忐忑的心情，化装成一个普普通通的风水先生，悄然潜来南海，找到了龙山脚下。

岭南苍龙窟，宛然摩尼珠；孕育百万年，毫光照大千。

这风水，这龙脉，分明是诞生帝王的地方；这瑞气，这彩云，又是那样地安详、那样地柔和，丝毫没有帝王那种君临天下的霸气。这里的神韵，比王者更具风姿，比文曲星还要洒脱。

太史令陷入了深深的思索：这到底是一种什么样的吉祥预兆呢？究竟是何等人物，感召得地生瑞气、天绕祥云？

传说毕竟是传说，而此时，正是黎明前最为黑暗的时刻，天地一片混沌，再加上浓重的晨雾塞满了所有的空间，使人感到沉重、压抑，莫名其妙地烦乱。

那一列黑乎乎的山脉，也犹如僵死的龙蛇，匍匐在原野……

忽然，一声嘹亮的初生儿啼，震颤着整个世界。

伴随着这新生命的诞生，似乎有缥缥缈缈的仙乐，从高渺的天宇徐徐而降，好像是充满慈爱的纤指，轻轻抚摸沉睡的山川草木。仿佛为了回应那美妙的天籁，就有一股若有若无的馨香，宛若梦的思绪，从那间群山环抱的茅草屋中缓缓散发出来，在天地间传播……

于是，清风徐来，浓雾为之消散。大地清新如洗，碧空万里无云，绚丽的朝霞从东方迸发出来，将天际染得一片灿烂。山谷里，小溪旁，生机勃勃，杨柳婆娑，野花盛开，晨鸟鸣啼。连那一列宛若巨龙蜿蜒的山脉也活了起来，显露出高耸挺拔的雄姿……

这一天，是唐贞观十二年（638），二月初八。这一天，自达摩祖师将宇宙间最不可思议的智慧的精灵——禅，传给二祖慧可，恰好过了一个世纪——整整一百年。

这里是岭南新州（今广东新兴县）龙山脚下的夏卢村。这里距离唐王朝的统治中心——京洛（长安、洛阳），遥遥五千里，是南中国最为不开化的荒蛮地区。

茅屋前的小院里，一个浑身散发着儒雅之气的中年男子，心神不定地转来转去。他几次走到房门前，想推门而入，却又克制住了自己。

正当他忐忑不安之时，从室内走出来一位大手大脚的婆婆，对他说道："恭喜卢老爷，是儿子，是儿子呀！"

中年男子大喜过望，急忙奔向屋内，但到门口，他又退了回来，对着婆婆抱拳作揖，并深深鞠躬，声音颤抖着说："谢谢，谢谢您，李婆婆！我流落此处，连个亲戚都没有，若不是您帮忙，真不知如何是好。”

李婆婆说：“卢老爷，看你说到哪里去啦？咱们既然住到一块，就是三生有缘。远亲不如近邻，谁家没个大事小情的？再说，你夫人是我们当地人，并且也姓李，与我五百年前是一家。我不帮忙谁帮忙！你说对不对，卢老爷？”

中年男子情不自禁地笑了，嘴角泛起一缕隐隐的苦涩，轻轻叹了一口气：“李婆婆，请您别再称我老爷了。卢某现在与您一样，仅仅是个平头百姓，早已不是什么大老爷了。”

李婆婆麻利地在灶间兑好一大盆热水，一边端着向室内走，一边说：“不管怎么说，你也当过大老爷，怎么会与我们这些草民一样呢！”

中年男子跟在李婆婆身后进到屋内，但没有走进里间，而是在堂屋，面冲北方跪了下来，喃喃说道：“远在范阳的列祖列宗在上，行瑫不孝，背井离乡，流落岭南。所幸苍天有眼，今日新添男丁，使卢氏这一支香火不断……”

在这南方之地的野山之中，这个中年男子何来一身书卷之气？他又为何被李婆婆称作“卢老爷”？他的列祖列宗为何远在范阳（今河北涿州）？要知道，范阳卢氏，自汉尚书、中郎将卢植起，一直是“北州冠族”，名列中国最为显赫的四大望族“崔、卢、王、谢”之一。曹操曾经盛赞卢植“名著海内，学为儒宗，士之楷模，国之桢干”。数百年来，范阳卢氏出将入相，高官辈出，名卿如云，从三国至唐初，仅宰相就有十二人之多。这个中年男子，既然是门庭显赫的范阳卢氏的子孙，如何流落到了瘴气弥漫、民未驯化的岭南？

原来，这个出身范阳卢氏望族的中年男子，名行瑫，系卢植的第十三代孙。源远流长的家学熏陶，使他学富五车，文采斐然。与他的大多数祖先一样，学而优则仕，他也被选拔为朝廷官吏，在范阳为官。天有不测风云，唐高祖武德三年（620），卢行瑫被左降流徙到岭南新州。后来，他娶当地女子李氏为妻，落籍在了这龙山脚下的夏卢村。

上苍似乎故意与卢行瑫过不去，他不但仕途坎坷，最终被削职、被流放，而且成婚多年，夫人的肚子一直平平，毫无消息。不孝有三，无后为大。卢行瑫不甘心，夫人更是日夜在观音菩萨像前祈祷……

心念至真天地动，灵光一束透寰宇。有一天，李氏忽然看见一朵五彩祥云越过高高的山峰，悠悠然向她飘来。彩云之上，赫然站立着一位放光溢彩、宝相庄严的菩萨。李氏赶紧跪下参拜。菩萨开口说道：“夫人历劫行善，一定得生贵子。”

李氏不敢抬头仰视，只是磕头如捣，嘴里喃喃说道：“菩萨慈悲，菩萨保佑，菩萨……”

菩萨又说：“夫人，您是希望你的儿子一生平平安安、享受荣华富贵，还是历经磨难而流芳百世、遗泽苍生？”

李氏从小吃斋念佛，所以毫不犹豫地脱口说道：“当然希望他流芳百世，遗泽苍生。”

菩萨掌中托着一粒晶莹剔透的明珠，说：“那好，那就让这颗舍利子归位安住，日后定会实现灵验。”

李氏下意识地张了张嘴，菩萨手掌上的明珠忽然跃起，在空中划出一道美妙的弧线，落进了她的口中。她立刻感到腹中一阵清凉，浑身上下舒坦无比，似乎每一个毛孔都透着一种安然祥和，仿佛要羽化升天……

李氏不禁笑出了声，将自己与丈夫都笑醒了，方知是南柯一梦。

然而，自从做了那个蹊跷的梦，她的肚子却一天大似一天——真的怀孕了。

或许真的是菩萨保佑，在卢行瑫年过不惑之后，夫人终于顺利产下一个男儿。

李婆婆从室内出来，对卢行瑫说道：“卢家老爷，快进里屋看看你的宝贝儿子吧。”

卢行瑫刚想走进里屋，像是突然想起了什么，从供桌上的瓦罐里摸出几枚铜钱递到了接生婆手里，充满感激地说道：“李婆婆，让你辛苦了整整一夜。这几个钱太少了，实在拿不出手，你就买几个糍粑当点心吧。”

李婆婆坚决推辞掉酬金，说："卢家老爷，你这是干什么？乡里乡亲的，谁家没个大事小情？去吧，快去看看你的小宝贝吧。"

卢行瑫被李婆婆推进了里屋。

夫人李氏倚靠在竹床上，面色虽然苍白，却也充满了幸福、满足的微笑。卢行瑫看了看襁褓中的婴儿，用布巾给李氏擦拭额头上的汗，深情地说："夫人，辛苦你了。卢家的香火，总算得以延续了！"

"老爷，咱们该感谢观音菩萨，是救苦救难的观音给咱卢家送子来的。"李氏双手合十，虔诚祈祷："南无大慈大悲观世音菩萨……"

卢行瑫久久注视着襁褓中的新生儿，脸上洋溢着欣慰的笑意……

"嗒、嗒、嗒……"

门外传来清脆的木鱼声。

李氏侧耳听了听，对卢行瑫说："老爷，门外有僧人化缘呢。"

卢行瑫为难地摊开双手："可是，我们家徒四壁，实在……"

李氏说："没有多，也有少哇。佛菩萨看重的是一片诚心。"

卢行瑫点点头："是的、是的，布施无多少，全凭广济心。家中尚有几枚铜钱，接生的李婆婆不肯收，就布施给和尚吧。"

他拉开房门，两位容貌奇特的僧人站在篱笆外。他合十道："两位大师，早餐尚未做，家中只有铜钱数枚，请师父买油供佛吧。"

一位老僧说道："施主，贫僧今日一不化斋饭，二不乞香油钱。"

卢行瑫不解地问："那，二位大师……"

老僧道："贫僧二人是来给檀越（施主）道喜的。"

卢行瑫惊奇地问："我一个被流放的人，何喜之有？"

老僧笑道："檀越，今晨是否喜添男丁？"

卢行瑫更加震惊，反问："大师怎么知道？"

二僧相视，神秘地笑笑："檀越，能否让贫僧两个一见？"

"大师请。"

卢行瑫将二位神秘的僧人让进室内。两个僧人走到床前，刚想仔细观察新生儿，新生儿忽然睁开了眼，脸上显出一种莫名的神态。好像，他认识二位怪僧似的。二僧双手合十，竟对小儿行礼！

卢行瑫夫妇被僧人反常的举措弄得莫名其妙，不知如何是好。

老僧又对卢氏夫妇合十鞠躬，道：“恭喜二位得到了千年难逢的麟儿！将来不但可以‘慧’施一切众生，亦‘能’弘扬宇宙大道，其成就直追孔、孟、老、庄。因此，希望二位替他取名‘慧能’。”

卢氏夫妇口中悄声重复着“慧能”这个名字，不知何时，两位僧人已悄然而去，不见了踪影。

一轮崭新的朝阳高高升起，金色的光芒透过窗户，照在这新生儿小小慧能的脸上，仿若一枚红艳艳的金苹果。

“慧能——”

随着一声呼唤，一个三四岁的小男孩儿，蹦蹦跳跳地从街上跑了回来。他推开柴扉，回到院中，走到正在缝补衣服的母亲面前，说：“娘，你喊我？”

李氏说：“能儿，去水田里喊你爹回来。老家范阳捎来了书信，让他赶快回来看看。”

小慧能快快乐乐地蹦着、跳着走出了院门。

李氏盯着小方桌上的一个大信封，不知不觉，手中的针线停了下来；渐渐地，信封中间的那两条红色的条杠，幻化成了一匹大红色的绸缎；于是，欢乐的锣鼓、喜庆的唢呐声由轻变重，从遥远的地方向她扑来，越来越近……

丈夫卢行瑫身穿官服，头戴纱帽，披红戴花，被众多官员前呼后拥着送上了一顶绿呢大轿，颤颤悠悠抬进了一座高大威严的衙门……

这是丈夫自从被贬到岭南以来，几乎天天晚上做的一个梦，一个期盼了十八年的美梦。成婚以后，他也曾多次满怀热望地向李氏描述过官复原职的情景……

“夫人。”

李氏手一哆嗦，缝衣针扎破了手指头。她也从梦幻中醒了过来。

卢行瑶半开玩笑地说："夫人，想什么好事呢？看你高兴的样子。"

李氏脸色飞红，用嘴吮吸着扎破的手指。

卢行瑶急切地问："范阳有书信来？在哪儿？"

李氏点点头，眼光瞟一瞟小方桌，说："半晌的时候，县衙里的差役送来了一封书信。我不识字，不知究竟是不是范阳老家寄来的。"

卢行瑶走向小桌，吟道："漂泊岭南十八载，鸿雁迷踪姗姗来……"

小慧能悄悄问李氏："娘，娘，为什么每次听到范阳的一点消息，我爹总是这样呢？"

李氏欲言又止。

卢行瑶拿起那封因辗转多地而颇为破损的信，惊喜地喊道：

"呀，是文龙兄的字体！文龙兄的信终于来啦！"

李氏略微有些吃惊地问："文龙？文龙是谁？咋没听你说过老家有个叫文龙的人呢？"

卢行瑶说："文龙兄是我的同窗、同年。当初，我们俩一同被吏部选为了知县。转眼之间，分手已经十八年了。"

李氏一个土著女子，还是不大理解："他，怎么会突然给你来信了呢？"

卢行瑶不答反问："夫人，你可知道，我在北方为官时，对老百姓如何？"

李氏一笑："我从来没有回过老家，如何能知道你在老百姓眼中如何？不过，从咱家现在的一贫如洗、缺少吃穿的情况来看，起码你不是一个贪官。"

卢行瑶说："我们卢氏家族世代为官，老祖宗卢植更是留下遗训，告诫后世子孙，要为官清廉。当年，我卢行瑶上为了报答朝廷重用之恩，下为了光耀卢氏门庭，一直勤政不怠。只不过，只不过因为偶有失误，被嫉妒的同僚夸大其词，奏报给了吏部。朝廷官僚仅仅以此为据，便将我罢官流放，有失公允。所以，我一直不死心，不甘心哪！临来岭南，我拜托文龙兄为我在朝中打点开脱，寻找东山再起的机会。后来，听说文龙兄升任翰林学士，成了京官，就更有机会替我说话了，去年，我又托人给他捎过一封书信。"

李氏欲言又止。

卢行瑶满怀希冀地拆开信，不禁念出了声：

“……行瑫年兄嘱托，怎敢相忘！兄在岭南之困境，犹如虎落平阳，亦是文龙可以想到的。文龙会合同僚，联络同年，数次向吏部保奏，然……”

卢行瑫的脸色急剧变化，白得像一张纸，眼神渐渐发呆，痴痴地站立不动。恍惚中，信纸似乎变成了朝中部堂老爷那冷漠、嘲弄的脸庞，向他一遍又一遍宣布：

“你卢行瑫罪不可恕，既已贬为平民，则永不续用！”

这声音一次比一次冷，一遍比一遍重，像重锤，一下又一下敲击着卢行瑫的太阳穴。他脸色由白而青，由青而黑，“哇”地大叫一声，一股鲜血从口中箭射而出，砰然倒地……

李氏与慧能齐声惊叫：

“老爷……”

“爹——”

第二章　磨　难

小小的新州县城，好像是蜿蜒曲折的新兴江不经意间抛到岸上的一个泥丸，要多土气有多土气。它虽然名字也叫“州”，却属广州管辖。

李氏拉着小慧能，步履蹒跚地走进新州县城南门。她东张西望，目光在一家家店铺巡视。最后，她犹豫了一下，走到一家杂货店里，向店小二打听说：“小二哥，请问你，城里的当铺在什么地方？”

敢情，这一老一小不是来买东西的！店小二的笑脸马上冷若冰霜，不耐烦地说道：“去去去，打听闲事到别处去！走走走……”

李氏拉上慧能，刚要转身离去，这时从里面走出了一位中年富绅。他是杂货店的老板，名叫安道诚。他喝住店小二，对李氏说：“老嫂子，你是从乡下来的吧？”

李氏说：“是啊，是啊，俺们娘儿俩是夏卢村的。孩子他爹病了，没钱抓药，想到当铺里……”

安道诚说：“你沿着这条街一直向前走，到第三个路口向东，然后再向北拐，然后……”

李氏十分尴尬地笑着问道：“请、请问，哪边是北呢？我有些转向了……”

安道诚刚要伸手给她指示方向，想了想说：“算啦，算啦，我还是领着你们去一趟吧，省得你们娘儿俩走冤枉路。”

李氏千恩万谢，跟着安道诚来到了当铺里。当铺的柜台很高，李氏的身体又那么瘦小，她吃力地举着胳膊，才把一包衣服递了上去。

掌柜从包袱中抖出一件半新的官服，居高临下虎视着李氏：“你，这件官服从何而来？是不是从衙门偷的？说！”

李氏十分倔强地说道：“我们卢家虽穷，但是，宁可饿死也不会偷人家的东西。”

当铺掌柜拎起官服，咄咄逼人地问道：“不是偷的，你们一个平民百姓人家，哪儿来的官服？”

李氏说：“我家老爷曾在北方为官，当然有官服啦！”

掌柜反复掂量那件官服：“这件官衣，与县衙里大老爷的一样。看来你家老爷曾做过知县。为官一任，富过三辈经商。你们既然是官宦人家，还用沽衣度日？”

李氏叹了一口气，无言以对。这时，一旁的安道诚对当铺掌柜双手抱拳，说道：“大掌柜，十七八年前，有一个官儿从中原贬到咱们新州。看样子，这娘儿俩就是他的家人。我看，你就别难为她啦。”

大掌柜边收拾衣服边咕哝道：“将近二十年前就削职为民了，穷得揭不开锅，还一直保留这官服做什么……”

李氏接过几块碎银，在安道诚的指点下，又拉着慧能走进了中药铺。

这是小慧能生下来之后第一次到城里。

高高的龙山依旧云蒸霞蔚，气象万千，而山下的卢家小院却失去了往日的活力。慧能安安静静地坐在屋檐下，用扇子扇着一只小泥炉熬药。

室内，卢行瑫僵卧竹床，一动不动，死尸一样。半晌，才能看到他的眼球转了转，两颗硕大的泪珠，无可奈何地从眼角滚落下来。

李氏给他擦了擦额头的冷汗，轻轻劝慰说：“老爷，你想开些。”

卢行瑫一脸的痛苦，一脸的愁云：“夫人，复职无望，返乡无时，我能想得开吗？”

李氏说：“不当官就不当呗。当官有什么好？整天提心吊胆的。一不小心，乌纱帽就丢了。”

卢行瑫说：“可是，我十年寒窗苦读，满腹经纶文章，不做官怎么施展平生抱负？大丈夫生于斯世，理当治国平天下，万古流芳，永载史册。再说，我这样被罢官流放，使卢家列祖列宗蒙羞，若不能东山再起，重振家门，我死不瞑目哇！”

卢行瑫剧烈地咳嗽起来，身子抖个不停，喘不上气来。

李氏边给他捶背，边悲伤地呼喊：“老爷、老爷……”

卢行瑫总算将一口带血的浓痰吐了出来，喘息着说道：“老爷？老爷？我卢行瑫是谁家的老爷？平头百姓一个，只能喊人家大老爷！哈……呜……”

他时而狂笑，时而痛哭，如疯如癫。折腾了半晌，才昏睡过去。

院子里，熬药的小慧能似乎陷入了某种剪不断、理还乱的思索中，脸上的表情极为茫然。他手中的蒲扇有一下、没一下地扇着风，却并没有扇在炉子的进风口上。

李氏在室内喊道：“能儿，药熬好了吗？”

慧能浑然不觉，苦思冥想如故。

李氏又叫了两声，仍不见答应，便从室内走出来。她见慧能正在发呆，便用竹棍轻轻敲了他一下。

慧能一惊，大梦方觉，愣愣怔怔地问：“什么事，娘？”

李氏没好气地说：“什么事！你说什么事？让你熬药，魂儿跑哪儿去啦？”

慧能这才发现，炉火快熄灭了。他忙往泥炉里添了几根木柴，一边扇风一边问：“娘，爹的那件官服，为啥一直保存到了现在呢？”

李氏说：“你爹一直幻想着能官复原职，穿上它回范阳。所以，宝贝似的护着，家里几天没米下锅，他也不让去当。”

慧能关切地问：“现在咱们将它当了，家里没钱，还能要回来吗？”

李氏长长叹了一口气：“唉——要回来干什么？你爹他是做梦哩！一旦被罢官流放，哪有复职的可能！这不，信来了，朝廷说了，削职为民，永不续用。”

慧能皱着眉头问：“爹就为这吐了血，气得害了病？”

李氏说：“谁说不是。他到岭南十八年了，却一直盼着有朝一日被朝廷起用。现在梦醒了，希望破灭了。没了这口气，也就苦撑不下了……”

慧能又问：“当官有什么好呢？为什么爹爹一直梦想着做官呢？”

李氏说：“人为名死，鸟为食亡。你爹他还不是为了赌一口气，为了在人前落一个好名声嘛！”

慧能追问道：“名声那么重要？人活着就为了一个名？”

李氏一怔，不知如何回答。

药熬好了，李氏倒入碗中，端进屋里。

卢行瑫的病一天比一天重，六神俱失，咳嗽不止。

慧能端着药进来，吹了吹，说：“爹，该吃药了。”

卢行瑫无力地摇摇头，断断续续地说：“孩、孩子，你、你就别每天熬药了。爹这病，不是药能治好的，白、白费钱。害得你们娘儿俩连饭都吃不上……”

卢行瑫拒绝吃药。李氏喂他，他牙关紧闭，药汤洒了一身。小慧能在一边急得直哭，却无任何办法。

入夜之后，卢行瑫挣扎在死亡线上，神情极为痛苦。

李氏给他抚胸，小慧能用布巾擦拭着爹爹嘴角的痰液。卢行瑫喘息了一会儿，神志稍微清醒了一些。他无限悲悯地看看即将成为孤儿寡母的妻儿，苍凉地说道：“夫人，能儿，你们别管我了。我一个大男人，上不能光宗耀祖，下不能养活妻儿，活着有什么用！”

李氏哭着说道：“老爷，你胡说些什么！”

慧能也挺着小胸脯说：“爹，你快快好起来吧。以后，我是大孩子了，我帮你种田干活。”

卢行瑫惨然一笑：“我活着，白白拖累你们，可死了，又剩下你们孤儿寡母，今后的日子可怎么过呀……”

一家人抽泣不止。

窗外，风雨交加，电闪雷鸣。卢行瑫已到了弥留之际。他一会儿像利刃剜心，痛苦难忍；一会儿又像魔鬼压顶，惊恐万状。他一直在胡言乱语着什么：

“……不，不，我不能死……我、我不甘心……我、我要回范阳……”

慧能和母亲爱莫能助，唯有抱头痛哭。

一声震天惊雷炸响，油灯被狂风吹灭。黑暗中，传来慧能绝望的哭喊声：

“爹——”

“爹——”

小慧能穿着长长的孝衫，戴着白白的孝帽，匍匐在村外山坡上。他的爹爹，已经躺在了那堆黄土之下。

李氏收拾好上供用的碗盘，对依旧痛哭的慧能说：“能儿，咱们回家吧。”

慧能跪着一动不动，悲伤的泪水混合着鼻涕默默流淌。

李氏说：“唉，咱们娘儿俩都别难受啦，你爹已经死啦。死了，死了，一死百了。你爹死了，也就不受罪了。可咱们还得活着，还得受罪。”

慧能想了想，问道：“娘，我爹活着时受罪，害病时又那么难受，临死更痛苦万分。这些都是为什么呀？”

李氏随口说道：“都是因为命不好呗。”

慧能说：“可是，命好的人，也要害病，也要死呀！”

李氏说：“是呀，人一生下来就是要吃苦的。要不，孩子怎会一生下来就哇哇大哭，而不是哈哈大笑？”

小慧能追问：“那么，我们人为什么还要生下来呢？”

李氏无言以对，有些怪异地默默注视着自己的儿子。这慧能，小小的脑瓜子里，经常蹦出一些莫名其妙的东西。

卢行瑫的撒手归西，对于慧能母子说来，不啻塌了天。幸好，卢行瑫活着的时候，识文断字，没少帮乡亲们的忙，所以，人们都很照顾他们孤儿寡母；幸好，李氏是土著妇女，肯吃苦，能下力，田地里的活能凑合着料理下来；幸好，李氏的娘家集成镇琅村距离这里不远，在娘家兄弟与乡亲们的帮助下，他们娘儿俩守住了二亩薄田，饥一顿，饱一顿，糠一天，菜一天，总算熬了过来。

转眼之间，慧能已经九岁了。许是家道中落之后经常饿肚子，他的个头比同龄的孩子要小一些。

这一天，他蹲在屋檐下磨斧头。几个小伙伴背着书包蹦蹦跳跳，说说笑笑地从门前经过，上学去了。他的目光久久留在他们消失的方向。

李氏触景生情，不禁凄然泪下。她哽咽着说："能儿，苦你了。咱家太穷，无法供你上学。"

慧能却说："娘，我不是想着上学，而是在想，他们上学，究竟有什么用呢？"

李氏心酸地说道："傻孩子，上学当然有用啦。学得四书五经，就能考秀才、中进士啦。"

慧能又问："考进士干什么？"

李氏说："当官哪。考进士，就是咱们老百姓说的选官。中了进士，就能当县官了。然后一步步高升，当州官，当了州官当宰相。一人之下，万人之上。"

慧能打破砂锅问（纹）到底："然后呢，当了宰相之后，还干什么？"

李氏一笑："当到宰相也就到头了，就该免职致仕，回家为民啦。"

慧能不无感慨地说："转了一大圈，还得回到老地方啊！与其这样，当初不读那四书五经也罢。这还是命好的，能平平安安，不被半路罢官。若像我爹，一不小心，罢官流放，连命都搭上啦。"

李氏哭笑不得，说道："那你想干什么？"

慧能举起手里的斧头，认认真真地说："砍柴呀。从今天起，我要上山砍柴，换钱换米，养活娘亲。"

李氏不知道自己该哭还是该笑，她将儿子紧紧地搂在怀里，眼里闪烁着晶莹的泪花。

这时，透过稀疏的篱笆墙，可以看到，一位身穿公服的衙役出现在了村口上。山村偏僻，成年累月也不曾来过差人，所以，他的出现自然而然吸引了人们好奇的目光。李氏的心像是被一只无形的大手猛然揪住了——五六年前，就是这样一位衙役送来了一封催命的书信，勾走了丈夫的性命。没想到，几年之后，他居然又一次在卢家的柴扉前停住了脚步！并且，李氏一眼便认了出来，他，就是几年前的那个信差！

李氏下意识地将慧能紧紧地抱了起来。

衙役尚未开口，脸上首先露出讨好的微笑。他明明看到了院里的李氏母子，却还是礼貌地叩了叩柴扉，说："卢老爷的夫人在吗？请接广州衙门的信。"

广州？在那个远在三百里之外的大城市，李氏连个八辈以内的亲戚也没有，更甭说与衙门有什么联系了。李氏迟疑着，缓缓地走向院门。小慧能倒是利索，跑了过去，打开柴扉，将送信的衙役请了进来。

"夫人，请您收好。这可是广州衙门文大人的亲笔信！"

李氏接过大信封，却拿倒了。她仍是一头雾水，懵懵懂懂问道："什么文大人？文大人是谁？"

衙役也感到几分惊讶："文大人就是上任不久的广州刺史文龙大老爷啊！咱们这新州县，都属他老人家管辖呢。文大老爷在给县老爷的信函上说，他与您家卢老爷是同窗。您能不知道他？"

文龙，又是文龙！文龙已经是威镇江山的一方大员，而卢行瑫却……

"夫人，刺史大老爷交办下来的差事，不敢怠慢，县老爷还等着我回话呢。"

李氏有些不知所措，说："我不识字，麻烦您给我念一念吧。"

衙役不好意思地挠挠头，说："我认识它，它却不认识我。我跟您一样，斗大的字，不识一箩筐。再说，我们公差，也不许观看信函的内容。我的差事，是将信送到就行。"

衙役走后，李氏领着慧能，来到村里大户人家的私塾，请教书先生看看信上写的究竟是什么事。

原来在朝中任翰林学士的文龙，外放为广州刺史。一个多月前，他走马上任来到广州，自然而然地向前来迎接的新州知县打听卢行瑫的情况。当他听说老友早已在五年前撒手归西，甚是惋惜。尤其是当他得知卢氏遗孀独自一人带着儿子慧能艰难度日之时，更是唏嘘。所以，他来信请李氏夫人带着儿子到广州去，与他的家人住在一起，他要替死不瞑目的老友担负起抚育后代的责任，供慧能读书，将来考取功名，继承卢家源远流长的传统门风。

这真是下冰雹落下了雪花银，好事从天降。

然而，除了教书先生，村里有身份的长者们异口同声，都反对慧能母子去广州投奔高高在上的刺史大人。就是嘛，不是至亲，又从未谋面，如何敢将身家性命托付给他？你们孤儿寡母，到了那个人生地不熟的地方，被人家卖了都不知道！

李氏的长兄、慧能的大舅舅，更是强烈反对：“你们饿不死，为什么要外出？”

李氏说：“大哥，看你说的什么话呀！文龙是行瑫的同窗好友，他信上说了，就像亲生儿子一样对待慧能，我们娘儿俩的吃穿用都由他供应。”

“这还不够丢人的？你一个寡妇，却长期住在别人的家里，人们会怎样说？你若是真的操持不下去了，家里揭不开锅啦，就搬回琅村，到我们家去住。”

李氏问道：“大哥，你能供能儿上学堂读书吗？”

“这……”大舅吭哧了几声，不以为然地说，“咱们老百姓，世世代代都没读过书，不是照样过日子吗？”

“是啊，是啊，”长者们也附和着说，“就咱们新州县这个土地方，千年万代也没出过什么翰林、进士，人们不是也活得有滋有味吗？”

李氏一把将慧能拉了过来，将他推到众人面前，好像郑重宣布什么似的说道：“他，姓卢，叫卢慧能，是卢行瑫的儿子。而卢家，千百年来一直是书香门第，历朝历代都是名门望族。卢家的儿孙，如果沦落得目不识丁，九泉之下的列祖列宗有知，定会惴惴不安！将来，我有何颜面去见先夫？我……”

说到后来，李氏已经泣不成声。众人见状，也不好再说什么。

然而，举家搬迁，毕竟不是一件轻而易举的事情。文龙大人虽然表示，慧能母子在广州的衣食住行一切由他供给，李氏还是想筹备一些银钱，以备不时之需。而他们家，能折变成钱的东西，就剩下二亩薄田了。

急切之间，找不到合适的买主。再说，李氏也想等地里的这茬庄稼收割了之后，换一些盘缠。所以一拖再拖，等到他们娘儿俩准备完毕，真的上路的时候，已经是夏末时节，距离文龙大人的来信，已经过了小半年时间。

从新州到广州，可以乘船沿新兴江顺流而下，经肇庆，入珠江，一路顺水顺风，十分便捷。但是，乘船的花费，岂是慧能这样的人家所能筹集到的。再说，就是卖地的钱够船费，他们娘儿俩也舍不得拿出来。于是，慧能母子计划沿着乡间小路，取道高明、佛山，步行到广州。

山村里几乎所有的乡亲都来送行。慧能的舅舅自然也赶来了。他给小外甥带来了一些偶然从深山里摘到的罕见的野生荔枝，果大，肉厚，分外甘甜。慧能不肯独自享用，就三三两两地分给了所有的人。到最后，他手中仅仅剩下了一颗红红的荔枝。品尝过野荔枝的人都回味无穷地咂着舌头，说是从未吃过这么鲜美的品种。慧能看了看手中的最后一颗荔枝，略微思考了一下，没有将它吃到肚子里，而是要把它种在院子里。

舅舅说："傻孩子，荔枝需要压条才能繁殖，你这样做是种不出来的。"

慧能问："舅舅，你种过荔枝吗？"

"没有。我是听老人们说，荔枝不能播种。"

"你没试过，如何能肯定荔枝不能长出来？再说，既然这种荔枝很特别，很好吃，它肯定能生长出来。"

舅舅一愣：这个小外甥，脑瓜子里的想法很玄妙。他看着慧能将荔枝埋进了泥土里，说道："慧能，就算这种荔枝能发芽，能长成大树，能结上果实，你却就要走了，也吃不上啦。"

慧能笑着说："我吃不上，你们大家却能品尝啊！"

一年之后，小慧能播种的荔枝真的破土而出了。从此，岭南人知道，荔枝繁殖，除了压条、扦插之外，还能实生。六十年之后，中国历史上唯一的女皇武则天颁下诏书，将慧能的故宅敕赐为"国恩寺"，这棵根深叶茂的荔枝树，为建造寺院的乡亲们撑起了一片绿荫。一千三百多年之后的今天，六祖慧能亲手种植的荔枝树高达十八米，需三个大人才能合抱。它至今依旧年年硕果累累，泽润后人……

——这些都是后话。

慧能母子昼行夜止，风餐露宿，艰辛坎坷，一路跋涉，终于到达了心目中的圣地——广州。

南海郡治广州，是岭南最繁华的大都市，商旅往来，名流云集。中国的丝绸、瓷器，从这里漂洋过海，散布到南亚各地；海外的香料、珍宝，也由这里输入内地。不仅如此，当年，达摩大师从遥远的印度泛海来华，就是从这里踏上了中华大地，播撒下禅的种子。

五羊开泰，白云山下无双地；人文荟萃，珠江岸边第一城。

慧能母子入城之时，已是夕阳西下时分。不夜城的广州，进入了另一种繁华。珠江之上，暮烟缭绕，夕照迷离，细纹如鳞，微波泛金。江面上漂游着一艘艘楼船、画舫、花艇，小舟鱼贯，载来多情公子；桂棹轻摇，送去妖娆娇娘。江风微熏，送来笙箫丝竹交奏，时轻时重，若有若无，丝丝缕缕，缥缥缈缈，宛若仙乐飘坠凡间；月色初上，引得舟船华灯齐明，流光溢彩，丽影婀娜，朦朦胧胧，恍恍惚惚，犹如身在天宫……两岸楼台错落，千条柳丝掩映，家家张灯结彩，户户欢声笑语。猜拳行令，豪气冲天，醉中男子——人人都是天下第一好汉；莺歌燕语，呢呢喃喃，女子情话——世上最动听的谎言……

金色阊阖，风月桂宫，如此华丽；长安高官，扬州富商，逊其绰阔。

小慧能东张西望，目光迷蒙，愣愣怔怔，似乎一双眼睛都不够用。一辆马车迅急奔驰，直冲慧能而来……

李氏急忙将慧能拉到路边，马车带来的疾风，掀起了他的衣襟。李氏魂飞胆寒，浑身乱颤，又气又怒，不由得打了慧能一巴掌，教训他说：“看什么看，有什么好看的！你的魂儿呢？被那些妖精们勾走啦？”

小慧能一脸的委屈，噘着嘴说：“娘，我在街道两边寻找破庙呢。不然的话，今天晚上咱们又该露宿街头了。”

李氏眼眶发热，心头发酸，差点落下眼泪。

慧能没有察觉到娘的情绪变化，继续说道：“这地方，有什么好的？除了大院、店铺、楼台，连一座破庙都没有！”

李氏说："找不到就算啦，今天晚上，咱们娘儿俩住店。"

慧能说："不用，娘，住店太费钱啦。就是睡在街边也挺好，能看流星。真的，我一点儿也不害怕。"

李氏说："今天晚上的店钱，却无论如何也不能再省了。这些天，咱们娘儿俩住山洞、宿破庙，风刮雨淋，出汗沾尘，从未认认真真洗过脸，更未洗过澡，身上又酸又臭，和叫花子差不多。这副模样，明天如何能到衙门里去拜见文龙大人呢！今天晚上咱们一定要到客栈里好好洗一洗。"

"娘，"慧能叫了一声，却忽然又没了下文。

李氏问："能儿，又什么事？"

慧能张了张嘴，欲言又止。李氏道："你这孩子，从小就心事重！你究竟想说什么？"

慧能想了想，不无忧虑地说："文龙伯伯，是个比县官还要大的官，他，他真的不嫌弃咱们乡下人？他真的会对咱们娘儿俩好吗？万一……"

李氏抬头望着天空，缓缓说道："文龙老爷与你父亲一样，都是知书达理的人，他与你父亲是莫逆之交，肯定会像亲生儿子一样对待你，培养你。儿呀，你可得好好用功读书，一则，千万别辜负了文龙老爷的好心；二来，你们卢家世代书香门第，你可不能给祖宗丢人。"

小慧能郑重地点点头，脸上流露出十分坚毅的神态："娘，你放心。"

李氏欣慰地一笑，说："娘当然放心啦。你是观音菩萨送来的孩子，观音菩萨还说，你会流芳百世，千年万代受人们的敬仰。"

小慧能问："娘，怎样才能世代受人敬仰？"

李氏说："我一个乡下妇女，哪里知道？等你将来读了书，明了理，大概就明白了。像孔圣人，上知天文，下知地理，前五百年，后五百年，无所不知。"

慧能说："像诸葛亮、关公那样，算不算名垂千古？"

"算，当然算！能儿，你若是能当上诸葛亮那样的宰相、关公那样的忠臣，娘就烧高香了……"

李氏无限向往，脸上洋溢着一种圣洁的神采。

慧能母子在一家简陋的小客栈住了下来。第二天晨起，他们将行李暂时寄存在小客栈，早早来到了州衙。

州衙里像是要举行什么重大活动：威严的大门粉刷一新，门前高高的旗杆上彩旗飘扬，清水洒街，黄土垫道，带刀的兵丁沿着街道排开，似乎等待迎接什么尊贵人物的到来。

李氏拉着慧能，贴着墙边，小心翼翼地走向衙门口。

“干什么的，你们？”

一位衙役挡在了他们娘儿俩面前。

李氏浑身哆嗦，嗫嗫嚅嚅，刚想解释什么，州衙门口高高的台阶上，一位正在瞭望的师爷模样的人闻声转过头来，呵斥道：“去去去，难怪你天生的叫花子命呢，连讨饭也不看个时间、地点！这衙门，岂是你们乞讨的地方？”

慧能一挺小胸脯：“俺们不是要饭的！”

师爷不耐烦地挥挥手：“不是叫花子，就是来打官司的。走吧、走吧，今天衙门里有重大事情，不受理案子。”

李氏连连合十、作揖，赔着笑脸说：“这位爷，麻烦您给我们通报一声，就说卢行瑫的家人到啦。”

“卢行瑫？什么卢行瑫？卢行瑫是什么东西？”

慧能向前跨了一步，说：“你才是什么东西呢！不许你骂我爹。”

师爷眯着小眼睛说：“好好好，你爹不是个东西行不行？现在，你双手抱头变成球——马上给我滚蛋！”

师爷给衙役下令：“立刻将他们赶走！”

慧能推开衙役的手，嚷嚷道：“俺们是你们刺史大人请来的客人，你凭什么不让俺们进去？”

师爷闻听此言，不禁哈哈大笑：“这年头，什么稀罕事都有。刺史大人尚未到任，冒充亲友的骗子就找上门来了！”

李氏一愣，追问：“你说什么？刺史大人还未上任？”

“今天这么大排场，就是为了迎接顾使君上任。”

“顾使君？”李氏一脸的茫然。

“顾使君就是顾刺史。有教养的人，称刺史为‘使君’。”

李氏焦急万分：“既然顾刺史来上任，那么，文刺史呢？被罢官免职了吗？”

师爷的嘴角抽搐了几下，冷冷说道：“若是能被免职，那还是好下场！”

“难道，文老爷也被流放了吗？”

“这里已经是岭南了，再往哪里流放？他是被阎王爷流放的——流放到鬼门关里去了——一命呜呼啦。”

“什么，文龙大人死啦？”李氏但愿自己听错了。

“他是北方人，不适应咱岭南的气候，水土不服，染上了瘴气，早在几个月前就病死啦。唉，命里没有别强求。文大人虽然当上了威镇江山的一方大员，光宗耀祖，风光无限，却把小命撂在了这远离故土的天涯海角……”

未等师爷说完，李氏双腿一软，瘫倒在地……

慧能半背半扛半拖，好不容易才将昏死过去的母亲带回了他们寄宿的小客栈。

慧能请郎中，熬草药，昼夜服侍，一个九岁的孩子，真够难为他的。或许正是他的这一念至诚至孝之心，终于将在鬼门关前徘徊了三天的李氏拽了回来。她慢慢睁开眼睛，一时间，不知人在何处，身处何方——有一种恍若隔世的感觉。

俗话说，病来如山倒，病去如抽丝。李氏人虽然活了过来，但身体一时半会儿难于痊愈，仍然不能下床，需要用药慢慢调理。

然而，十天半月之后，小小的慧能虽然没有被拖垮，可他们的钱袋子首先打蔫了——看病抓药，快将他们出卖农田准备在广州安家的钱花光了。幸亏客栈的老板心地善良，没有将这对拖欠店钱、饭钱的母子赶出门，使得他们沦落街头。慧能心里过意不去，一有空闲就帮着店里擦桌子、扫地、端盘子。

客栈烧火做饭需用大量的木柴，隔几天就有一个十岁左右的小男孩赶着毛驴送山樵来。有一天，慧能正在打扫后院，送柴的男孩儿牵着毛驴驮着柴捆从后门进来。慧能刚要帮他卸山柴，客栈老板在大堂里急急忙忙喊道：“慢着、慢着，别卸了。”

老板来到后院，对送柴的男孩儿说：“从今往后，你别再送柴来啦。”

男孩儿懵懵懂懂地问道：“为什么？”

“因为你家打的山樵光冒黑烟，不起火焰。尤其是炒菜时，火太小，本来应该爆炒的菜，下到锅里却只能煮熬。要多难吃有多难吃！自从开始用你家的山柴，我的许多老顾客都不来吃饭了。”

男孩儿一脸的委屈，带着哭腔说：“这些山樵，是我和爹爹冒着危险，好不容易从深山里砍来的，都是最好的木柴。”

慧能自小在山里长大，他知道，男孩儿送来的的确是火头最硬、最为耐烧的上好山樵。可是，老板坚持说：“我一个大人，难道还蒙骗你一个小孩子不成？你送来的木柴就是不好烧嘛！不信，你自己到灶间去看看。”

慧能也感到很奇怪，就跟着一同来到了灶火前。

难怪这些上好的木柴不好烧呢，原来是烧火的伙计图省事，都是整根、整根地塞进炉膛，这些山樵质地坚硬，无法充分燃烧，所以，光冒烟，不起焰。

慧能变戏法似的从自家的行李里掏出了一柄锋利的斧头，将那些坚硬的山樵劈开，于是，炉膛里的火立刻炽烈燃烧起来。

客栈老板与送樵的男孩儿皆大欢喜。高兴之余，老板打量着慧能手中锋利的斧头，十分惊奇地问道：“小慧能，你的家乡新州到这里有几百里路，你怎么带了一把沉甸甸的斧头来？难道，你知道会来广州劈柴？”

当初，母亲见慧能将这把斧头塞进行李的时候，也说过：“能儿，你去广州是读书的，带这样一把砍柴的斧头干什么？”

“娘，带上它，总会有用处的。”

“可是，路远无轻载。带这没用的东西，太累赘啦。”

“娘，我背着它就是了。”

慧能坚持带来的斧头，居然真的派上了用场。从此，他每天用这把利斧将那个名叫“林山子”的男孩儿送来的山樵，破成又好烧、又节约的劈柴。

慧能起早贪黑地劳作，虽然免得他们母子沦落为乞丐，但他一双稚嫩的小手，却无论如何也挣不到母亲看病所需的医药费。停药之后，李氏的病一天沉似一天，看样子，仅仅是挨日子等死而已。慧能心如刀绞，却又无可奈何，便硬着头皮来到药铺磕头作揖，请掌柜赊给几服药。掌柜乜斜着他说：“听说过赊米赊面赊衣穿，也听说棺材铺里赊材板，天下有谁听说赊药的？你娘那病，须要长期用药调理，没个十两八两的银子，是治不好的。听清楚了没有？十两银子！一个壮汉给人家扛一年长活，还挣不够一两银子。你一个胎毛未脱、奶牙未换的小崽子，如何能还得起药钱，难道让我们将你卖掉不成？”

慧能被掌柜训斥、挖苦得灰头土脸，两手空空地从药铺退了出来。

南国都市广州，异样地富丽，分外地繁华。然而，慧能站在人来人往、热热闹闹的大街上，举目无亲，身无分文；欲哭无泪，欲号无声；走投无路，求告无门；呼天天不应，叫地地不灵……

他一个年仅九岁的孩子，在人生地不熟的异地他乡，如何能弄到救命的药钱，将母亲从病魔手中拯救出来？如果可能，他情愿析骨取髓，剖腹剜心，熬成一剂灵药，换来母亲的豁然痊愈。

不知为什么，他脑海里忽然又出现了药铺掌柜那张充满讽刺意味的脸。“你如何还我们药钱？难道让我们将你卖掉不成？”

对，卖身救母！

慧能从小就听父亲讲过古代义女卖身葬父的故事。这时，他忽然萌生了自卖自身的念头。于是，他来到了市场上，在自己头上插上了一根象征卖身的稻草！

熙熙攘攘的市场里，有卖粮贩布的，有卖驴卖马的，也有杀猪宰羊的，鸡鸣狗跳，吆喝喊叫，最热闹的地方，理所当然是慧能的卖身现场。围观的人们里三层、外三层，挤得水泄不通。

时逢大唐盛世，政通人和，风调雨顺，国泰民安，极少有卖儿卖女的现象，何况自己卖自己，更是闻所未闻。人群中悄然流传着慧能母子如何从新州前来广州投亲靠友，恰逢亲友亡故，母亲不幸病倒，无钱医治，生命垂危，被迫无奈，只好卖身为奴……

一个九岁的孩子，却要承担如此不幸，怎不叫人心里酸楚、潸然落泪呢？一位年轻媳妇眼圈红红的，默默走到慧能跟前，轻轻放下几枚铜钱，悄然而去。于是，人们纷纷解囊，或者将一些钱塞到慧能手里，或者放到他的跟前。一位老大娘囊中羞涩，就把自己准备换茶叶的一篮子鸡蛋递给了慧能，说是让他给母亲补补身子……慧能扎煞着双手，摇晃着说：“爷爷奶奶、叔叔伯伯、大娘大婶、姑姑阿姨，谢谢你们的好心好意。可是，我要自卖自身，而不是乞讨，所以不能接受你们的施舍。我爹爹说过，饿死事小，失节事大。叔叔婶婶、姑姑伯伯……”

一位老大爷一边帮着慧能将人们施舍的零钱收拢起来，一边说道：“孩子，你看看，这些钱是不是够你娘看病抓药啦？”

“是啊、是啊。”众人附和着。

然而，数来数去，这些铜钱也就相当于一两银子，距离十两药资，相去甚远。

此时，一个白白胖胖的中年男子摇着折扇向人群走了过来。有相识者悄声说：“哇，谭老板，真是谭老板！是越秀当铺的谭老板。”人们下意识地自动给他闪开了一条路。

谭老板旁若无人地踱着方步，慢慢悠悠走到慧能面前，先是看了看他头上插的草标，然后就如相小马驹子似的，仔仔细细打量着慧能的浑身上下。良久，他开口说道：“小家伙，我的越秀当铺刚刚在韶州（今广东韶关）开了一家分号，需要一个打杂的小厮，你能干得了吗？”

“能，能！”慧能忙不迭地说：“沏茶端饭，打水扫地，铺床叠被，我都能行。对了，我还能给您捶背、洗脚、提尿壶。”

“嗯。”谭老板点点头，像是不经意地说：“你的身价要几两纹银呀？”

“十两。”

“什么？十两？”谭老板像是被钉子扎了脚板，猛然跳了起来：“小家伙，你是劫道啊？要知道，一匹身架周正的小马驹子，也不过才值一两多银子！”

那个先前帮慧能的老大爷说：“可他是人，你怎能将他与牲口相比呢！”

谭老板毫不在意：“这年头，一匹良马十分难遇，两条腿的人倒是有的是！”

他唰的一下合上折扇，对慧能说：“小家伙，八两银子行不行？不然的话，我可就走啦。”

慧能为难地说：“谭老板，我也不知道我是不是值十两银子。不过，药铺的掌柜说，我娘的病没有十两银子治不好，所以……”

“小家伙，你可知道，若论心黑手辣，除了劫道的，就是卖药的，而且坑死人不偿命。所以，药铺掌柜是蒙你呢。”

“可是，明知道挨坑也没办法呀！有病，总得吃药。谭老板，这样行不行？你若是嫌十两银子太多，周围这些好心的大爷、大妈刚才已经给我凑了相当一两银子的零钱，您就给我母亲掏剩余的九两药钱好不好？”

谭老板说：“好吧、好吧，我也是看你这孩子是一片孝心，所以才……不过，你可想好，一旦卖身，可是要做一辈子奴仆。”

慧能点点头，小声说：“只要能治好我娘的病，我情愿。”

“那好，你跟我去找一个中人，签一份卖身契。”

慧能刚要跟着谭老板向外走，忽然听到有人喊他的名字：

“慧能。慧能！”

在广州，他连一个远房亲戚都没有，怎么会有人知道他的名字？他应声扭头，看到一个半大孩子拽着一个男人从人缝里挤了进来。是林山子，那个给客栈送柴的男孩儿。

林山子将那位大人拉到慧能面前，说道：“爹，这就是我跟你说过的卢慧能。就是他的帮助，客栈老板才继续要咱们的山柴。”

林大爷看着慧能头上的草标，吃惊地说：“孩子，原来你真的是要自卖自身？”

慧能点点头，轻轻说：“我母亲的病越来越重，我们带来的钱早已花光了，所以……”

谭老板急急忙忙插话说:“他的身价我们已经谈好了，成交了，他是我的了。”

林大爷不理他，继续对慧能说:“孩子，你想过没有？你自己卖身为奴之后，就算有钱抓药，可是，谁来侍候你娘呢？你早年丧父，自小与母亲相依为命，从未离开。如果突然之间天各一方，骨肉分离，你母亲能承受得了这个打击？说不定……”

慧能一愣，悚然而惊，瞬间冷汗淋漓。他哇的一声大哭起来，扑通一下跪倒在林大爷面前，抱住他的腿，呜咽着说:“我若是不卖自身，就无钱给母亲请医抓药；若是真的为奴，病重的母亲又无人照料……林大爷，请你给我指一条明路吧！”

看到慧能哀痛欲绝的模样，林大爷也不禁老泪纵横。他拉起慧能，说道:“孩子，单单你这一片赤诚的孝心，就足以惊天动地、感化鬼神。你看，不是有这么多素不相识的人对你伸出了援助之手？所以，办法会有的。”

林大爷双手抱拳，对谭老板作揖说道:“这孩子姓卢，名慧能，本是新州人。他幼年丧父，身世极为不幸。然而，他的心地十分善良，在他身处困境的时候，还忘不了尽力帮助别人。所以，我想将他带走，尽量帮他渡过难关。”

谭老板说:“这不行！敢抢我的生意？”

“我不是与你抢生意。第一，我一个庄户人家，家无隔夜粮，怎能买得起人口？第二，就算买得起，我也不做这丧尽天良的亏心事。”

谭老板说:“他情愿卖，我愿意买，怎么是亏心事？再说，他是为母亲治病才卖身的。我买下他，等于救了他母亲的命。”

慧能也说:“是啊，林大爷，若是没有足够的医药费，我娘她、她、她……”

林大爷微微一笑说:“孩子，你放心，耽误不了给你娘治病。药铺掌柜说过，治好你娘的病，需要很多银子。可是，并不是说要一下就拿出这么多钱哪！药，要一服、一服吃。人们施舍给你的这些钱，足够一段时间的药费了。你们娘儿俩先从客栈搬到我们村，暂时安顿下来，咱们再慢慢想办法。再说，你娘是因为在广州举目无亲，无着无落，所以急火攻心才得了病。一旦你们的生活稳定下来，我相信她的病就会慢慢好起来的。”

慧能听林大爷如此一说，脸上泛起了笑容。他转向谭老板，深深鞠了一躬，说：“谭老板，对不起，我……”

林大爷也说：“谭老板，不好意思，耽误你的时间了。您若是真的急需人手，我可以让我的儿子去给你当学徒。”

谭老板看了一脸憨笑的林山子一眼，说：“就这个二百五、愣头青，你就是贴给我银子我也不要他！”

说完，他一甩袖子走了。

第三章　伙　伴

慧能领着林大爷与小山子回到客栈，将慧能母亲扶上小毛驴，嘚嘚地驮到了广州城外的横林岗，在一处空闲的茅屋住了下来。林大爷一声招呼，村里的乡亲有的借给一口锅，有的接济几个碗，东拼西凑，俨然有了一个家的模样。令慧能颇为意外的是，母亲居然从自己的衣襟里拆出了一些碎银子！要知道，他们早已身无分文了，正是因为无钱抓药，慧能才去卖身的呀！母亲淡淡地说，万一走投无路，临到饿死的地步，这是留给慧能的救命钱。

这就是母亲，宁可自己因断药而病死，也要给儿子留下一条生路！

“娘——”

慧能心头热浪翻滚，泪水夺眶而出……

第二天，慧能与林山子结伴进山打柴，然后挑到城里卖掉，买回了一些米面，就是从这一天起，慧能开始了以薪养家、砍柴换饭的樵夫生活。

正如林大爷预料的那样，离开陌生的城里，在熟悉的农村安家之后，生活上有了着落，李氏的病就好了起来。仅仅几天时间，不但能下床活动，而且还与村里的妇女一样，从城里揽了一些针线活，补贴家用。

慧能被母亲的病倒、与不药而愈的奇迹弄糊涂了，不由得陷入了一种与他年龄不相符的深深的思索：母亲的身体本来好好的，然而，当她得知文刺史突然去世，使得她满心的希望、数百里奔波落了空，而且，在这人生地不熟的广州举目无亲，他们母子的生活骤然没了着落。于是，在突如其来的巨大心理压力冲击下，她立刻病倒了，在死亡的边缘挣扎了好几天，差点一命呜呼。而自从在横林岗安家后，一服药也没吃，她的身体却莫名其妙地痊愈了，好像从未病过一样。这一切如梦似幻，却又真真切切。如果说，病为虚幻，可它差点要了母亲的命；而它若为实有，为什么又能不治而愈？

他百思不得其解，就不再为之费心劳神。然而，这个疑情却像一片淡淡的白云，一直若隐若现地飘浮在慧能的心头。

樵夫的日子乏味而辛劳，寂寞且单调，所得的报酬少得可怜。因为这是一种不需要资本、单凭力气就能干的生计，所以许多走投无路、生活没有着落的贫苦人家都以此为生。砍柴的人多，木柴的价格当然就贱了。可以说，樵夫手里的银子，都是汗水里的盐花凝结而成的。

慧能上有老母，又流落在这举目无亲的异地他乡，外无寸土种庄稼，内无余粮裹饥肠，娘儿俩全指望着他每日砍柴换米糊口。如果他柴砍得少，米也就换来得少，母亲与他也就只能饿肚子。因此，他每天拼命地打柴，用尽最后的一点力气将柴担挑到街市，并且要想尽一切办法将柴卖出去……

然而，最劳累的，是他的心。他一个未成年的孩子，过早挑起了生活的重担，一颗天真烂漫的童心，饱经风霜，备受煎熬，经历了过多的坎坷，变得极为深沉、极为凝重。他的脸上，失去了少年应有的笑颜。

山子说，慧能，慧能，难道你天生就是一个小老头儿吗？

唉，山子，虽然同是打柴，你仅仅是补贴家用而已。你有父亲，家里的米坛子并不指望你来填满。假如你肩上担的不仅是一副柴担，还挑着一家人的生计，你还能这样无忧无虑吗？

一晃三年，慧能已经是个十二岁的少年了，他的个头没长高多少，身子骨也十分单薄，但力气已经与大他一岁、高他一头的林山子差不多了。

有一天，慧能与山子进城卖了柴，刚刚走出市场，猛然听得街上一阵喧哗：

“马惊啦，快闪开！”

“快躲到路边，马车冲过来啦！”

他们应声抬头，看到远处一辆疯狂的马车在横冲直撞，疾速向他们这里奔来。山子与慧能赶紧避让到路边，脊梁紧紧贴着墙根。惊马狂奔，势不可当，在滚滚车轮面前，人的血肉之躯显得是那样脆弱，慧能他们恨不得将整个身体变成一张薄纸，或者干脆陷进墙壁里。

疾驶的马车越来越近，摆在路边的小摊被撞得支离破碎，七零八落。这惊马沿着街道长驱狂奔，万一有人躲避不及，岂不……慧能不无担心地扭头向后面望去。天哪，那边一对母女从一条小巷里拐了出来，她们似乎并未发现街道上的异常情况，依然在街面上漫步。慧能急忙扯着嗓子喊道："快，闪开，马车惊啦！"

与此同时，许多人都发现了那对母女，齐声惊呼起来。然而，当那边母女抬头发现一辆疯狂的马车正在向她们高速冲来时，惊慌失措，她们不是跳到路边避让，而是吓得抱成一团，尖声哭叫……

"啊呀，那是幺妹她们娘儿俩！"

幺妹一家也住在横林岗，慧能天天进山打柴，虽然经常听山子说起，却与她见面不多。

山子惊叫一声，拔腿向她们跑去，想去将她们推开，推到路边，推离险境……

然而，来不及啦！尽管山子奋不顾身，尽管山子在拼命地奔跑，但他无论如何也快不过疾驰的车轮……

当务之急，是制止住狂奔的惊马！

在这千钧一发之际，慧能看到街边竖着一根房梁，他想都没想，抱起房梁，将它横在了街道当中……

惊马猛然看到横亘在前面的障碍，嘶鸣一声，前蹄跳跃，立了起来，速度骤然降低，车轮在巨大的惯性带动下依然滚滚向前，但在撞到房梁之后，凌空飞起，整个马车侧翻了过去……

危机过后，慧能与山子两个人使出全身的力气，才勉强能将那根粗大的房梁抬起来。在大人们的帮助下，才使它回归原位。山子感到十分奇怪，他一边呼哧、呼哧地喘着粗气，一边上下打量着慧能，惊诧地问："慧能，刚才你是一个人将它抱起来的吗？"

"当然。"

"可是，这根房梁如此重，你一个人，瞬间是怎样将它横在路中的呢？"

“我怎么知道？”慧能奇怪地说。

“咦，你不知道谁知道？难道是房梁自己横到街上的不成？”

“这……”慧能挠着头皮，自己也无法解释这不可思议的事情。

“噢，我明白啦！”山子忽然一拍大腿，说道：“我听说书的说过：英雄救美，潜力无穷。所以……”

慧能脸蛋儿涨得通红，急急忙忙反驳道：“胡说什么呀，你！”

“急了是不是？这更证明我猜对啦。”山子用手指头拨拉着慧能的脸蛋儿说：“哎哟，你羞不羞？看着人家小姑娘好看，想娶人家当媳妇，所以……”

“我压根就和她们不熟悉呀！”慧能马上反唇相讥：“你才是别有用心呢，一发现幺妹处境危险，不顾三七二十一，立刻就向她们跑去。你也不想想，你的两条小短腿，如何能跑得过惊马的四条长腿呢？”

“我那不是心里着急嘛！”

“咦，你着什么急呢？嘻嘻，你为何那么着急？”

“慧能，看我不扒了你的皮！”

两个朋友追着闹着、说着笑着向村里跑去。

说笑归说笑，慧能对于发生在自己身上的这件不可思议的事情久久不能忘怀，不由自主地陷入了深沉的思索：我一个小孩子，力气与林山子相当，如何能抱起一根大人都搬不动的房梁？可是，我不但真真切切地将它搬了起来，而且还在那千钧一发的危急时刻将它猛然扔到了路当中！这究竟是怎么回事？

他曾经有好几次偷偷跑到那个地方，数次尝试着再次抱起那根房梁，却一次也未成功。难道，那天，冥冥中真有什么神奇的东西在自己身上发生吗……

慧能百思不解，却一刻也没有停止思索——也无法停止思索，它不请自来，挥着不去，欲解无果，欲罢不能，搅扰得他茶不思，饭不想……

一日，慧能与山子照例到山中打柴。开始砍柴时，各自寻找着各自合适的目标，渐渐地，两个伙伴便自然而然分开了。

山子在砍倒一棵枯树之后，累得呼哧、呼哧直喘粗气，就坐下来休息。

林子里好静，静得能听见轻风抚摸树叶的声音，四处回荡着小鸟的欢歌。慧能呢？大概也累了，在什么地方歇息着吧？因为小山子没有听到“梆梆”的斧头声。

山子身上的汗水落了，就开始挥动斧头，将枯树砍成段。

“当，当，当。”

山子一下又一下，有节奏地挥动着斧头，山林中清晰地回荡着他伐木的声音。然而，他却感到了一丝寂寞，总是觉得山林里缺少了一些什么。什么呢？这时，山林里不知哪个地方，响起了一长串啄木鸟凿洞的声响：

“哒哒哒哒……”

山子豁然醒悟：林子里缺少了慧能砍柴的声响！

平日里，他俩一同走进树林之后，山林丛生，枝叶茂密，彼此很难看到身影，但二人砍柴的声音却能随时相闻：

“当，当，当……”山子的斧头较小，也比较轻，他又懒得磨，不太锋利，所以声响发脆，像是敲击似的。

“梆，梆，梆。”慧能个头虽小，携带的斧头却又大又重又快，每一下都能深深砍进木头里，因此声音发闷。

林深不见人，但闻声音响：

当当、梆梆，梆梆、当当；梆，梆，梆梆梆，当，当，当当当……

二人砍柴的声响此起彼伏，相互应和，犹如你唱我和，你呼我应，相映成趣。有时，也有声音独唱的时候，那就是小山子逮蛐蛐、扑蝴蝶、抓小鸟、追松鼠的时候——贪玩的他经常被山林里众多意趣盎然的小生灵引得忘了打柴，扔下斧头，去与它们捉迷藏。而慧能从来不会因此分心，他一进入山林，便心无旁骛，专心致志，他那永不停歇的砍柴声，就成了给小山子伴奏的音乐。大概就是因为如此，慧能每天打的柴都要比他多得多，多得几乎都挑不动。

今天是怎么啦？慧能那边怎么很长时间没有响声，不见动静？

“慧能！”

山子冲着慧能离开他的方向呼唤一声。

回应他的，是叽叽喳喳的小鸟。

“慧——能——”

这次，山子的大嗓门将附近树上的小鸟都惊飞了，但远处仍没慧能的答应。

山子放心不下，一边呼喊，一边寻找。

“慧能，你在哪里？”

山林像一块硕大的海绵，将他焦急的呼唤全部吸了进去，没有任何回应。

“慧能，你怎么啦？”

山子的嗓音带了哭腔。山谷犹如一块无情的巨石，丝毫不为所动。

小山子拨开茂盛的野草，撩开稠密的藤蔓，艰难地寻觅着慧能的踪迹。当他来到一株大树下，赫然发现，慧能就坐在前面不远的地方！

“慧能，你没听见我呼喊你？”

慧能呆呆地坐在那里，没有吭声。

“卢慧能，你装什么傻？”

慧能依然没有答应，身子也未晃动。

山子有些着急了：“慧能，慧能，你怎么啦？没事吧？”

这时的慧能就像是木雕、泥塑的一样，任你喊破嗓子，他也不会答应。山子刚想走过去看看，一抬头，猛然看到前面一片树丛在轻轻晃动。俗话说，风吹草动。而此时，山里并没有风啊！那树丛像是活了过来，正在悄悄移动！

天哪！那不是树丛，而是一只色彩斑斓的猛虎！

“慧能，快，快跑！老虎来啦！”

然而，慧能依旧像一根朽木桩子，毫无反应！老天爷，你要是再不动，会被老虎吃掉的呀！

“慧——能……”

山子像是撕裂一般的声音，没有唤醒慧能，却惊动了那只在山林中潜行的猛虎。它猛然转过头来——

“唰——”

山子感到一股阴冷瘆人的电光照在了自己身上，浑身上下不由自主地掠过一阵寒战！他再也顾不得慧能了，急急忙忙爬到了大树上，藏身于最稠密的树叶丛里。

老虎果然向这边走来。走到了距离慧能不远的地方！那猛虎分明看到了坐在一段树干上的慧能……

慧能命若悬丝！

然而，在这即将葬身虎口的时刻，慧能却依然呆呆地坐在那里，毫无动静！

这一幕，不但小山子感到万分惊奇，万分疑惑，连那猛虎似乎也没想到，它那像冰棒一样阴森的目光死死盯着慧能，良久，良久，却不见任何动静。老虎不知是累了，还是感到不可思议，便由潜伏的姿势改成了蹲踞。它的目光依然注视着慧能，但好像已经没了刚才那股残忍的凶煞之气。

人与虎，就这样莫名其妙地相对着。

小山子忽然想起：有经验的大人们说过，当你骤然与老虎相遇时，如果来不及逃跑，就赶紧躺在地上装死。因为老虎是一种十分讲究的猛兽，从来不吃死人。那么，慧能是在装死吗？不像啊？刚才呼喊，他也没反应嘛。再说，一个人，一个有知觉的活人，谁有胆量这样长时间地与一只吃人的猛兽面面相对呢！这，这就是说，慧能或许是真的已经死了！起码，他是失去了知觉……

时间，宛若已经凝固了，不知过了多久，山林那边的高山草甸传来了呦呦鹿鸣，老虎才悄然离去。

小山子确信那老虎已经远去，便想从树上下来。谁知，他刚刚移动了一下，手脚早已麻木得不听使唤了，抽搐了一下，未能抓牢树枝，砰的一声从树上掉了下来……

——刚刚过去的那场景太吓人了，山子紧张得大气不敢出，以至于手脚在不知不觉里却都在用力，骤然放松，便痉挛起来。小山子被摔得屁股生疼，但他顾不得揉一揉，立刻一瘸一拐地向慧能跑去。看看他到底是死是活……

慧能一手托着腮帮子，低着头，一动不动地坐在那段木柴上。

“慧能，慧能。”山子伸手推了他一下。

慧能一机灵，像是从梦中惊醒一样，猛然站立起来。小山子却一屁股坐在地上，哭起来。

“山子，山子，你怎么啦？”慧能懵懵懂懂地问道。

小山子一边哭，一边说：“我、我能怎么呢，是、是你，是你吓死我啦！”

慧能一脸的无辜，一脸的茫然，说：“我怎么啦？我坐在这里没动。如何会吓着你呢？”

“我以为你已经死了呢！”

“胡说，我这不是好好的吗？”

“那，刚才是怎么回事？是睡着了，还是昏迷了？喊也不醒，叫也不应。”

“我坐在这里想事情呢。”慧能十分平静地说。

什么？小山子不禁跳了起来。他，无论如何也没想到，事情竟然会是这样！

“你，坐在这里一动不动，一直是在想事情吗？”

“是啊，难道有什么不对劲的地方吗？”

“不是有什么地方不对劲，而是所有的地方都不对劲！”小山子说，“慧能，我喊了你有几十声，你为什么不答应？”

“我没听见。”慧能平静地说。

“什么？你没听见？我把嗓子都喊破了，你居然说没听见！”

“山子，对不起，我是真的没听见。不然的话，我怎么会不答应呢？”慧能一脸的真诚，丝毫没有撒谎的迹象。

“那好，就算你没听见我的呼喊，那么，那只大老虎，你总该看见了吧？”

“老虎，在哪里？在哪里呀？”

慧能立刻警觉起来，神色凝重，颇为紧张地向四周了望着。然后，他问小山子：“老虎在哪里？我怎么没看见？”

山子哭笑不得，没好气地说：“那会儿，老虎就蹲在你的面前，你不会没看见吧！”

“什么，老虎就蹲在我的面前？山子，你甭糊弄我。”

“天哪，你真的没察觉到那只老虎的到来？”

“是啊，不然的话，我如何还敢在这儿坐着呢。”

小山子感到莫名其妙了，这个慧能，究竟是怎么回事？“你视而不见、听而不闻，你的心在哪里？是不是丢了魂儿啦？”

闻听此言，慧能自己也一愣，自言自语说：“我的心，我的心……”

“是啊，看你这些天神魂颠倒、心不在焉的样子，究竟是在想什么事情？”

“视而不见，听而不闻，心不在焉……”慧能依然自言自语着。忽然，他像是猛然领悟到了什么，一拍大腿，喊叫道：“对，就是因为心不在焉！心在一切在，心空一切空，一切由心生，一切由心灭！明白啦，我全明白啦！”

慧能发疯似的拉着小山子，又蹦又跳，又喊又叫。他是明白了，小山子可被他弄糊涂了：“慧能，慧能，什么心不心的，什么明白了？你明白了什么？”

慧能拉着小山子在木柴上坐了下来，问道：“山子，你还记得那天马车惊了的事情吗？”

“当然记得。怎么啦？”

“你曾经问我，是如何将那根房梁扔到路当中的？现在我告诉你，那会儿，我心里只是想着怎样才能使得疯狂奔驰的马车停下来，压根就没想着是不是能搬得动那根房梁。因为我的意识里丝毫没有房梁重量的概念，所以就轻而易举地将它抱了起来。”

“可是，后来你却无论如何也搬不动了呀！”

“对呀，因为后来再搬动时，我们心里会自觉不自觉地想一想：这个家伙有多重？我能搬得动它吗？心里有了这根沉重的房梁，所以就再也搬不起来了。”

山子直摇头，说：“人，急了的时候，潜力会猛增。你那是一股子急劲。”

“就算是急劲，可急劲从哪里来？总不是外来的吧？所以，还是心的力量。”

小山子听不懂，也不想听，嘲弄地问道：“敢情，你那会儿是在想这个问题呀？”

慧能却一脸的严肃认真：“对呀，正是因为我的心都在这件事上，所以，对吃人的老虎视而不见，对你的呼喊听而不闻。由此可见，心是一切事情的主宰……”

小山子才不管他什么心不心呢，咕哝了一句：“神经病！”便扬长而去。

慧能没在意，依然陶醉在自己的发现里。

因为有了这个发现，他原来的许多疑惑，豁然开朗了，明白贯通了。例如三年前母亲的突然得病与后来的不药而愈，都是心的作用。再比如生活的甘苦，也是心在分别，心在体验，心在确定。

日子富裕的人，固然可以享受大鱼大肉浓烈的厚味；然而，菜根粗粮，却也有着独特的清香，关键是心的体验。安享闲逸，可以品味清风明月；而深山采樵，在劳累的同时，亦可领略到小鸟鸣啼、野花飘香。所有的一切，关键是心的转换！

而心，是主观的，是可以自己做主的！

他，卢慧能，一个十二岁的小小少年，无意之中窥探到了一个天大的自然法则：

境由心生，一切唯心所造！

从此，慧能像是换了一个人，不再愁眉苦脸，而是整天笑逐颜开：打柴时唱歌，挑担时哼曲，就是木柴卖不出去，他也照样嘻嘻哈哈，似乎生活中的每一件事都充满了欢乐。

欢乐的日子格外美好。

欢乐的日子过得格外迅速。

十六岁的慧能个头依然长得不高。而长他一岁的林山子，高高大大，壮壮实实，俨然是一个男子汉了。他们两个依旧每天结伴进山砍柴，而且，他们的队伍里还多了一个伙伴——陈阿四。一年前，同村的陈阿四从谭老板家的私塾里退了学，便加入了他们樵夫的行列之中。

人们都说，三个姑娘一台戏。而三个朝气蓬勃的少年在一起，更是一台充满欢乐的好戏——时时相互竞争，事事比试高低，却又丝毫不损害相互之间的友谊。

陈阿四识文断字，脑子极为聪明，心眼极为伶俐，三个朋友中，他经常能占得上风。更令他得意的是，在一个十分重要的，甚至可以说是最为重要的事情上，他也一枝独秀，独领风骚——

幺妹。

幺妹已经出落成了村里最为美丽的少女。

“幺妹，幺妹，漂亮的妹妹；幺妹，幺妹，善良的妹妹；幺妹，幺妹，可爱的妹妹；幺妹，幺妹……”

他们三个人打心眼里都喜欢幺妹，唯有山子敢这样扯开嗓子狂吼一通。不过，他是对着苍茫的大山，对着幽深的丛林，而不是冲着幺妹家的窗口。

林山子的父亲是个古道心肠的人，经常为乡亲们排忧解难，自然而然，他们家与幺妹家是世交，来往得十分密切。所以，在村里人看来，由两家的老人做主，给他俩定终身，是迟早的事情。

自从慧能那次奇迹般地拦住惊马，将幺妹母女从滚滚车轮下救了之后，幺妹就时常到他家来串门。她手拿一纸鞋样或者一块绣品，向慧能的母亲请教。一老一少叽叽咕咕说个不停，像是十分投缘的样子。时间一长，幺妹成了村里最心灵手巧的姑娘。她绣的红花，似乎能闻到香气；她绣的绿叶，仿佛能在风中摇曳。因此，城里的绣房抢着收购她的绣活。

然而，这些情况在陈阿四看来，都是小菜一碟，压根不用担心。林山子四肢发达，头脑简单，一副愣头青模样，哪个少女会喜欢？而慧能，一个流落异乡的外来户，犹如随风漂泊的浮萍，毫无根基可言，身无分文之财，家无隔夜之粮，他不会对幺妹存有幻想。

在他们三个人中，陈阿四不但长得最帅，最为机灵，还识文断字，知书达理，而且家境也不错。更难得的是，幺妹对他情有独钟，他对幺妹也是重情重义，二人虽然未表白心迹，却也是心心相印，心有灵犀一点通，一切都在不言中。

据说，陈阿四之所以从谭家的私塾退了学，就是因为幺妹。

幺妹到城里的绣房里领料、送活，总要经过谭老板的家门。谭家大公子——陈阿四的同学——谭少爷总是恶作剧，放出家中的一只恶狗，去吓唬胆小的幺妹。每次被狂吠的恶狗追赶，幺妹都吓得要命。而谭少爷却以此取乐。

陈阿四知道以后，就开始想方设法惩治这个公子哥。

谭家私塾的厕所里钉着一根木橛子。因为教书的先生年事已高，每天清晨方便之后，总要用手把着这个木头橛子才能站立起来。那天课间，陈阿四与谭少爷一同上厕所，二人比试看谁尿得远。少年心性，争强好胜，谭少爷输给陈阿四之后，当然不服气，要与陈阿四比赛摔跤。陈阿四说谭少爷身重体胖，摔跤自己太吃亏了，要比就比一比谁的力气大，也就是看看谁能将厕所里的这根木头橛子拔出来。谭少爷十分精明，就让陈阿四先拔。陈阿四像是使出了吃奶的力气，那根木橛子纹丝未动。谭少爷看出了门道，所以，轮到他拔木橛的时候，他一边摇晃一边向外拔，所以轻而易举战胜了陈阿四。

得胜的谭少爷在同学们的簇拥下趾高气扬而去。输了的陈阿四嘴角却流露出了一丝得意的微笑。

第二天一早，方便完了的先生使劲把着木橛往起站立时，木橛子突然脱了出来，先生后仰着跌入了茅坑中……

先生很快便查清楚了，将木橛子弄松动的，是谭少爷。于是，先生的教鞭就断了三根——打在谭少爷的手上、头上。

这时，谭少爷明白了，自己中了陈阿四的圈套。于是，他告状给老爹，说自己之所以被先生打得这样惨，全是陈阿四捣的鬼。谭老板自然怒火冲天：要知道，我谭家的私塾之所以容留你们这些穷光蛋的小鬼白白来读书，就是为了让你们给我的儿子伴读的。没想到，你竟敢太岁头上动土！滚，马上给我滚蛋！

于是，陈阿四就放下毛笔，拿起斧头，与慧能他们这些大老粗为伍了。

谭少爷恶习不改，依然唆使恶犬以吓唬幺妹为乐。慧能说，应该找他好好谈一谈，晓之以理，动之以情，让他设身处地想一想。山子说，他是骨头痒痒，将他狠狠揍一顿，看他还敢不敢！陈阿四一个劲地摇头，否定了两个伙伴的倡议。山子问他怎么办？他神秘一笑，只说山人自有妙计。

那天，又到了幺妹到绣房交活的日子。陈阿四提前带着两个伙伴来到了距离谭家不远的一个卖油糍粑的小吃摊上。油糍粑是一种糯米面制作的油炸黏糕，趁热吃最好。但是，陈阿四却非要买一个凉的油糍粑不可。

山子首先叫唤起来：“陈阿四，你不够朋友，仅仅买了一个，想独吞啊？”

陈阿四乜斜他一眼，说：“你是属猪的吗？光知道吃！”

陈阿四在那个凉糍粑上缠上了许多细细的麻丝。山子很想说，凉的油糍粑本来就不好吃，现在又缠上了烂麻丝，更是没法食用，好好的一个油糍粑，被白白糟蹋了。但是，他不敢将心中的抱怨说出口，生怕陈阿四是另有用意，招来辛辣的讽刺。

陈阿四缠好油糍粑之后，请小吃摊的老板重新下油锅炸一炸。老板看看这个特殊的糍粑，面露难色。陈阿四悄然往他的案板上放了一枚铜钱，于是，老板二话没说，就将那个缠上麻丝的糍粑炸得又脆又香。

陈阿四将那糍粑包起来，带着慧能与山子向谭家方向赶去。他把时间拿捏得很准，他们刚刚走到谭家附近，幺妹正被那恶狗追得连叫带跑。陈阿四将那经过特殊加工的油糍粑向狗扔了过去。那狗很利索，在空中便一口咬住香喷喷的油糍粑。然而，当它发觉刚刚从油锅里捞出来的油糍粑火辣辣的烫嘴时，却无论如何也吐不出来——糍粑本来就够黏的，上面细细的麻丝更是勒进了它的牙缝里，紧紧缠在了它的牙床上。它想吐吐不出，要咽咽不下，想吼叫却无法出声，被烫得直在地上打滚……

它一口锋利的狗牙，算是彻底报废了。此后，它再看到幺妹，不但不敢追赶、反而直往主人的腿裆里钻……

陈阿四与小山子是一对从小光着屁股玩尿泥长大的伙伴，一块上树掏鸟窝，一块下河摸小鱼，一块调皮捣蛋……有时候，两个人也互相打架，相互骂娘，但过不了三天，就又玩到了一起。而慧能是外来户，所以陈阿四与小山子更亲近一些。尤其是陈阿四整治了那条恶犬之后，林山子对他佩服得五体投地，可以说是对他言听计从。

尽管陈阿四异常地聪明伶俐，事事占先，但他无论如何也无法在打柴上超过慧能。慧能每天砍的柴又多又好，几乎能比他多卖一倍的钱。因此，心眼灵活的陈阿四便扔下斧头拿起药锄——采药去了。山里的草药很多，所以，陈阿四的采药收入很快就能与慧能砍柴持平了。采药最显而易见的好处，不用每天挑着沉重的柴担下山，优哉游哉，好潇洒，好自在。见此情形，林山子也动了心，跟着陈阿四采药去了。

一天，三人结伴进山之后便分了手。山子在山坡上挖药材时，一不留神，脚下一滑，身体失去平衡，滚向万丈悬崖……

幸好，山崖边上有一丛荆棘，他及时抓住了它。就在他附近的陈阿四急得大声呼喊："山子，你可要抓牢！你要是掉下去了，我也就跟着跳下山崖……"

慧能听到陈阿四的呼救之后，带着捆山柴的绳索赶了过来，冒着滑下悬崖的危险，将山子拉了上来……

事后，三个人不禁都有些胆战心惊。山子心有余悸地说："阿四，如果我真的摔下去了，你真的也要跳下去吗？"

陈阿四毫不犹豫地说："你若是掉下山崖，我就跟着跳下去！你是与我一起结伴来采药的，你要是摔死了，我一个人就没脸活着了！"

山子感动得热泪盈眶。从此，整天与他形影不离，情谊更加深厚，认为对方是自己可以以性命相托的生死兄弟。

采药，完全靠运气。能碰到珍贵的药材，就发一笔小财；若是时运不济，也有可能两手空空而归。那天，药王爷与陈阿四、林山子玩起了捉迷藏，他俩在山里转悠了整整一天，仅仅挖到了几根不值钱的草药根。许是不好意思，他们没有像往常那样等着与慧能在山下会合，而是先向回家的方向走了。

山子没好气，就踢得山路上的小石头满天飞。夕阳洒金，给空中飞舞的石头镀上了一圈金色光晕。陈阿四心中一动，说："山子，这些石头若是金的多好！”

“听说，真的有人在山上捡到过金子呢。”山子无限神往地接着说：“咱们若是也能拾到一块，今天虽然没有采到药，也就能和老爹交代过去了。唉，哪怕是指甲盖那么一小块也好啊！”

陈阿四说：“你也太没有雄心壮志了，要捡到金子，就捡他一块狗头金！”

“哇，那么大，能卖多少钱呀！”山子将狗头金当成了狗头那么大的金块，无限神往地感叹道：“咱们若是能捡到一块狗头那么大的金子，一下就成了全村，不，应该是全广州城最富的人啦！钱多得都能超过开当铺的谭老板！天哪，如果真的有了那么多钱，都干啥用呢？”

“我要先盖一座高楼，置买全套的家具，然后，然后……”陈阿四的眸子里浮动着一层梦幻般的光彩。在他的大脑中，如花似玉的幺妹已经住进了想象中的小楼，睡在他的床上……

忽然，美丽的幺妹化作一缕青烟——他的肩膀生疼。是山子，是山子在他肩上打了一拳，打飞了他的美梦。

“发什么呆呢你？”山子说。

陈阿四依然沉醉在自己的幻想里，没有吭声。

山子忽然说：“若是只有一块金子，你捡了我捡不到，我拾到你就拾不到……哎，阿四兄弟，若是你真的拾到了金子，你怎么办？”

陈阿四说：“那还不简单，谁拾到的就是谁的呗。”

“不对，不对！”山子说，“路上碰到的金子，是咱俩共同的运气，应该是一人一半才对。咱们不是常说，见面分一半嘛。”

什么，你要分走一半？陈阿四心疼得直打哆嗦。所以他态度十分坚决地说：“财宝这东西，谁的就是谁的。我凭什么要分给你一半？”

山子说：“咱俩是结伴一块走的呀，莫非你想独吞不成？”

“怎么是独吞呢？谁捡到的就应该是谁的嘛！”

“哼，真没想到，你竟然这么不够朋友！人若是不讲义气，连猪狗都不如，纯粹是衣冠禽兽！”

“你骂谁猪狗不如？谁是衣冠禽兽？”

“我骂谁你还不明白？你若不想当衣冠禽兽，就应该将金子平分！”

高楼的一半被山子抢走了！而且，他还将一只脏手伸向幺妹……陈阿四忍无可忍，气急败坏地抬起手，狠狠打向那张脸——

“啪！”

山子的脸上立马鲜活出了一座五指山——巴掌印。他不禁怒火三千丈：娘的，你不讲义气，还敢动手打人！他不顾一切地扑了过去——

两个人你一拳我一脚，专找最狠的地方。你拳脚相加，我手脚并用，好像有八辈子累积的孽债，有杀父之仇，有夺妻之恨……

等到慧能赶了上来，费了好大的劲才将他俩拉开，又听了半天，才弄明白他们打架的原因。慧能不禁哈哈大笑：“我以为你俩真的拾到了金子呢，原来不过是一场梦啊！”

直到这时，两人才回过神来，打了半天，其实并没有拾到金子呀！

“嘻嘻，你们俩活宝真的撞上彩了——你们到小溪边照照自己的脸。”

不用看也知道，俩人都已是鼻青脸肿。

慧能说：“你俩为一件并不存在的事情而大打出手！也就是说，你们损伤了身体，撕破了衣服，却毫无意义！”

然而，为了这么一件并不存在的、虚无缥缈的幻想出来的事情，山子与陈阿四之间却真的产生了裂痕，再也不像原先那样亲密了。

同时，这件事情引起了慧能的思考：当林山子面临坠落悬崖的时候，陈阿四说：“你若掉下去，我也不活了。”其实，就是这句话，连林山子自己也不相信是真的，但他仍然被感动得热泪盈眶；同样，为了争夺一块臆想出来的金子，二人又大打出手，导致了多年的情感、友谊破裂。而这一切，都是心的作用。事情并未发生，发生变化的，是人的心情。由此，进一步验证了“境由心生”的道理。

林山子与陈阿四打过架不久，另一件使得他们三个人都刻骨铭心、终生难忘的事情发生了，以它为导因，三个结伴砍柴的朋友终于分道扬镳了。

幺妹。

“幺妹，幺妹，可怜的妹妹；幺妹，幺妹，苦水（里）的妹妹；幺妹，幺妹……”

山子本来十分粗犷的嗓音，竟然也能如啼似诉，唱得山溪呜咽，白云落泪……

幺妹的爹爹是一位心灵手巧的泥瓦匠，每日在城里修房盖屋。有一天，当他像往常那样站在高高的脚手架上砌墙时，天晓得是怎么回事，在没有任何征兆的情况下，捆扎脚手架的绳索突然断了，轰隆一声闷响，幺妹父亲踩踏着的那段横板塌了下来，他从一丈高的地方掉了下来……

区区一丈高，村里的孩子们玩耍时经常从这样的高度往下跳，按常理说，不应该有什么严重的事情。然而，幺妹的爹是后仰着掉下来的，偏偏在他落地的地方有一根木头，重重地硌在了他的腰部。于是，他的脊椎错位，导致了下肢瘫痪。

瘫痪的，不仅仅是他的腰，还有他的家。一个男人，是家庭的顶梁柱。顶梁柱垮了，家里自然就塌了天——不但一家老小的衣食没了着落，治伤欠下的外债更无法偿还。幺妹整日以泪水洗面。

有一天，谭老板出现了。

幺妹家为了给父亲看伤，向他借了许多高利贷。而谭老板追讨高利贷的手段，在整个广州是出了名的。因此，看到他的到来，幺妹的母亲不知如何是好，浑身像筛糠一样哆嗦个不停。

出乎预料，谭老板说，他不是来讨债的，因为他知道，幺妹家穷得都揭不开锅了，哪有财力还债呢。谭老板说，他不但可以将欠他的那些债务一笔勾销，还可以替他们家将别的欠债还清。谭老板还说，不但替他们还债，还要给他们老两口一笔养老的费用。

好大的馅儿饼。

当然，谭老板是开当铺的，如果总做这种赔本的买卖，早就不是谭老板了。所以，谭老板附加了一个小小的条件：请幺妹白白到他们家居住，住进他的房间里——给他做小。

异常精明的谭老板已经盘算得清清楚楚的事情，难道还有变数吗？幺妹只能乖乖坐上了谭家的花轿。

那天，卢慧能、林山子、陈阿四,三个年轻后生坐在横林岗村口的高台上，眼睁睁看着那顶大红大绿的花轿从幺妹家的门口颤颤悠悠抬了起来，颤颤悠悠走出村子，颤颤悠悠走向城里。

随之颤抖的，还有三颗酸楚的心灵。

唢呐呜呜咽咽，被风撕得断断续续，好像是在哭啼。

欲哭无泪的，更有那三个淌血的心灵。

唢呐声随风逝去，花轿也消失在了苍茫雾气里……

“老天爷，这不公平！五六十岁的老头子，却偏偏霸占人家十五六岁的黄花闺女，天理何存？天理何在？”山子一拳砸在坚硬的石头上，骨节上立刻流出殷红的鲜血。然而，他似乎并未感觉到疼痛。

“世界上哪有什么公平可言！”陈阿四说。“天理？钱就是天理！你要是有那么多钱，你就是天理！”

慧能咬着嘴唇，没有吭声。他在思索着所发生这种事情的原因。

陈阿四望着幺妹的花轿消失的方向，咬牙切齿、像是赌咒一样自言自语地说道：“老东西，你等着瞧，我一定要让你死无葬身之地！我一定要……”

第二天，陈阿四就跑到了广州城里，在一家古玩字画店当了学徒。他识文断字，又聪明伶俐，再加上格外用心，很快得到了老板的赏识。

不久，林山子去了珠江边的码头上，用他尚未完全发育成熟的脊梁，像成年男子汉一样，扛起了沉重货物，也扛起生活的苦辣酸甜。

而慧能，似乎也长大了许多，成了一个真正的樵夫。

第四章　山　中

樵夫的生活，孤单，寂寞，且冷清。然而，慧能的内心世界极为丰富，极为敏感。何况，前些年，他无意之中领悟到了心的妙用。因此，他作为一个樵夫，山中的日子反而有着异样的精彩：

清晨，天边一痕远山，犹如梦中诗情画意；黄昏，山下几缕淡烟，唤醒心灵寻觅归途；狂风暴雨不期而至，恰似人生之变幻无常；路途坎坷山重水复，宛若命运之轮回飘零；目睹星光灿烂，收获天道之精华；耳闻鸟语猿啼，感受大地之神韵……飞禽走兽都是我亲朋，花草树木皆为我伴侣……

那天一大早，他要到深山更深处专门为一家饭店采伐一种野桃树做烧烤薪柴。据说，这种桃木烤出来的禽肉，有一种独特的香气。当他登上一道山梁时，抬头之间，忽然看到，对面的山峰之上，云雾缭绕之中，站立着一个巨大的身影——

它，矗立在高高的顶峰，顶天立地，仰观九天星辰，俯瞰大地烽烟；笑看风云变幻，谛听江河奔流……朝阳喷薄欲出，一缕霞光从云隙里迸了出来，恰巧照射在它高峻挺拔的身体上，于是，它便笼罩着一层朦朦胧胧、飘忽不定的红光，显得格外突兀，格外孤危。它，向上，似乎可以高耸入云穷碧落；往下，仿佛能够直刺地心透黄泉。而且，它还在不停地变化，一会儿如擎天一柱，一会儿像苍松临风……

其实，那，仅仅是一块高大的岩石，一块峭拔的岩石所形成的山峰。大自然的鬼斧神工，将它雕琢得栩栩如生，犹如一位仙人临风矗立，似乎时时刻刻都可能羽化登天。因此，人们称它为仙人峰；因此，围绕着它便有了许多奇妙的传说；因此，山峰之下便有了一座古老的道观……因此，就有美妙的仙乐随风传了过来。

不，慧能所听到的，不是缥缈的仙乐，而是仙鹤的啼鸣。他看到，两只白鹤从云中盘旋而下，落在了道观前的平台上，翩翩起舞。与此同时，一位衣裾飘飘、白须飘飘的道长从门里飘了出来，与两只仙鹤共同舞之，蹈之，腾跃，旋转……

慧能知道这位白须、白眉、白发的道长，这一带的百姓，都知道这位白云道长。所有的老人们都说，在自己还是个小孩子的时候，他就是这副须发皆白的模样了。有人说，他朝饮露珠，夕餐清风，从来不食人间烟火。有人说，他能腾云驾雾，早已修炼成仙……

成仙不成仙慧能不知道，但是，人与鹤，居然能如此亲近，如此和谐，共戏共舞，相悦相知，绝对不是一般境界。

慧能看得如醉如痴，不知不觉地在一块石头上坐了下来，自然而然思索起来……

据说，白鹤在所有飞禽中最为高傲，它翱翔于九天之上，鸣唳于彩云之间，嬉戏于荒泽之中，从不与人类为伍。然而，它们却能与白云道长为侣为伴。人人都认为，老虎是最凶残的野兽，它生吞麋鹿，活剥野猪，残害家畜，伤人性命。但是，慧能在无意识中，亲身有过与凶猛的华南虎面面相对，却相安无事的特殊经历。由此可见，人类是可以与其他生灵和平共处，和谐共存，和善相待的。可以说，正是由于人类对动物的伤害，才导致了它们或者远远躲开，或者凶狠地反抗。人无伤虎之心，虎无害人之意；人有善待仙鹤之举，仙鹤自然与人亲近……

于是，在慧能的脑海里，出现了一个和谐而又美妙、生动而又神奇的全新世界……

不知过了多久，当他从自己的幻想里惊醒的时候，发现白云道长站立在自己眼前。白云道长关切地问道：“小伙子，你没事吧？”

“我有什么事吗？”慧能尚未完全从自己的幻觉里脱离出来，所以一脸茫然地反问道。

“可是，你已经在这里呆呆坐了一个多时辰了呀！”

“不对吧？我感觉只坐了一会儿。”

“你看看日头。”

慧能扭头，看到太阳已经高高挂在了临近晌午的地方！他有些吃惊：“天哪，这是怎么回事？”

白云道长一笑，说道：“洞中方七日，世上已千年。时间，是相对的，可长亦可短。”

慧能点点头，像是很有体会地说道：“是啊，是啊，都是心的作用。”

白云道长大吃一惊。因为，他无论如何也没想到，如此玄妙的话语，竟能从一个看似懵懵懂懂的、十几岁的半大孩子嘴里说出来。他不由得上上下下认真打量了慧能一番，问道：“小伙子，你来深山里干什么？”

“打柴。”

“那么，你打的柴呢？”

慧能无言以对。然而，他从白云道长的明知故问里，感受到了一种别有意味的、玄妙而又灵动的东西。可是，那是什么呢，他又说不上来。于是，慧能机灵地反问：“道长，你住在深山里干什么？”

“修道。”

“可是，您修的道呢？”

慧能顽皮地歪着头，笑着看着白云道长。道长不禁开怀大笑：“哈哈……”

白云道长不再说什么，撩腿走了。他在崎岖坎坷的山路上飘飘而行，犹如行云流水，有一种说不尽、描不就的洒脱与自在。不一会儿，他便隐没在了苍翠的山林中，不见了踪影，山野里回荡着他的吟诵之声：

> “道可道，非常道；名可名，非常名。无名万物之始，有名万物之母。故，常无欲以观其妙，常有欲以观其徼……玄之又玄，众妙之门……”

慧能可顾不上什么道不道、玄不玄了。一段空空的幻想，已经耽误了他半天砍柴工夫，今天若是再“道”下去，“玄”下去，便打不到柴了。那么，明天，他与母亲只能喝西北风了。

一天，慧能挑着一担柴向山外走着。当他下到一道谷底，忽然发现，前边山溪的小桥之上，仰面躺着一个人。

一个胖胖大大的和尚。

要知道，那是一个独木桥，一根长长的、圆圆的木头，横在了湍急的溪流上。浪花翻飞，水沫四溅，胆小的人走在上面都会眼晕，而且，经常有人从上面失足滑落。然而，那个和尚却仰面朝天，躺在独木桥正中央，居然还悠闲地跷着二郎腿！那逸然自得的神态，活像是躺在天下最舒服的卧榻之上，活像沉醉在了美妙的梦乡。身下流水潺潺，面对白云悠然，他，就这样随随便便仰卧在山水之间，犹如山水自自然然横亘在天地之中，一切都是如此的完美和谐，自在自然。

更令慧能感到十分奇异的是，他似乎与这个惊世骇俗的和尚有着某种渊源，好像在许久、许久之前，他们就相识似的。可是，在他的记忆里，不管是在新州，还是来到广州，从未与他相遇。

他正感到不可思议，对面的山坡上传来一阵吟唱声：

霞光神仙府，紫云道人家。
叶落清风扫，夜临有月华。

是白云道长。自然，横卧在独木桥的和尚也阻住了他的道路。白云道长说道："和尚，这里不是你的僧房，更不是你的禅床，快快起来。"

胖大和尚开口说道："丈室容纳三千界，大千世界一禅床。你且说，此独木桥在大千世界之内，还是在大千世界之外？"

据《维摩诘经》记载，与佛陀同一时期的维摩诘居士，他的卧室只有一丈见方，然而，千百万人进入其中，不见其拥挤。他坐在禅床之上，身体不动不摇，却能以神通之力，将三千大千世界玩于掌中如泥丸，哪怕是无量遥远的他方世界，亦能将之挪移过来，一一展现在众人面前。

白云道长虽然不曾参禅，但道家亦有“一粒粟中藏世界，半升铛内煮河山”的境界，所以，他分明感受到了和尚话语里蕴藏着的凛冽禅机。他一边走上独木桥，一边说道：“和尚，你别看道士我身轻体瘦，可是，我心中藏有太极、两仪、四象、八卦，胸中装着海上三仙山，神州七十二洞天。所以，我一脚踏上去，管教你身瘪体裂，心碎胆破。”

和尚纹丝不动，徐徐说道：“你有太极、洞天，我心胸之中岂无日月星辰、大地山河？你能踏得碎山河大地吗？你能分裂开星辰日月吗？”

“……”

和尚与道士斗得不亦乐乎，慧能听得意趣盎然，却似懂非懂。

山中风云多变幻。风起于青草丛中，云生于泉水之畔。一股风吹，一阵云飞，淅淅沥沥的小雨便飘落下来。慧能说道：“二位，下雨啦，快到那边避一避吧。”

于是，慧能打头，二位异人跟随他来到山崖之下自然凹进去的洞窟里。

细雨迷蒙，原野朦胧，于是，洞窟内外形成了两个截然不同又统一和谐的世界。如同和尚与道士，机锋相斗，又心意相通。

洞窟里天然形成了一方石桌，不知何时，有闲情逸趣者在上面刻画上了纵纵横横的棋盘纹路。白云道长不无惋惜地说：“可惜，没有棋子。不然，便可以上演道士战和尚的好戏了。”

早有古人说道：自从混沌初开，人类启蒙，圣人便立了三教。太上老君创立了道教，佛祖释迦牟尼开设了佛教，孔老夫子的门庭形成了儒教。儒教恁呆板，佛教很枯燥，唯有道教长生不老，羽化登仙，最洒脱。果真，道士生活，梅妻鹤子、棋伴琴友；而和尚，青灯古卷，木鱼古佛，整日盘腿枯坐。所以，若论棋艺，道士自然要高出许多。

谁知，那和尚却说：“盘上无棋，何妨心中有棋？请道兄高着。”

“这……”白云道长没想到和尚竟然能下盲棋，而自己从未尝试过，不禁有些手脚无措。

善解人意的慧能及时送上了一些折断的树枝与小石子。黝黑的枯树枝与晶莹的石英石，比之人工打磨的黑白棋子，别有一番风韵。

方寸棋盘乾坤大，黑白双色风雷急。

白云道长轻轻拈了一颗白子，点在了小目上（古代围棋执白为先）。由此，道长的白棋猛捞实地，和尚的黑子取了外势。

白云道长看看自己遥遥领先的实空，得意之色溢于言表：“古代国手云：肥边易得，瘦肚难求。和尚，看来，你不谙此道啊！”

和尚当仁不让，逼拶说：“且说，如何是此道？”

白云道长知道他说棋也在说禅，便也借棋论道：“小尖守角，连三扩边，又一路互通，即是此道。如同我道家炼形归气，炼气归神，外服丹药，便可身轻体健，长生不老。”

白云道长银髯飘飘，俨如不老之仙。

胖和尚呵呵一笑，道：“水无常形，兵无常势；棋无常规，道无常法。道长，你只知闭门求活，不能当机取势冲关，其后自有磨难。”

果然，和尚的黑势开始发力，逼得白棋手忙脚乱，幸好，白云道长及时屈服，总算做出了两只眼。和尚调侃他说：“你守着一具僵尸，个中滋味如何？”

白云道长长长吐了一口气，说：“有这两口气，如同我丹田之中炼成了长生不老的丹药，你能奈我何？”

和尚大喝一声：“就算你经过八万大劫，最终还要落空而亡！”

白云道长与一旁观战的慧能都不自觉地凛然一颤。

是啊，心性的超越，远远比肉体的长生不老更为重要。人，若是不能领悟宇宙人生的真谛，任你腾云驾雾，呼风唤雨，不过是一具行尸走肉！

细细的雨丝，添满了外面的空间；静静的沉默，凝结了洞窟里的世界。

白云道长看着棋盘上相互交织又井然有序的黑白棋子，忽然有所感悟，说道：“太极生两仪，天地分，阴阳存，黑白立，大道定。和尚，你以为然否？”

胖和尚将棋子上的黑白棋子混作一团，手指指着一片混沌问道：“休说太极，莫提神仙，天地阴阳暂不问，且道黑白未分之际，这一着落在什么地方？”

一句话问得白云道长瞠目结舌，惊得慧能魂飞魄散，不知不觉大汗淋漓，湿透了身上的衣衫……

良久，胖和尚见他二人无言以对，用手扫落满盘棋子，说道："从来十五路，迷却几多人！"

说完，他也不管他们二人如何地发呆、发愣，独自走入了一片雨幕里，消失在了苍茫之中。

且道黑白未分之际，这一着落在什么地方？

神秘的和尚来无踪，去无影，连白云道长也多日闭门不出，但慧能心头依然存留着这个巨硕的问号。是啊，棋盘上纵纵横横的十九条路线明明白白、清清楚楚，从未混杂，从未紊乱，而人却迷惑其中，茫然不解。

那天，慧能遇到了一根生长在岩石缝隙里、长满节结、疤瘌、树瘤的樵柴。

自古以来，樵夫砍柴，都是刻意避开节疤，专找树身上光滑的地方用斧头砍下去。因为，在所有人的观念里，有节的地方粗大不说，而且木质坚硬，自然不容易砍断。而这根木柴，上上下下不是节，就是疤，没有合适的下斧之处。

或许，正是因为如此，多年来，不知有多少樵夫经过它的旁边，从未有人对它举起斧头。

黑白未分那一着如何且不问，樵柴浑身是节，你这一斧头落在什么地方？

慧能几乎是惯性使然，下意识地、不自觉地自问。

好好的一棵树木，无论如何也不会无缘无故生长结节。它之所以长出难看的节疤来，是因为受到了外力的伤害，树干变得脆弱了，容易被折断了，它不得不额外生出瘤状的疤节，将受伤的地方包裹起来，增强抗风的能力……

想到此，慧能心中豁然开朗了：容易折断的地方，才需要加强保护。这就是说，树木长节，是因为那里容易折断！也就是说，有节之处，看似粗大，木质坚硬，却是最容易折断的地方！

慧能毫不犹豫，举起斧头，向节疤砍了下去……

果然，砍去四周的树皮，疤瘌包裹着的树干里斜插着一个枯死的结节。慧能轻轻一折，整个树干应手而断。

黑白未分时，一着落何处？

从来十五路，迷却几多人！

二十岁的男人，完全成年了。慧能的个头比一般人要矮小，身板也要瘦弱一些。然而，他却是山中最能干的樵夫。他每天挑到广州柴市上的木柴，比所有人都要多得多。那些五大三粗、膀大腰圆、身强力壮、力拔千钧的壮汉们自然不服，更丢不起那份人。于是，他们暗暗与慧能较上了劲。

清早，天色尚未大亮，他们便抢先来到山中。中途，尽管他们累得浑身疲乏，快要散架了，也不敢稍稍懈怠。然而，一天下来，他们砍的柴依然不如按部就班的慧能多。

他们想，慧能的力气远远不如他们大，砍柴花费的时间也不如他们长，使用的也是一把普普通通的斧头，并不是什么更神奇、更犀利的工具，之所以比他们砍的柴多，一定是他投机取巧，采伐的都是一些最暄软的樵柴，而他们一般砍的是硬木柴，因此要更费力、费时。但是，他们悄悄查验的结果恰恰相反。慧能的柴捆里里外外都是上好的最坚硬的山樵，不像他们，外面一层硬杂木，里面裹着的都是半朽半烂暄木头。多年来，顾客争着、抢着购买慧能的樵柴，也说明他采伐的木柴火更旺，更耐烧。

他们百思不得其解。奇了怪了，见了鬼了！难道慧能有神仙帮助不成？

慧能的神仙就是他自己——一个明白了心的妙用、掌握了自然规律的人，比神仙还要神奇，却比一般人更加普通。

别人砍柴总是朝着一个地方用力砍，而慧能则是绕着砍；别人总是千方百计躲开有节的地方落斧，而慧能却专从有节的地方下手。树干没有节疤的地方木质较软，他们力气又大，所以每一斧头都能深深砍进木头里；然而，正是因为如此，他们的斧头老是被卡住，往往向外拔斧头用的力气、功夫，比向下砍还多。有节之处虽然意味着木质坚硬，但越硬的地方越不卡斧头，越硬的地方木质越脆，越容易折断。

真理，就是这样普通。

因为其过于普通，所以，尽管慧能反复说明，其他樵夫反而越发不肯相信了。

唉，人的思维，常常困顿于惯性的怪圈而不肯自拔。

慧能成了最出色的樵夫，也只能养家糊口。高大健壮的山子在珠江码头每天扛的货物真的能堆成一座小山，但他无论如何也成不了富翁。没想到，刚刚过了弱冠之年的陈阿四，却一夜暴富，一跃成了广州最有钱的人物！

陈阿四到古玩字画店当学徒之后，以他天生的聪明伶俐，再加上勤奋刻苦，在古玩字画的业务上突飞猛进。他对这个行业内各种知识的吸纳，简直到了疯狂的程度。为了鉴别字画的真伪，识破各种作假手段，他不但要熟知其制作流程，还要千百次地亲自动手实践，直到将各种仿制秘密研究得透之又透，模仿得像之又像，足能以假乱真。据说，有一次，他所仿制的赝品，居然骗过了他的师父——古玩店老板的眼光。他那一颗极为聪慧、灵敏的心，都用在了这方面，怎能不烂熟于胸，深得其中诀窍呢！

正是有了他的这一番努力，三年徒满，他便被师父提拔成了店里的三掌柜，月俸一两白银——足足抵得上慧能砍半年柴。

更被业内人士津津乐道、奉为传奇的是，前不久，他慧眼识珠，为店里淘得了一件珍宝，转手之间足足赚了上千两的银子。

那天傍晚，快要打烊了，店里只剩下他与二掌柜两个人。这时，一个衣着非常普通的人走了进来，然而，他所带来的一幅《维摩诘像》古画却不普通，画面异常精妙，年代似乎也已经很久远了。更意想不到的是，来人居然说，这是顾恺之的作品！

顾恺之（345—406）字长庚，绰号虎头，是中国有史以来最神奇的画家。他生于三百年前的东晋时期，无锡人，曾任散骑常侍之职。有“才绝、画绝、痴绝”之称。后人评论他的画“意存笔先，画尽意在；迁想妙得，以形写神。”有一次，他为裴楷画像，完笔之后，却又在人物本来光洁的脸颊上平添了三根毛！然而，就是这三根毛，使得画面上的人物立刻鲜活起来，比真人更加传神。

顾恺之的作品存世极少，收藏家更是不到家破人亡的地步不肯出手。这幅画如何能在这遥远、偏僻的岭南出现呢？何况，画上并未有顾恺之的落款。而且，来人无论如何也不肯说明身份。基于此，二掌柜断定，这是一幅赝品，一幅古代高手临摹的复制品。

陈阿四却认定这真是顾恺之的作品，再三鼓动二掌柜收买下来。

二掌柜理所当然拒绝了。陈阿四像是中了邪，擅作主张，非要以五十两银子的价格将其收购下来。并且说，万一上当受骗，情愿以他的薪俸来抵店里的损失。

事到如此，二掌柜也只好由着他了。那人走后，二掌柜指着古画说：“连落款都没有，怎么能是真品呢？”

陈阿四却语出惊人：“就这幅画，有落款的，反而是赝品。”

二掌柜惊诧不已，脱口而出：“为什么？”

陈阿四胸有成竹说道：“这幅《维摩诘像》，并不是一幅正式的画作，而是一幅草图。准确地说，它是一幅样本。”

“你怎么知道？”

陈阿四微微一笑，然后徐徐说道：“这是顾恺之当年为建康（今南京）瓦棺寺绘制壁画《维摩诘像》时所画的样稿，所以没有落款。唯其如此，这幅画更加珍贵。同样，因为没有落款，它的主人也不大明了它的真正价值，所以，千金之物，我仅仅用区区五十两银子便买到手了。”

建康瓦棺寺的“维摩诘”壁画，二掌柜当然听说过，这幅光彩耀目的壁画，三百年来，一直是画家心目中的圣物。他不由得有些相信陈阿四了。不过，他还有一个天大的疑惑：“我们广州不是长安、扬州那样的文化中心，顾恺之的传世之作，如何会流落到这里呢？”

“请问，我们的前任刺史姓什么？”

“哦，是这样！”二掌柜恍然大悟：“对，对，顾大人经常吹嘘，他是顾恺之的后代。难道，刚才来的那个人，是顾大人的家丁？”

陈阿四点点头：“他虽然乔装打扮了一番，但我仍然能看得出来，他是顾大公子的跟班。而这，也是我认定它是顾恺之真品的理由之一。”

前年，在广州坐了九年刺史衙门的顾大人荣升为湖南观察使（相当现在的省长），但他的家眷仍然留在了广州。顾家大公子本来就不是什么好鸟，现在没有了老爹的束缚，理所当然要信马由缰，痛痛快快尽情地玩耍。然而，罗锅上山——钱（前）紧，所以，偷偷将家中所珍藏的古玩字画倒腾出来变卖，合情合理，一点也不奇怪。自古以来，大户人家的败家子，一直是古董商人的衣食父母，是他们发财、暴富的渊源。

几天之后，一位漂洋过海而来的爪哇商人看中了这幅画，以千两白银的高价买走了它。

由此，陈阿四的名声响遍了广州商界。更令人瞠目的是，不久，他居然将谭老板取而代之，成了越秀当铺的新主人。

而这一切，也是因为一幅画，一幅顾恺之的名画。

那几天，谭老板差点将肠子都悔青了。当初，那幅使得陈阿四名利双收的《维摩诘像》，首先经过了谭老板的手。当那个人将画送上当铺的柜台时，谭老板自己拿不准，生怕上当受骗，错将赝品当珍宝，以种种借口将他打发到了字画店。要知道，那可是一千两白花花的银子啊！要知道，谭老板辛辛苦苦，机关算尽，良心丧完，一辈子所积攒下来的财产，也不过三几万两银子。

他左右开弓，狠狠抽了自己几个嘴巴。

许是上苍为了慰藉他的痛心疾首，半月之后，还是那样一个黄昏，还是那个人，还是那样一卷古画，竟然再次出现在了谭老板眼前！

这是一卷长长的画轴，尺幅比那《维摩诘像》大得多。

当他轻轻展开画轴的时候，不由得惊呆了：画面上，一主一仆两个美得令人心悸的天仙，向他展颜微笑，他的魂儿、魄儿，都情不自禁被吸进去了……天哪，这，这，这……这幅画，竟然是顾恺之的《洛神赋图》！

据说，顾恺之去世多年之后，到南朝刘宋时期，本来已经天下知名的大画家陆探微（？—485），自从看到了这幅《洛神赋图》之后，扬弃自己原来的技艺若敝屣，一切从头开始，师法顾恺之。

据说，十分喜爱字画的唐太宗李世民，有两大梦想，便是拥有顾恺之的《洛神赋图》与王羲之的《兰亭集序》。后来，他听说兰亭真本藏在越州永欣寺禅僧辩才手里，便派遣大臣萧翼用欺骗的手段赚而得之。然而，他倾天子之力，却搜寻《洛神赋图》而不得。仅仅得到了陆探微的一幅临摹图，便如获至宝，赏赐给了献画人黄金千两，珍宝无算，外加一顶光宗耀祖的官帽子。

没想到，无价之宝的《洛神赋图》，居然到了自己的手里！若不是有舌头挡着，谭老板的心准会从嘴里跳出来，跳到这幅传世绝品之上。然而，来人却说，这幅代代相传了三百年的宝画，只当不卖。来人还说，真卖，整个广州也没人买得起。不是嘛，连一幅后人临摹的仿制品，都价值千两黄金呢。

当就当吧，到时候，你无钱赎买，它照样是我的！而且，这样还没有风险。

谭老板心里的小九九比任何人都精。他用五百两银子和一张当票，将画换到了自己手里。起码，它可以在两个月的当期之内存留在自己手里。而且，那个花花公子花钱似流水，当期一过，这件无价之宝便真正归了自己！

来人看了看当票，说："这幅画价值连城，可以说是无价之宝，你万一丢失或损毁了怎么办？"

谭老板灵机一动，说："既然是无价之宝，如何照价赔偿？所以我就没有标明它的估价。"

那人无可奈何，说道："你就象征性地写上以当铺相抵吧，反正你心里也清楚它的来历，谅你也不敢捣鬼！除非，你不想活命啦！"

家有重宝，若无人知晓，不啻锦衣夜行。所以，第二天，谭老板悄悄将字画店的二掌柜叫到了自己的当铺里，请他欣赏这幅传世名画。

果然，当那摄人魂魄的画面在二掌柜面前徐徐展开的时候，他不由自主地惊呼一声。随即，他的目光变得极度羡慕、极度贪婪，恨不得将整幅画都吞进自己的眼睛里……然而，当他的手指无意之中触摸到了装裱材料之时，嘴角下意识地抽搐了几下，眼睛不再紧紧盯着画面，而是反复观察着装裱的绫子。最后，他的脸上掠过了一缕不易察觉的、微妙的神色。

谭老板心中咯噔一声：难道，这幅名画有什么问题？他再三追问，二掌柜才指出了一个小小的破绽：装裱材料虽然用的像是旧绫子，但这种绫子，是十多年前出产的。十年前，二掌柜装裱字画时，都是用这种绫子，对它十分熟悉。尽管作伪者将它进行了古化处理，从色彩上难以辨别，但它的质地依旧，所以，当二掌柜用手触摸之时，察觉出了破绽。试想，三百年前的字画，如何会用十年前的绫子装裱？

一桶雪水从谭老板的头顶浇到了脚底。不知过了多久，他的思维才像冻僵了的蛇，缓缓苏醒过来。二掌柜呢？早已不见了踪影。五百两雪花银就这样打了水漂，而且连个响声都没听到。谭老板不甘心，径直找到了顾大人的府上。

“什么？我们顾府会借当？你受了什么人的挑唆，是故意来败坏顾家的名声的吧！滚！若是我家少爷、太太知道了，看不打断你的狗腿！”

大管家一顿臭骂。顾公子的那个跟班，更不承认曾经到过他的当铺里。是啊，有哪个小偷会坦白自己光顾过的地方？

谭老板不但没有讨回银子，反而受了一肚子窝囊气。而且，连那幅赝品上的美女，似乎也在对他发出嘲弄的微笑……

笑，笑！让你笑！

谭老板发疯似的扑了过去，用剪刀将那美女的脸庞划得稀巴烂，又将她付之一炬。葬身火海，才算出了一口恶气。

本来，他不过损失了几百两银子，而他的一时冲动虽然痛快，却招来了家破人亡的灾祸——

当陈阿四带着那原封未动的五百两银子出现在他的当铺的时候，他突然明白了，自己落入了一个蓄谋已久、精心设计、异常诡秘的连环套里。

所有的一切，包括那幅维摩图，都是整个骗局的一部分，目的是为了勾起他的贪欲，进而利用他的贪婪，图谋他的整个家业。

他心如刀绞，他失魂落魄，他痛不欲生。然而，陈阿四却又在他流血的心上撒了一把盐。陈阿四说："四年前，当你用花轿将我心爱的幺妹强行抬走的那天，我就下了决心，一定要你加倍偿还！所以，我不但要接收你经营了几十年的越秀当铺，还要幺妹重新回到我身边！"

谭老板走投无路，如一只丧家之犬。他精神恍惚地在珠江边徘徊。入夜时分，游弋在江中的画舫，停靠在岸边的楼船，花烛点燃，彩灯齐放，照亮了夜空，映红了江面。于是，谭老板在水中看到了一个五彩缤纷的奇幻世界。他伸出手，慢慢走入其中……

陈阿四如愿以偿地得到了谭老板的越秀当铺。然而，幺妹却毅然决然离开了当铺后院，回到了横林岗。并且，她很快就嫁给了林山子。要知道，陈阿四之所以费尽心机图谋谭老板的家业，主要是为了得到幺妹啊！谁知，幺妹不但没有欢天喜地投入他的怀抱，反而视他如蛇蝎，恨之如魔鬼。

更要命的，整个广州生意圈子里的人，都不再与他来往，更谈不上买卖交道。连周围的邻居，也像躲避瘟神一样，老远便避开了他。人家都说，有钱能使鬼推磨。他有了钱，有了很多、很多的钱，反而像是惹得鬼缠身。

缠上他的，还有谭老板的儿子——杀父之仇，破家之恨，夺财之怨，人家当然要报。

一个月黑风高的夜晚，越秀当铺燃起了熊熊大火。炽烈的火光映红了半座广州城，照亮了整个夜空。然而，人们只是远远观望，没有一个人前去救火。

整个当铺连同后面的家人居住的房屋，全都化为了灰烬。陈阿四呢？有人说，他已经在大火之中烧死了；也有人说，他虽然被烧得面目全非，但侥幸保住了一条性命。为躲避谭大少爷的追杀，他不得不远走他乡……

第五章　悟　道

这一天，注定是一个难忘的日子。

清晨，二十二岁的卢慧能像往常那样，腰里掖着斧头，肩上扛着扁担，进山打柴。稍稍不同的是，他今天出发得早了一些。因为，再过两天，山子与幺妹所生的女儿就要满周岁了，幺妹托他到白云观去给孩子求一道长生符，他要比以往多走一些山路。

晨霭笼罩着的山野格外安静，不过，今天的山野也过于宁静了，宁静得令人窒息，似乎连空气都凝固住了，叫人喘不上气来。那些叽叽喳喳的小鸟呢？那些不甘寂寞的昆虫呢？为何都不见了踪影？

甚至，没有风，山中连一丝微风都没有。

慧能爬上那道山坡，对面的山梁绝顶，仙人峰高高矗立；云雾缠绕的山腰之中，参天古木掩映之下，偶然之间露出了白云观青砖黑瓦的殿堂一角。它点缀在一片山色里，自然而又和谐。

深山藏古观，白云涤道心。

白云道长，一定在薄雾朦胧的平台上，与那两只仙鹤翩翩起舞吧？

没有风，空中一丝微风都未曾吹过。甚至，连霞光都不曾照在仙人峰上，更无小鸟惊扰它。但是，就是在这种没有任何预兆的情况下，突然之间，仙人峰连同它下面宽大的悬崖绝壁，一齐崩塌了下来！

大音希声。真的，慧能没有听见那惊天动地的轰鸣，甚至，他自己虽然张开了嘴，却也没有发出惊呼之声——他完全被惊呆了，眼睁睁地看着崖体坍塌所带来的冲击波，先行推开了山腰的薄雾，白云观显露出了它最后的全貌，随即，千百万吨的山岩，巨石，泥土，滚滚而下……

古老的白云观，如同巨人脚下小小的泥丸，被轻轻一搓，便化为了细细的尘埃，没有了，不见了，被砸碎了，被掩埋了，看不到任何踪迹了！

“白云道长——”

慧能一边撕心裂肺地呼叫，一边发疯似的迎着依然在不断滚落的岩石，冒着被砸死的危险，不顾一切地扑了过去……

慧能已经没有了最初的疯狂，他累得筋疲力尽，衣服被尖利的岩石挂扯得条条缕缕，十个指头磨得鲜血淋淋。然而，他的一切努力都是徒劳，没有找到白云道长的任何信息，哪怕是一根白发，一块衣服碎片，或者他的丹炉，他的拂尘，都未见到。好像，有关他的一切生活痕迹都蒸发了，湮灭了，或者从来就不曾存在过一样。

是啊，与巍峨的大山、与高耸的峭壁、与挺拔的孤峰相比，人的肉体太渺小了，可以说是微不足道。同样，虽然白云道长修炼有成，轻而易举便活到了百岁高龄，是人中罕见的寿星，但是与山河大地相比，与亿万年时光才雕琢成的仙人峰相比，所谓人生百岁，不过是弹指一挥间。而山河大地，亦是沧海桑田，变幻不已。不是吗，连附会了许多神奇而又神秘的仙人峰，也坍塌了，从绝顶滚落了下来，摔成了碎石！

无常。流注。易变。迁化。世界上，没有任何一成不变的东西。

想到此，慧能便不再感到揪心的痛惜，不再绝望，不再悲哀。

当他的注意力从一片山体垮塌的狼藉中转移出来的时候，已经是夕阳西下时分。不知不觉，他整整在废墟里寻找了一天。他没有寻找到白云道长，却寻找到了大自然的真谛——无常，变异。

这一天，他没有为那个诞生将满周岁的小女孩拿到长生符，也没有为自己的家打到柴。

“唰——唰——唰……”

一大早，慧能的母亲李氏，准时被儿子磨斧头的声音叫醒了。樵夫中有这样一句话：磨刀不误砍柴工。古人也说，工欲善其事，必先利其器。多年来，慧能养成了一个习惯，每天起床第一件事，就是仔仔细细磨砺自己的斧头。而他的这个比公鸡打鸣还要准时的习惯，也成了母亲的报时器——该起来做饭了。

李氏走到廊下的小泥炉旁，在后背上捶打了几下，才弯下腰去生火。

但这个不起眼的细节，还是被慧能注意到了。他停下手里的活儿，关切地问道："娘，你的腰咋啦？"

李氏说："昨天夜里，这老毛病就犯了。看来，今天要变天了。"

慧能说："可是，我看你好像比往常更难受似的。这是怎么回事？"

"怎么回事，娘老了呗！人，越老身子骨越差，老毛病也就越来越重了。"

"那你就坐下休息吧，我来做早饭。"

"你一个大男人，爬锅燎灶的，叫人家看见了笑话。"

"谁想笑就叫他笑吧。"

慧能一边说笑话逗母亲开心，一边做饭。坐在一旁的李氏看着他拙手笨脚、忙忙乱乱、丢三落四的样子，笑着说："能儿，娘越来越老，你也老大不小了，该给娘找个帮手了。"

慧能当然明白母亲在说什么，但他打哈哈说："我不就是娘最好的帮手吗？母子连心，还有比儿子更能与娘心意相通的人吗？"

李氏正色说："你别东拉西扯！你爹死得早，就给咱们卢家留下了你这么一条根，再耽误下去……"

慧能说："娘，你就别操心啦。我模样长得难看，个头又小，房无一间，地无一垄，人家谁肯将闺女嫁给一个穷得叮当响的樵夫呢！"

"前年，幺妹刚刚从城里谭家回来的时候，你，你……你是不是嫌人家是寡妇？所以……"

"娘，看你说到哪里去了！"慧能打断娘的话，"幺妹不光是一个人，她父亲瘫痪在床，母亲也长年患病。不管怎么说，山子的身体比我健壮，在码头上装卸货物比我砍柴挣得多，家底也比咱们家厚实，所以，山子更合适，更能给幺妹带来安宁与幸福。"

吃过饭，慧能拿起工具就要出门。李氏急忙拦住他说："能儿，今天不要上山打柴啦。老天爷马上就要刮风下雨了，别把你淋病了。”

慧能看看昏黄的天空，自言自语地说：“一大早，天色就这样，看来，一会儿肯定会有暴风骤雨。怕是过台风呢。”

“那你更不能出去啦。山里电闪雷鸣，狂风急雨，如果暴发山洪，那就更危险了！”

慧能却说：“越是这样的天气越好，我越要出去。”

李氏生气了：“你又不是小孩子了，还想着好玩！”

慧能边向外走边说：“娘，我是去山林子里捡大风刮折的树木和风落柴呀！”

自然形态的原始山林中，新陈代谢，树上有许多树枝自己干枯了。每当起大风的时候，它们便会被刮折，被吹落下来。樵夫们都称之为“风落柴”。

风落柴早已干透了，挑着出山自然轻松，捡拾起来又很省力，所以，每当雨过天晴，樵夫们便争相去捡。去得晚了，就捡不到了。

慧能早已掌握了这个规律，所以，他提前进山，先在山里的岩洞中避过风雨。风雨一过，便可以用最短的时间进林子收获了。

慧能迎着狂风连奔带跑，终于在倾盆大雨下来之前钻进了那个洞窟。

棋盘依旧在，物是人已非。

几年前，白云道长与那个奇僧对弈的场面历历在目，而今，道长已经驾鹤归天，那个奇异的僧人更如云天神龙，见首不见尾，来无踪，去无影。慧能不禁有一种恍若隔世的感觉。

台风来得猛，去得快，不一会儿，虽然仍有阵阵狂风吹来，暴雨却已经先停歇了。慧能钻出山洞，来到山谷中的一片密林。往常，慧能曾经在这里的参天大树上看见过许多枯枝，心中也早已锁定了这个目标。果然不出所料，他刚刚进入林子的边缘，便看到地上落了一层青青的树叶与干枯的树枝。密林深处的树上枯枝更多，应该都被大风吹落了吧？

慧能急急忙忙向林子深处走去。然而，这里的情况与他的想象恰恰相反，枯树枝依然好好地长在树上，极少被风折断而掉落在地上。同一片山场，同一片树林，难道狂风仅仅掠过了树林的边缘，没有吹拂到密林深处？

这时，他发现，林子里面的风真的比山林边缘上要小得多。

难道，是风停了吗？

他抬起头，看到最高的树梢依然在剧烈摇晃，发出疾风掠过的呜呜声——风并没有停歇，是树木的阻抗作用，使得林子里面的风速骤降。林木越密，越靠近树林中央，风速越小，所以，树上的枯枝被吹落得越少。

不知什么缘故，突然之间，慧能心中灵光一闪，想到了这片山林正中央的那个静静的水潭。几乎与此同时，他心灵之中有一种火花似的光亮闪现出来——

他兴冲冲来到林地正中，来到了幽静的水潭之畔——

这是一幅怎样的奇妙而又特异的景象啊：

天上风云，林中幽潭；风云在天上舒卷，幽潭在林中静处；天空辽阔，风起云涌，黑云如潮水奔腾，白云似浪花飞溅，或块或片，有高有低，大大小小，千差万别，浮云长，常常长，常长常消；碧潭幽幽，因为有密林阻隔，风吹不到，水波不兴，平滑如镜，水镜虽小，却将整个天空纳入其中，倒影山川而无心，照现天象而无意，任你春秋交替，风云变幻，月落日升，或阴或晴，我自湛然不动，不动湛然。

——这景象，恰似人的心境。

一个人，如果在思想上建立起严密的戒律，那么，外界的各种风潮，很难吹动他的心灵的平静。一颗平静的心，是安详的心，是智慧的心，是美妙的心。因为它湛然不动，灵明不昧，将一切的存在全部都映显出来，所以能准确地观察到客观真理，也就能充分把握住事物的真谛，直探根源，契入内核，掌握本质，与自然发展之客观规律统一律动。心，在这种情况下，是直觉的、灵感的，所以格外神奇。

慧能曾经亲历过这样的心境。其实，世界上每个人都经历过这样的心境。而今天，机缘巧合，慧能主动地意识到了它，体验到了它，认识到了它，把握住了它。

它，是什么呢？

慧能退回了山林边缘，手脚利索地捡拾着风落柴，不一会儿，便捆了两大捆。他挑上肩，悠悠拐上山间小路。

雨后的山野，因无人惊扰，十分宁静，宁静得有几分喧闹：有残存的雨水从高高的树叶上滑落下来，打在野芭蕉的阔叶上，发出战鼓似的轰鸣；不时有微风回旋于低矮的灌木丛中，活泼的叶片来回摆动，沙沙作响……

慧能一颗敏感而灵动的心，能充分契入自然环境之中，感受、领略着那种妙不可言的境界……

忽然，寂静山野中，像幻觉一样，飘来一阵吟唱：

空手把斧（锄）头，步行骑水牛；

人在桥上过，桥流水不流。

慧能停步，侧耳倾听，吟唱声早已无影无踪。

他自嘲地一笑，边走边喃喃自语："空手把斧头，步行骑水牛；人在桥上过，桥流水不流……人从桥上过，桥流水不流……"

不知不觉间，他驻步在了山间小溪之上的那座独木桥中央。

"桥流水不流……"

小桥下的溪水哗哗流淌。

桥那边，走来一位行脚云游的僧人。是他，又是他，自然又是他，那个神秘的胖大和尚。

慧能问："大师，刚才是你在吟唱？"

和尚说："唱没唱我知道，听没听你知道。若是我唱过，此时此刻怎么听不见声音啦？若说没有唱，你又如何会因此发问呢？"

慧能情知不是对手，所以不与他斗禅机，而是直截了当地说："大师，我觉得这几句话似懂非懂，乍一听，像是挺明白的，细一想，又稀里糊涂了。"

和尚问："没听懂？"

"没有。请大师给我详细解释、解释。"

"那好，这次给你说个明白的，你听清了。"

和尚吟诵道：

东西大街南北走，出门碰见人咬狗，
拿起狗头砸砖头，又怕砖头咬着手。

慧能张口结舌：“这、这、这……”

奇僧哈哈一笑，扬长而去。

慧能呆立在独木桥头，桥下溪水长流。

因为下雨，城里柴市上卖柴的樵夫很少，所以柴市成了樵柴贩子们的天下。

客栈那位老掌柜踮着脚，向路口方向眺望。

有几个薪柴贩子在他身后说：“老掌柜，今天下大雨，慧能肯定没去砍柴。你就买我们的吧。”

老掌柜说：“去去去！等到天黑，我也要等着买慧能的柴。”

一个小贩说：“我们的樵柴，也是慧能他们那些樵夫从同一座山上砍来的，为啥偏偏非买他的呢？”

“人家慧能砍的柴，都是长在山尖岩缝里的硬木，火壮，经烧。而你们，为了多赚钱，都是低价收购的那些半朽半烂的暄木头，糊弄人。十几年啦，我们客栈烧的一直是慧能砍的柴。好，好好，你们看，慧能那不是来了嘛！”

慧能挑着柴担子走过来。客栈掌柜迎了上去，抱怨道：“今儿咋来迟啦？让我好等。”

慧能放下担子，擦擦额头的汗，一笑说：“大爷，今天不是往你的客栈里送柴的日子呀。你怎么到柴市里来啦？”

“客栈住进了一帮来广州进货的外地客商，吃饭、喝水的人多，就把原来存留的木柴用光了。”

慧能指着柴担说：“那正好，我今天担来的是风落柴，虽然外表被雨淋湿了，但里面早干透了，立马就能烧。”

老掌柜笑着说道：“好，好！我就知道，有你慧能，就有我老汉的好柴烧。走吧，将担柴给我送到店里去吧。”

慧能还是憨厚地一笑，点点头，担起柴。跟着老掌柜向客栈走去。

熟门熟路，慧能将柴送进灶间之后，来到前堂，接过小二哥递来的一碗茶水，咕咚、咕咚灌进了肚子里。

店小二笑他："你饮驴呢？"

慧能也自嘲："我渴得就像一头驴，喝起茶来自然像驴饮啦。"

老掌柜将柴钱交给慧能。他数都没数便放入了口袋里，给老掌柜鞠躬说："谢谢大爷，您总是照顾我。"

老掌柜说："彼此、彼此，这十多年，烧你的柴，给我们省了不少钱。慧能啊，这几天客栈住满了客人，你多给我送几担柴来。"

慧能点点头，向店铺门口走去。

客栈靠近门口的一把凳子上，一位老年客人就着门口的光亮，正在喃喃念经：

"……佛告须菩提：诸菩萨摩诃萨，应如是降伏其心。所有一切众生之类，若卵生，若胎生，若湿生，若化生，若有色，若无色，若有想，若无想，若非有想、非无想，我皆令入无余涅槃，而灭度之。……"

仿佛是神差鬼使，慧能不经意间听到了几句经文，莫名其妙地感到十分亲切，似乎还有几分熟悉。他若有所思，不知不觉停住了脚步，站在一旁倾听。随着经声的徐徐送来，他的脸色愈来愈祥和恬静，心如止水，一波不生，一波不起……忽然，他觉得自己的心好像正在悄然打开，融入了经文之中：

"如是灭度无量无边众生，实无众生得灭度者。何以故，须菩提，若菩萨有我相、人相、众生相、寿者相，即非菩萨。……"

所谓我相者，即，恃有财产、学问、地位而轻慢他人；所谓人相者，虽然行仁义礼智信，但以此为资本而骄傲自负，蔑视普通人；所谓众生相者，将好事揽入自己怀抱，把坏事推给别人；而以自己的好恶为标准分别取舍者，即是寿者相。有此四相者，当然是凡夫，而不是菩萨！

“……须菩提，于意云何，可以身相见如来不？不也，世尊，不可以身相，得见如来。何以故？如来所说身相，即非身相。佛告须菩提：凡所有相，皆是虚妄。若见诸相非相，则见如来……”

慧能心身跃动，不由自主地想起了父亲的死，母亲的病，白云道长的长生，高高矗立的山峰。这一切，都不过是一种虚妄！那么，如何才能透过假象而见诸相非相呢？

“……是故须菩提，诸菩萨摩诃萨，应如是生清静心，不应住色生心，不应住声、香、味、触、法生心，应无所住而生其心……”

应无所住而生其心！

这一声，好像来自宇宙中心的呼唤；这一声，恰似发自灵魂深处的呢喃；这一声，他仿佛已经期待了很久、很久，好像从一生下来，他就在等待着它的到来……他，像是突然之间受到了强烈的电击一样，愣了，呆了，傻了——然而，他又能清晰地感觉到，一股气息从他的节节脊椎之中向上射出，直贯脑髓，冲出脑壳，与这渴望了千百万年的声音融为了一体……

他百感交集，泪流满面，身体情不自禁地、不由自主地微微颤抖……

慧能脸上的表情在急剧变化！他的心中澎湃着一种无以言状的激动，充满了巨大的喜悦。像是有一股生命的暖流，从他的灵魂最深处源源涌出，滋润了身体的每一个关节、每一寸肌肤、每一个毛孔，并且生命的智慧之泉冲破一切障碍，汩汩喷涌……

他原来在生活中、劳作中所领悟的心的妙用、变易无常、自然法则，奇僧的种种机锋等等，等等，所有的一切，都有机地联系起来，融会贯通了。

心灵开窍的感觉真好。

他感到他像一片云，在天空中自由自在地飘荡，又像回归到童年，躺在母亲温暖的怀抱里听着妈妈慈爱的哼唱。无限的幸福、无限的光明，愉悦着他的心身，世界在他眼里变得那么美好，那么和谐，那么清澈。

透过房顶，他似乎看到蓝天上几缕白云悠悠飘动；穿透墙壁，远方淡淡一抹青山如烟；绿草茵茵的田野，仿佛近在眼前，无名野花在微风中摇曳芬芳，连小树的每一次晃动，都是最美妙的欢歌，最曼妙的舞蹈……

“……不取于相，如如不动。何以故？一切有为法，如梦幻泡影，如露亦如电，应作如是观。”

那位老者诵经已毕，轻轻合上经书，双手捧着贴在额头顶礼。

慧能上前作了一个揖，说道：“大爷，打扰了。”

老者应声抬起头来。那一瞬间，慧能一愣，好像有一种似曾相识的感觉，但又想不起来在哪里见过……

老者和善地问道：“小伙子，你有什么事？”

慧能赶紧说：“大爷，请问，你念诵的是什么经呢？”

“《金刚经》。我刚刚从黄梅县双峰山东山寺那儿请回来的。”

“黄梅在哪里呀？”

“距离我们这里有好几千里远呢。老汉我来回走了好几个月。”

慧能无限神往地自言自语呢喃道：“黄梅，东山寺……”

老者继续说道：“东山寺，就是弘忍大师住持的寺庙。”

慧能有些不好意思地问：“请问，弘忍大师是谁？”

老者哈哈一笑，说：“小伙子，你跟我斗禅机呀？弘忍大师，当然就是弘忍大师啦。”

看到慧能益加局促，老者又哈哈大笑起来：“我逗你玩呢。弘忍大师是禅宗第五代祖师，是当今最有名的高僧，弟子有一千多人。大师教导僧人和在家弟子，只要奉持这部《金刚经》，就可以明心见性，觉悟得道。所以，我无论走到哪里，都将经书带在身边，一有空闲，就拿出来读诵。”

慧能非常羡慕，情不自禁自语着：“金刚经，金刚经……应无所住而生其心……黄梅，弘忍……”

老者说：“小伙子，你对佛法感兴趣？”

慧能点点头：“我刚刚听到你念诵《金刚经》，心头突然明亮起来，像是开了窍。虽然说不出道理，但我觉着我好像悟到了大山啊、树林啊，还有咱们人，最为真实的东西。可是，这东西又是那样普通，所以，说出来也难以令人置信……”

老者不禁“噌”的一下从凳上站立起来，双手合十，惊奇地说：“阿弥陀佛，你这是开悟了啊！”

慧能不相信，说：“不会吧，我对佛法全然不知，又大字不识一个，而且是个穷得叮当响的樵夫……”

老者打断他：“人无贵贱之分，只有慧根区别。我佛说过，一切众生都具佛性，佛法面前人人平等，众生平等。连小虫、小鸟都可得道。何况，我看你资质聪明，很有善根，若是能去黄梅东山寺拜弘忍为师，深入佛法，参禅悟道，一定会有极大的成就。”

慧能听老者如此之说，很兴奋，很高兴，但旋即又陷入了沉思，样子苦恼至极，不禁无限惆怅地长叹了一声。

老者关切地问：“小伙子，你心中有什么放不下的事？”

慧能说：“我父亲很早就去世了，只有我与母亲二人相依为命。家道贫寒，只能靠我卖柴维持生计。我一日不打柴便一日无米吃，母亲离不开我。”

“小伙子，在我看来，不是你母亲离不开你，而是你离不开母亲。你从心眼里害怕离开母亲，怕失去母亲的爱护！”

慧能一怔，细想，老者的话很有道理。

“年轻人，应该去追求人生大道、追求宇宙的真理才对啊！不是我老头子自夸，遥遥几千里路程，不是都没挡住我吗？这样吧，我先资助你十两银子，用作你母亲的日常花销。”老者看到慧能想表示什么，摆摆手说道：“别，小伙子，你先别推辞，就算我抢先一步供养你这位肉身菩萨吧。你回去安顿好你的母亲，然后到黄梅东山寺去找弘忍大师，我相信，他一定会善待你的。”

说着，老者从一个布袋里掏出一封银子，递给了慧能。

慧能感激涕零，磕头跪拜。

老者说：“小伙子，你行此大礼，我可受用不起。”

慧能说：“老人家，你与我不过萍水相逢，就如此慷慨解囊资助一个素昧平生的后生。从您身上，我看到了学佛者的心胸。您放心，我一定效仿古人，刻苦修行，以此报答您的成全之德。”

“好，好。我没看错人。”

一旁的店小二看到了老者布袋上的字，嘻嘻一笑说：“难怪你们俩一见如故，这样投缘呢，原来，你们是老乡啊！”

“你怎么知道？”

慧能与老者几乎同时问。

小二说：“大爷，你布袋上写着‘新州安记’几个字，说明您姓安，是新州人士。”

未等老者有所表示，慧能已经第二次跪了下去，说：“安掌柜，真的是您！您真的就是在新州城开杂货店的安掌柜！”

这次，轮到老者与小二干瞪眼了。

老者挠着头皮：“小伙子，你是谁，你怎么认识我？”

慧能兴奋地说：“十多年前，您给我和母亲领过路。先到的当铺，后来又去了药铺。”

老者一拍脑袋，道：“对、对，对！我想起来了！你爹姓卢，是从北方……”

小二调侃说：“不光他爹姓卢，他也姓卢。”

“安大爷，谢谢您。这些年来，我和我娘经常念叨您，我娘说您是个大好人、大善人。”

老者说：“老夫安道诚。卢老弟，你们娘儿俩后来怎么从新州到了广州？”

于是，慧能将过去的事情告诉了安道诚。

最后，安道诚说：“叶落归根。慧能，若是你到黄梅去的话，恐怕你母亲更愿意回到新州。”

慧能点点头：“是的，就是现在，我娘也经常念叨着回老家呢。”

安道诚说：“送佛送到西天。我这次从黄梅回来，顺便来广州捎回一些货物。我已经雇好了运货的船。过几天，上全了货物，就要回新州了。你娘若是回去，就坐我的船吧。”

慧能感动得不知说啥是好。安道诚笑道：“我这不过是顺便作功德罢了。”

第六章　辞亲北上

慧能回到家里，已是初夜时分。天上星光闪闪，山里灯火点点。池塘的蛙鸣，显示着天地的寂静；窗户透出的灯光，温馨着夜空。

“是能儿回来啦？”

慧能略一迟疑，才回答：“是我，娘。”

他推开房门。母亲坐在佛龛前的蒲团上，半眯着眼，全身透着慈祥的光辉。

李氏关切地看着慧能往墙上挂好绳索，将扁担戳到墙角，问道：“能儿，今天怎么这么晚才回来？”

慧能不知怎样开口，只能报以羞涩的苦笑，避开母亲温热的目光。他为了掩饰自己慌乱的神态，没话找话说：“娘，你吃饭了没有？”

“你不回来，娘怎么吃得下呢？”

“那，咱就吃饭吧。”

慧能把小桌搬到娘的跟前，到灶间端来饭菜，盛满一碗，双手递给娘。他自己也端起饭碗，然而，心不在焉，夹菜的筷子伸向了油灯盏。

李氏扑哧一笑，放下饭碗，正色道：“能儿，你今天有啥心事？”

慧能只好正视母亲。母亲的目光极为慈祥，仿佛随时都能化开他的千千心结似的。他一咬牙，鼓足勇气说：“娘，我今天遇到了几件不可思议的事儿。先是在山林中看到了一个小水潭。它……”

慧能不知道如何向母亲描述那种奇妙的景象，更无法将自己心灵的感悟讲述出来。所以，话题一转，说道：“后来，在路上碰到了一个唱着奇奇怪怪歌儿的奇怪和尚。”

李氏下意识地追问道："那大和尚长的什么样？"

慧能道："他穿得破破烂烂、邋邋遢遢，可你总觉得他很纯净；他举止疯疯癫癫，但给人的印象却很神秘。噢，对了，他很胖，但很灵巧。"

李氏恍然大悟："噢——，那，是他，一定是他！"

慧能很奇怪："娘，你也见过他？"

"你刚出生的那天早晨，他就与另一个僧人一同来过。你的名字还是他给取的呢！他还说过你将来……能儿，他今天对你说了些什么？"

"他除了几句疯话，什么都没说。在城里我遇到了一位念《金刚经》的居士。娘，你猜猜，他是谁？"

李氏一笑："娘又没见，如何能猜得到？"

"安道诚，安掌柜！"

"安掌柜？难道是新州城里杂货店的老板安大善人？"

"就是他。他刚从鄂州黄梅回来。这位老人家真了不起，偌大年纪了，不顾年高体衰，竟然千里迢迢到东山寺去参拜弘忍大师。"

李氏说："真正学佛的人，都有这种吃苦耐劳、乐于助人的精神。"

"就是，一见面，他就给了我十两银子……"

等慧能察觉到自己说漏了嘴，母亲已经敏感地意识到了什么，她再三追问慧能："平白无故，安道诚给你这么多的银子干什么？"

慧能心想，迟早也得和母亲商量，所以干脆挑明了："他说，有了这笔钱，您就可以安心过日子了。而我，就能到黄梅去，礼拜弘忍大和尚为师，学习佛法……"

骤然听到儿子要出家学佛，母亲惊呆了，良久，一声不发。像涨潮一样，她眼睛里慢慢噙蓄满了晶莹的泪花，泪花汇聚成圆圆的泪珠，颤了颤，最终还是滚落了下来……

可怜天下父母心。

尽管李氏夫人多年吃斋念佛，但是，一想到儿子离自己而去，不由得一阵心酸。丈夫卢行瑫孤身一人从范阳流落岭南，仅仅留下了慧能这一条根。若是出了家，那就意味着卢家这一支血脉中断了……

她进而又想：自己的夫君卢行瑫读书多年，却终生不得志，最后抑郁而终；谭老板是整个广州有名的大富豪，却落了个投江自尽的下场；还有陈阿四，那样一个聪明伶俐的年轻后生，后来却……

想到此，她觉得儿子出家未尝不是一件好事。古人说，一人出家，九族升天。出家修行的功德不可思议。再说，慧能自小与佛有缘……

李氏夫人心中的疙瘩解开，破涕为笑，说："儿子大了，迟早也要离娘而去。唉——，就像小鸟长全了羽毛，就要远走高飞了。"

慧能听得母亲如此一说，想起母亲辛辛苦苦将自己拉扯大的艰难，自己很是不好意思了，他眼含热泪，喃喃说道："只留下母亲一个人孤孤单单过日子，我也实在放心不下。可是，可是……我也真不知如何是好。不然，我……"

李氏说："能儿，你跟娘说实话，你自己想不想去？"

慧能左右为难，吭吭哧哧地说："想是想，只是娘年事已高，今后需要有人在身边伺候，我实在不忍心离开你。"

母亲握住慧能的一只手，坚决地说："能儿，娘想过了，你应该去！年轻人，应该出去闯荡、闯荡。整天守在家里，没出息。佛法如山高，佛理似海深，如果能拜到弘忍这样的名师，就像夜行山路看到了一盏明灯。能儿，这是你的大造化呀！"

"可是，自从父亲过世后，这些年来……"

慧能欲言，母亲制止他，接着说：

"你有什么好担心的？娘已经盘算好了，我要回新州老家去，有你舅舅，有左邻右舍，安大善人给了那么多银子，不愁吃、不愁穿，庄户人家还怕什么？"

"我最怕你万一有个三灾两病的，没个端水送药的人。"

到此时，反而是李氏夫人劝慧能了："傻孩子，你去学习佛法大道，佛菩萨们会保佑娘的，万一有什么困难，自有好心的人主动来帮忙。你看，你还没动身，就遇到了安掌柜这样的热心肠的人。佛门不是一般人所能进的，学佛人要以天下苍生为念，要把济世救人之心锻炼得像天一样广大，像地那么厚实。而这，恐怕你做不到。"

慧能听了娘的一席话，不禁豪情勃发："娘，你放心，我绝对不辜负佛菩萨的一番宏愿！"

"这不就得了！"

慧能这才知道，娘是在用激将法。他泪水长流，感激地望着母亲。

清风轻轻送来人自然极为和谐的天籁。一只萤火虫飘飘忽忽飞来，在李氏夫人头上转了几圈儿，又轻轻飞走了。

"饭菜都凉了。吃吧，吃完了早些歇着。明儿一早就准备回老家去。"

一轮明月挂在湛蓝幽深的天空。大大小小的池塘里，一条条溪水中，都有一轮月亮；只要是一汪净水，就会有一个月亮。

千江有水千江月，万里无云万里天。

千江水月一月摄，万里云空点太虚。

慧能母子顺利回到了阔别十多年的故乡——新州龙山脚下的夏卢村。

亲不亲，家乡人；熟不熟，故乡土。

有乡亲们以及远近亲属的帮助、关照，他们很快便安顿了下来。经过两个多月的辛劳，慧能将里里外外所能想到的大大小小的事情都料理好了，连茅屋的房顶都重新换过了稻草，十年、八年不会漏雨。然而，就在他即将出发之时，舅舅却死活不同意他出家学佛。慧能实在不想忤逆舅舅，今后母亲有个什么大事小情，少不了请他帮助。于是，他与母亲一同来到舅舅家，再次恳求。李氏夫人也再三替儿子慧能求情。舅舅回答了两个字："休想！"

慧能无奈，只好使出最好一招——在舅舅家的大门前长跪不起。舅舅像是铁了心，最后，他赌着气，指着大门旁边的一块巨石说道："有耐心，你就跪着吧。哪怕你跪上一天，一月，一年，也休想打动我！若想得到我的同意，除非这块顽石裂开！"

门前的这块卧牛石，浑似铁铸，亿万斯年的时光，也不过在它表面镀上了一层乌黑之色，怎么可能忽然开裂！这就是说，若想舅舅同意慧能出家，没任何希望了。

没想到，难以置信的奇迹出现了：

舅舅的话音刚落，只听得砰的一声巨响，那巨石真的裂为了两半！

时至今日，一千多年岁月悠然而过，那齐齐的裂缝，似乎仍在向人们诉说着那神奇的往事……

人之一念诚心，的确不可思议，它，惊天地，泣鬼神，昭日月！

慧能终于可以打点行装，北上求法了。

那天，夏卢村的乡亲们都来为慧能送行，簇拥着他出了村口。慧能回转身，张开双臂拦住众人说："乡亲们，就此留步吧。就算你们把我送到新州城，终归也要分手的。"

李氏夫人想到与相依为命的儿子从此分别，遥遥千里，天各一方，孤苦伶仃，相见无期，不知今生是否还能重逢，不禁悲从心来，抱住慧能痛哭起来。在场的人们眼见这亲人离别的情景，不免也跟着感叹唏嘘，洒下几多眼泪。

不知过了多久，母亲的痛哭变成了无声的抽泣。慧能搀着她来到一块平整的大石头旁，扶着她慢慢坐了下来。慧能一边替母亲擦拭泪水，一边哽咽着说："娘，您对儿的养育恩情，比龙山高，比溪水长，而我却不能守在你身旁侍奉、尽孝，实在辜负了您将我拉扯成人的苦心。儿子无以回报，只有刻苦修行，悟彻大道，将来续佛慧命，普度众生，以此无上功德回报您的哺育之恩。请受儿子三拜。"

慧能五体投地，恭恭敬敬地给生他养他的母亲三跪九叩。

后来，夏卢村口的这块大石头，被人们称作"别母石"。

慧能沿着新兴江跋涉北上。第二天，他已经走了一百多里路，来到了端州（今肇庆）城西的一道山岗上。在路上，他捡到了一根梅花枝条。这枝条大概被人遗弃很久了，叶子已经蔫了。慧能特别喜爱梅花。他是樵夫，冬天，在树木凋零、花草干枯的苍莽山野里，他经常会忽然嗅到一缕若有若无的淡淡的花香。于是，这缕若隐若现的暗香，犹如一条看不见的丝线，将他拉到了一株株在寒风中凌霜怒放的梅花前。

山间一枝梅，寂寂独自开。

未通春消息，暗香袭人来。

慧能不识字，没有诗人骚客的多愁善感，他知道的是，梅花寒冬盛开，白有其独特的自然规律：不经一番寒彻骨，怎得梅花扑鼻香。

他顺手将那枝半枯萎了的梅花插在了山岗上，又从自己所带的葫芦里倒出一些清水，浇在了它周围的土地里。

从此，这个荒芜的山岗上长满了梅花，老干似铁，花香十里。人们称之梅花岗。三百年之后，有人在这里建立了一座佛庵。梅花岗上之庵，自然就称梅花庵了。而今，梅花岗，梅花庵，仍是肇庆最亮丽的风景。

不一日，慧能行行复行行，来到了西江、北江交汇的三水，他站在了一个三岔路口。

这里，一条大路通向广州，一条小径在北江之畔蜿蜒。大路宽阔且平坦，是岭南通往中原的官道。但是，它在这里拐向了东南，要绕几百里路程。小路坎坷而艰难，沿途崇山峻岭，需要攀高峰，涉大川。因为途中荒无人烟，只能木食，涧汲，岩栖。木食——采野果，吞野菜，咀嚼草根；涧汲——手为瓢，尘为茶，掬饮江河；岩栖——睡石板，居岩洞，席地幕天……

慧能毅然选择了小路。

小路曲曲弯弯，曲曲弯弯，爬进了层峦叠嶂的群山之中——

人在小路弯弯上，路在青山隐隐中，山在白云悠悠里，云在天地茫茫间……

他风餐露宿，披星戴月，饥餐野果，渴饮泉水，风尘仆仆，一路向北：草鞋为船，涉过激流浅滩；竹杖为马，翻越万水千山。

一列悬崖峭壁挡住了去路。

慧能拽着山藤，拉着荆棘，奋力向上攀登。忽然，他脚下一滑，差点从陡峭的岩壁上滑落下来。他擦擦臂上流出的血迹，继续向上，再向上，终于爬到了山顶。他脸上露出了欣慰的笑意，驻足眺望。

山下，绿树掩映着一个如梦似幻的小村庄。

这里是韶州（今广东省韶关市）曲江县曹侯村。

这里居住的村民大都姓曹。据说，他们都是三国时期曹操的后裔。很多年以前，为躲避战乱，南迁到了这里。为纪念自己的祖先，为怀恋千万里之外的乡关，他们将自己居住的村落名之为“曹侯村”。

慧能走下山岗，向曹侯村走来。

村外山坡上开满了一望无际的油菜花。微风轻拂，黄澄澄的油菜花像海洋一样波涛荡漾。一条清清的小河，弯曲如钩，环绕着村庄哗哗啦啦流过。数只白鹅自由自在地戏水，三个十七八岁的少女蹲在小河边洗衣裳。河边青草地，晾满了她们洗过的花花绿绿的衣衫，像一片五彩祥云，轻轻降临在大地上。一位清纯似水的少女一边搓衣服，一边轻轻哼着山歌：

山溪水，如弓还如钩。
如弓不射月老箭，
如钩不牵红盖头，
清净空幽幽。

云游客，何日舍孤舟。
记否江南红蓼岸，
草鞋竹杖瞰清流，
含笑数闲鸥。

在少女的歌声中，慧能来到溪水岸边，掬一捧清水洗脸——要进村了，总不能灰头土脸像个叫花子。

唱歌的少女一边哼着小曲，一边到青草地上晾衣衫。她赤脚走在绿毯一般的草坪上，似舞似蹈，连她晒衣的动作，亦是天然自成的曼舞……

突然，她惊叫一声，砰然倒地。一条毒蛇消失在草丛中，少女白白的脚踝上留下了两个深深的、乌黑的齿痕。

另两个在溪水边洗衣的姑娘急忙向她跑了过去。河对岸的慧能略一犹豫，也哗啦、哗啦蹚着溪水，向这边跑来。

那两个姑娘先到，询问躺倒在地的姑娘："志秀，你怎么啦？"

志秀已经接近昏迷状态，说不出话来，只是用手指了指脚的方向。两个同伴看看她的脚踝，同时惊呼着：

"啊，天哪——！志秀被毒蛇咬啦！"

"像是七步蛇！"

"老天爷，这可怎么办哪？"

两个姑娘惊慌失措，只知呼天唤地，哭啼流泪。

此时，慧能也已到了。他从晾在草地上的衣裳撕下一缕布条，紧紧扎到已经昏迷不醒的志秀脚脖子上，对两位姑娘说：

"快，把她扶起来，我背她去找郎中。"

一个身穿绿衣姑娘说："俺村没有郎中。"

慧能说："土郎中也行。哪儿有看蛇伤的土郎中？"

姑娘指指远方一座大山，说："翻过那座山，有一个采药老人，听说治蛇伤很灵。"

另一个姑娘说："恐怕来不及。这是七步蛇咬的，不出半个时辰，毒气就会扩散到全身，万一毒气攻心，就……"

绿衣姑娘又哭了起来："那，那么，志秀岂不是没救啦？"

两个姑娘相互抱着，嘤嘤哭啼起来。

志秀被毒蛇咬伤的脚已经肿胀得老大，乌青的毒色从伤口向四周扩散。慧能转了一圈，跑到河边的荆棘丛中，折了一根锋利的荆棘刺，在她伤口上划开一个十字，毫不犹豫地趴下，用嘴吸毒……

一口，两口，三口……慧能吐出来的血汁由乌黑渐渐变得发红，志秀的脚也从青紫慢慢变白，而慧能自己却被蛇毒所染，口舌肿胀，脸色晦暗。他发现，吸出的血汁已经是鲜红色，志秀也开始发出呻吟。他想对那两个焦急的姑娘笑笑，以表示中毒的姑娘没事了。但他却未能笑出来，而是一头扎到地上，昏了过去……

两个姑娘急切地喊：“你怎么啦，快醒醒啊！”

无论她们怎样摇晃，慧能却毫无反应，像是已经死了过去……

志秀的哥哥刘志略与几个年轻人闻讯赶来。他们兵分两路，一位腿脚利索的小伙子去外村请郎中，另几个人轮流背着慧能回到刘志略家。

及时赶到的郎中为慧能诊了脉，说是不要紧，毕竟是间接中毒，几剂药就会好。然而，三天过去了，慧能却依然昏迷不醒，像个死人似的毫无知觉。

志秀已经痊愈了，她坐在慧能的床边，一边垂泪，一边给昏睡的他擦拭黑紫肿胀的嘴唇。

刘志略本来是一个颇有风度的书生，此时却焦躁不安地来回踱步。他自言自语说：“这可如何是好，都已经三天了，灌了那么多药，咋就不见效呢？”

志秀泪如泉涌。

刘志略说：“他是咱家的大恩人，万一为救咱而死了，连人家的姓名都不知道……”

志秀哇的一声，放声大哭。她奔到堂中悬挂的观音菩萨像前磕头。不知磕了多少头之后，她双手合十，虔诚祈祷：“大慈大悲救苦救难的观世音菩萨，您无处不在，法力无边。您可怜、可怜我这小女子，救救我的恩人吧！只要让我的救命恩人活过来，我刘志秀情愿再被毒蛇咬死！菩萨呀，我前生造的业，就让我一人承担吧，千万别连累别人，他可是个大好人啊……”

志秀喃喃祷告声中，慧能的一根小手指微微动了动，眼皮颤动着意欲睁开。

刘志略大喜过望，高声呼叫道：“谢天谢地，恩人醒了！他终于醒了！兄台，兄台！”

慧能的眼睛稍微睁开了一条缝，呻吟了一声。

志秀念了一声“阿弥陀佛”，五体投地拜倒在观音菩萨像前。

几天之后，慧能终于可以下床了。

刘志略搀扶着身体依然虚弱的他坐到椅子上，说：“兄台，小妹之命系您所救，请受志略一拜。”

慧能急忙拉住正欲下跪的刘志略：“志略兄，你这是干什么？上天有好生之德，人类有同情之心。我相信，你遇到这种情况，也会像我这么做的。”

刘志略说：“不管怎么说，我还是非常佩服慧能兄舍己救人的菩萨心肠。何况，你救的是我妹妹，我……”

慧能制止住他再说下去，恳切地说：“志略兄，这真的不算什么，人生在世，如果连自己的同类都不救助，那还是人吗？”

刘志略握着慧能的手，说道：“好，大恩不言谢。慧能兄，今后咱们就是亲兄弟，你的大恩大德，我一定想法报偿。”

志秀沏好茶，端上来，给慧能施礼敬茶：“恩人，请喝茶。”

慧能急忙还礼：“不敢劳动小姐。”

刘志略哈哈一笑说：“你们两个就别客套啦。既然慧能兄和我成了好兄弟，秀妹，你就称慧能兄为大哥吧。”

志秀脸色微红，嗫嚅道：“大哥，您请坐。那天，若不是大哥相救，小妹我……”

“没什么。我正好从河边过，碰巧赶上了。”

刘志略调侃说：“是呀，巧合就是天意。不然，小妹怎么会结识慧能兄？这大概是命中注定，天生的缘分。”

志秀和慧能被刘志略说得有些不好意思。慧能低头吃茶。志秀手摸衣角，转移话题道：“大哥，你的身体可无大碍啦？”

慧能说：“好啦，全好啦。”

刘志略说：“慧能兄，你若再不好，小妹可就完啦！”

慧能吃惊地问：“志秀妹妹，你脚上的蛇毒未消除干净？”

刘志略说：“蛇毒嘛，倒是全被慧能兄你给吸出来了。我说的是，在你中毒昏迷的几天里，小妹不吃不睡，一直守在你身旁，不停地给你冷敷、擦拭。你若是再晚醒几天，她不累死，也得哭死、心痛死！”

慧能起身作揖：“多谢志秀妹妹病中关照。”

志秀满面通红，小声咕哝道：“你别听大哥瞎说。”

“我瞎说？前几天，谁的眼睛哭成了红葡萄？”

志秀娇羞不胜，慌慌张张从客厅跑了出去。

她来到院中小水池旁，面水而坐。

池水平静如镜，一枝含苞欲放的莲花亭亭玉立。志秀一张美丽的面容映在水面上，清纯、羞涩、秀美，堪与花儿相媲美。人面、莲花相映成趣：花增人面三分白，人染莲花几许羞。

风儿多情，将刘志略与慧能的对话悄送来：

“慧能兄，你家中还有何人？”

“只有老母一人。”

“……”

志秀似乎沉入某种幻想中，她眼中透露出一种朦胧的憧憬，心身沉醉在巨大的幸福中……

一只小鸟从空中飞过，留下一串悦耳的啼鸣。

志秀从梦幻中醒来，羞臊难当，双手捂住赤热的面颊。她的手慢慢移开，水面上映显的那张少女的脸依旧娇红。她无声地一笑，伸手搅乱了水中的世界。

刘志略与慧能的话音隐隐约约、无法听清。她略一思索，走进厨房。一会儿，她端着一盘水果，沿着长廊悄悄走向客厅门口。

客厅里，刘志略依然在与慧能聊天。刘志略问：“慧能兄，你这次离乡北上，是探亲、访友，还是经商？”

慧能说道：“我既不是探亲，也不是经商。可以说是求学吧。”

“噢，真没看出来，慧能兄也是读书人。”

慧能微微一笑说：“不敢当。我所说的求学，并非是你们书生的求学，我是要到黄梅东山寺去拜弘忍为师，学习佛法……”

“哐当！”门外传来一声响动。

刘志略与慧能同时站立起来。刘志略说：“慧能兄，你的身体尚未痊愈，请先坐下，我出去看看。”

慧能想到，这是在人家家里，最好不要多事，所以就重新坐了下来。

刘志略走出客厅，只见门外一片狼藉：一个瓷盘被摔得粉碎，地上散落着几个水果。

长廊那边，好像是志秀的身影一闪，拐进了厨房。刘志略追了过去，看到志秀正躲在厨房里抹眼泪。他关切地问："志秀，你怎么啦？"

"我、我……我走路不小心，绊了一下，盘子掉了。"

刘志略开玩笑地说："你看你，都这么大了，快要出嫁了，还毛手毛脚的，将来少不了要挨婆婆的骂。"

志秀像是被戳到伤心处，无声地抽泣起来，大颗、大颗的泪珠往下掉。

刘志略见状，有些着慌，赶紧安慰她说："别哭、别哭嘛！不就是一个盘子吗，摔就摔了。"

志秀努力压抑、控制自己的情绪，然而，不听话的泪水一个劲地流。她转过头，哽咽道："你甭管我，快去陪客人吧。我，我，我一会儿就好。"

刘志略小声咕哝道："女孩子，一会儿哭，一会儿笑，总是这样莫名其妙。"

慧能赶路，连日跋涉在荒山野岭之中，吃野菜、宿岩洞，对体力消耗极大，再加上毒液侵入，身体一时难以恢复。因此，他无法继续北上，只好在刘志略家暂时住了下来。

刘志略与慧能一见如故，脾气、秉性十分投机，有相见恨晚之感，二人便义结金兰，正式结拜为兄弟。刘志略比慧能年长两岁，被尊为了兄长。

这些天，刘志略一直想打消慧能北去黄梅求法的念头。晚上，二人坐在客厅的方桌两边，又争论了很久。最后，刘志略说："看来，我是没法说服你。"

慧能说："刘兄，人各有志。不过，我还是要谢谢您的好意。"

刘志略不无感慨地说："龙生九子，子子不同。噢，对啦，我们家也有一个出家人呢！我姑姑就在离村不远的山涧寺出家为尼，法号怪怪的，叫什么无尽藏。"

慧能说：“在佛教里，德广无穷为无尽，包含无尽之德曰藏。象征着真如佛性广阔无边，包罗万象。”

“没想到，慧能你竟然这样精通佛性教义。”

慧能谦恭地说：“哪里，我不过是在从广州回新州的路上，听一位学佛的多年的安道诚老居士讲说了一些佛法，知道了一些名词、掌故。待有了机会，一定去向无尽藏师父请教佛法。”

刘志略说：“我姑姑也经常给我讲经。可是，我到现在也不明白，学佛到底有什么用？”

“刘兄，你那会儿说过，你读书并不是为了治国平天下，也无意于荣华富贵的仕途。那么，请问，你还整天读这些书干什么？”

慧能一边说，一边指指桌上一本掀开了的书。这是一本《礼记》。

刘志略颇为骄傲地说道：“当然有用！就说这本《礼记》之中的‘大学’一章吧，书里曾经提到：大学之道在明明德，在亲民，在止于至善。知止而后有定，定而后能静……算啦，你没有读过书，说了你也不会明白。”

没想到，慧能却十分敏感地说道：“我是不识字，但是，你刚读的这几句话，我好像感觉到了些什么。”

刘志略不太相信：“你能理解《礼记》讲的道理？要知道，这可是治国平天下的大文章！那好，我再念几句，你听听是什么意思。‘知止而后有定，定而后能静，静而后能安，安而后能虑，虑而后能得。’”

刘志略放下书，问：“明白吗？”

慧能略一思考，情不自禁地拍案叫好：“书中写得太好啦，这就是在讲佛法，讲修行啊！”

刘志略哭笑不得：“慧能，我的好兄弟，你没听错吧？我给你念的是《礼记》，不是释迦牟尼佛陀讲述的佛经。”

慧能说：“佛也好，儒也好，都是教化人的。就说你刚读的这段吧，所谓大学之道在明明德，明明德就是明心见性、大彻大悟。怎么明明德呢？你书中说的方法很正确，首先要做到‘止’，知止而后有定。止的功夫修到家之后才会有定，定下来之后才能够真正静，静之后能安、能思虑、能思维，经过思维才能打开智慧的大门，才能够明明德，也就是明心见性。这些道理，与佛法修行戒、定、慧的过程一模一样。”

刘志略惊奇地看着慧能，像是不认识他了。

慧能怕他不明白，更通俗地解释说：“佛教所说的戒，就像密密的树林，有了它的阻隔，外面的风就吹不进来。有了这个保护层，我们的心恰似森林中幽静的深潭，时时处在水面波浪不起、水中沉渣不泛的安静状态。这就是定。在这种定的状态下，不但水质清澈通透，水中之物一览无余，而且水面平滑如镜，可以照天照地。天上风云变幻，空中飞鸟掠过，地上风吹草动，都瞒不过它的慧眼。同时呢，它历历分明而自身却湛然不动，丝毫不会被纷杂的外界风波所扰动。这就是由定所生出的慧。这种慧，不是聪明，不是知识，而是人最根本的大智慧！”

刘志略震惊得如呆如痴，半晌，他才回过味来，情不自禁地连连叫好，不知不觉地鼓起掌来。

慧能被他弄得不好意思起来，叫道：“刘兄，你这是干什么？是在看兄弟演戏吗？”

刘志略说：“慧能兄弟，你说得比老师讲得好。我现在才算真的服你了。我读了一辈子《礼记》，也没弄懂怎样才能明明德。并且，几乎所有的儒生，仅仅是从字面上将这些文字当作一种知识、一种大道理理解而已，从未有人想过，它居然是修心的实践方法！听君一席话，胜读十年书。请受愚兄一拜。”

刘志略非常认真地施了一礼。

慧能急忙还礼：“刘兄，你太谦虚了。”

刘志略摇摇头，认真地说：“不，我绝不是客套。虽然你是从修佛的角度讲的，但道理是一样的。看来佛法无边，是打开人生大智慧的钥匙。”

二人越说越投机，不知不觉间早已月上中天。

过了十多天，慧能的身体慢慢恢复了。于是，刘志略带着他来到村外的山涧寺，来拜访他的姑姑——“无尽藏”尼师。

无尽藏尼师以诵持《涅槃经》为日常课业，所以，当刘志略与慧能前来拜访之时，她正在诵《涅槃经》。

《涅槃经》是佛陀圆寂之前所说的最后一部经典，也是佛教最为重要、最深奥的佛经之一。后秦道朗大师说它“盖是法身之玄堂，正觉之宝称，众经之渊镜，万流之宗极”。因为它，中国历史上诞生了“道生说法，顽石点头”的著名典故。所以，从古到今，有许多人穷其一生而倾心研究《涅槃经》。

三个人见面之后，自然而然也就说到了《涅槃经》。无尽藏尼满脸堆笑，恭谦地对慧能说：“听我的侄子说，你对佛法很有研究。这《涅槃经》贫尼虽然诵持多年，却仍有许多地方不甚明白，请你指点迷津。”

说着，尼师将厚厚的经书递向慧能。慧能摇着手说：“惭愧、惭愧，我从来没有读过书，所以不识字，更读不了经。不过，你若是把经文读出来，或许我能为您解答其中的意思。”

无尽藏脸上的笑容，瞬间凝结成了浓重的阴云。她垂下眼帘，以略带责备的口吻说道：“佛戒妄语。所以，学佛之人，诚实第一。你连字都不识，怎么能解释经文之中甚深的道理呢？”

“佛法真理，与文字无关！”

这慧能，真是语不惊人死不休！刘志略与无尽藏都被他的这句话震惊了：什么？神奇、玄妙的佛法，与文字没有关系？那么，还要这千百万卷的佛经干什么？古人九死一生，到西天取经，不就是为了带回一些经书吗？

他们二人像是审视怪物一样盯着慧能。慧能却莫名其妙地吸了吸鼻子，一边四处寻觅，一边说道：“哪儿来的花香？”

——这慧能，不但是个“睁眼瞎”，而且真的像瞎子一样，连无尽藏供在佛龛前的那簇烂漫的山花都视而不见。无尽藏用手指指着供桌上的花瓶说：“喏，贫尼每天清晨采野花供佛。室内的淡淡馨香，就是它们散发出的。”

慧能又侧着耳朵，倾听着什么：“哪里有人弹琴呢？”

刘志略说：“这座寺庙之所以叫山涧寺，就是因为左近有一道山涧。涧水叮咚，宛若琴声一般。看，就是那边。”

刘志略的手指向寺外。

慧能的目光没有顺着他的手指指引的方向望去，而是认真打量着他的手指头。刘志略又好气又好笑，说道："慧能，你本来是一个十分精明的人，今天怎么啦？你看我的手指干什么？手指既不是涧水，也没发出声音！"

这时，慧能才哈哈大笑着说："你们看，佛法的真谛，就像美妙的花香，也像动听的流水；而文字，就犹如你们指给我看的手指。手指能指出花香与流水的所在，但你们的手指本身，并不是馨香的山花，也不是动听的溪水。而且，看美丽的花朵，听山涧的流水，并不是非要通过手指不可。"

最后，慧能总结说："诸佛妙理，非关文字。所以，不能对经文产生执著。"

"天哪，你是一尊肉身菩萨啊！阿弥陀佛，观音菩萨，贫尼何德何能，竟然得遇活菩萨光临！"

无尽藏尼师站立起来，整理好袈裟，展开拜具（僧人随身携带的一方布巾，以备磕头、打坐时铺用，所以也叫坐具），对着慧能五体投地拜了下去……

慧能一个在家人，无论如何也不肯受她这一拜。可是，一个男人，又不能用手去搀扶她，慧能就赶紧抢先跪了下去……

从此，慧能白天与刘志略共同劳动，晚上到山涧寺听无尽藏尼师念《涅槃经》。她念一段，慧能就照着文为她讲解一番。若是她还不明白，慧能就反复举例，加以说明。

慧能虽然从未接触过《涅槃经》，但他自从听闻安道诚读诵《金刚经》之后，心开得悟，深得"应无所住而生其心"之三昧，所以，能够一通百通，一闻千悟。

如是，村里的一些信佛的居士听说了此事，也每天晚上赶来听讲。慧能妙语连珠，口吐莲花，人们惊叹："慧能见解如此精湛，真是天机自悟，无师自通，非常人所及，恐怕是大菩萨再来。"

于是，曹侯村的信众在无尽藏尼师的号召下，礼请慧能住进了当地著名的宝林古寺。因为他尚未落发，人们称他为"卢行者"。然而，慧能怎么能因此而改变北上求法的初衷呢？他毫不犹豫地放弃了这份荣耀，飘然而去，到黄梅拜谒五祖去了。

临走的那天晚上，他与义兄刘志略把臂长谈到深夜。刘志略说明日要给他举行隆重的送行宴会，将他强行留住在了刘家客房。

西斜的月光透进房间，像水波一样清清冷冷地浮在地面上。窗外树枝摇动，月光亦随之星星点点的散落，于是，月华又似碎银了，似乎能听到它滑落下来的叮叮当当的声响。

慧能悄悄收拾好行装。

他把行囊挎到肩上，悄悄打开房门，侧耳听了听。

院里悄然无声，唯蛐蛐歌唱着明月的皎洁。

慧能轻轻拉开大门，一只脚刚刚迈出去，从志秀的闺房方向传来了带有淡淡忧伤的歌声：

江南月，如镜亦如钩，
如镜未临红粉面，
如钩不展翠帏羞，
空自照东流。
……

慧能无可奈何地回头望了一眼，走出了刘家大门。

他走出村口，歌声依然隐隐。它像月光的精灵，从虚无缥缈的宇宙深处飘落下来，回荡在人的心灵中，徘徊于天地草木间，几许轻灵，几许美妙，几许伤感，几许迷蒙。

他轻咳一声，诵吟道：

心有意和种，法雨催花生，
自悟意和种，菩提果自成。

慧能在曹侯村的时候，听居士们说，附近的乐昌县（今广东省最北部，与湖南、江西交界处）西山石窟寺，有一位智远禅师。他精通禅法，深得坐禅三昧，经常入定一个月以上。

天哪，一个多月，兀兀坐在那里，不动不摇，不吃不喝，甚至没有呼吸，没有心跳！那是怎样一种境界？慧能很是向往。

古人云，读万卷书，行万里路。慧能一字不识，肯定无法读万卷之书，但能行万里之路。行，往往比单纯的读，更为重要。何况，乐昌西山，就在曹侯村正北方向，与北去求法的方向、路线基本一致。于是，慧能决定绕道乐昌，去参谒被人们传说得神乎其神的智远禅师。

慧能到达西山石窟寺的时候，发现眼前几十座石窟，高低错落，大小不一，然而，却一律柴扉紧闭，渺无人迹。好像，这里没有人居住一样。慧能正感到疑惑不解，通往深山更深处的山路上走来一位僧人，一位肩挑柴担的老僧。樵夫出身的慧能见之格外亲切，连忙迎上前去，双手合十问讯道："师父辛苦。"

那位老僧说："心不苦，命苦。"

慧能一愣。老僧呵呵一笑，接着说："心若不苦，何苦之有！"

慧能也被他的诙谐逗乐了。笑过之后，他问道："请问，智远禅师住在哪里？"

"智，还有远近吗？既然是禅师，哪里不能住？"

慧能感受到了凛冽的禅机。在这位老僧的激扬下，他禅心灵动，不禁意气风发，紧紧逼拶着追问道："这么说，天下岂不全被禅师占遍啦？那么，智远禅师也住在这里面吗？"

慧能指向的，是一个圆圆的驴粪蛋子！

老僧自有其转身之处："我仅仅是个打柴僧，如何知道！"

老僧抽出挑柴的扁担，往一段中空的木头上敲击了一下：

"咚！"

声响过后，一座座石窟那一扇扇紧闭着的门陆续打开了，一个个禅僧从中走出来——难怪安静得如同无人呢，原来，禅僧们都在坐禅。

那位挑柴的老僧，就是他们的师父——智远禅师。为了弟子们能够安心禅修，他老人家便亲自上山挑柴。

慧能一边帮他将樵柴挑到斋堂（食堂），一边开玩笑地说：“我早就向往智远禅师，不远千里专门来拜访，谁知，来到这里，仅仅遇见了一个卖炭翁！”

智远禅师也笑着嘲弄他那会儿对面不相识，说道：“你呀，只见卖炭翁，却不见智远。”

慧能故作不解，问道：“如何是智远？”

这一问大有禅意，涵盖天地，蕴藏风雷滚滚的无限禅机。

智远禅师知道遇到了强劲对手，但年老成精，佯装痴癫，指着那柴捆叫道：“柴，柴！”

柴是智远？智远是柴？

禅，就是这样活泼，就是这样意趣盎然！

智远禅师有一句口头禅：“久坐有禅。”他的意思是说，只有你长期打坐，深入禅定，自然而然就会了禅——由禅定而显发出大智慧。因此，他严格要求他的弟子们，不倒单（夜间不展开铺盖，即，不睡觉），昼夜坐禅。

慧能自然也每天依止智远禅师，修习禅定。

禅定，也称作“三昧”；梵语为“禅那”，也称为“思维修”“静虑”，是佛教修行的一种手段。它是定与慧的统称：悟之曰慧，修之乃定。由此可见，禅离不开修，而修离不开定。后世圭峰宗密大师说：“定之一行，最为神妙，能发起性上无漏智慧，一切妙用，万行万端，乃至神通光明，皆有定发。故，欲求圣道，必须禅修。离此无门，离此无路。”

是啊，不经过思维修、静虑，如何使自己纷飞杂乱的心沉静下来？心不清静，如何显发智慧的光芒？

其实，禅定并不是什么神秘的东西。更非佛教独有。例如，慧能给刘志略重新诠释过的儒家经典《大学》云：“大学之道在明明德，在亲民，在止于至善。知止而后有定，定而后能静，静而后能安，安而后能虑，虑而后能得。”

大学之道在明明德，怎么明明德呢？首先得做到“止”，止的功夫修到家之后才会有“定”，身心安定下来之后才能够做到真正的“静”，心静之后能安、能思虑、能思维，经过思维、静虑，才能打开智慧的大门。

在生活中，专心致志，即是禅定。

所不同的是，平常人因为没有经过专门的禅定训练，定力十分暂短，而且很难做到浑然忘世，完全忘我。而佛教行者，他们因禅修而产生的定力，可以说是惊天地，泣鬼神，不可思议。

优波先那比丘，是佛祖释迦牟尼早期的弟子之一。有一天，他在王舍城中乞食后，就与好朋友、佛的大弟子舍利弗，一同来到城外的森林里坐禅，修习禅定。舍利弗在一棵枝叶繁茂的大树旁铺好坐垫，就在树下打坐。优波先那知道附近的山崖下有个岩洞，也是修禅的好地方，就到那个山洞中坐禅。

优波先那是老修行了，很快就完全进入了三昧。不知过了多久，他突然感到自己身上被什么东西咬了一口。他身心马上从禅定状态中出来，睁开眼，发现是一条很小，但有剧毒的蛇！优波先那十分清楚这种毒蛇的厉害，他明白，一旦被它咬了，毒性扩散得极快，任何医药都来不及救治。

这就是说，用不了多久，他就会死去了。

果然，优波先那已经感觉到了蛇毒在自己身体内迅速蔓延。但是，他毫不惊恐，像平常那样呼唤着舍利弗。舍利弗听到好友的呼唤，徐徐从定中起来，不紧不慢走了进来——因为，优波先那的声音一点也没变化，丝毫没有显露出事态的严重。优波先那说：“对不起，打扰你修行了。舍利弗师兄，我被毒蛇咬了。趁着毒气尚未到达心脏，请你去找几个人来，将我从这里抬出去。”

舍利弗不相信，又认真看了看他面色说：“不会吧？你呼唤我的声音未变，现在我看你的脸色也没有变化。我见过被毒蛇咬伤的人，他们脸上那种惊惶、恐怖、绝望、痛苦，难以形容！而你，倘若真的被毒蛇咬了，面色怎么会这样平静？这样安详、这样若无其事？”

优波先那微笑着说道：“舍利弗，佛陀早就说过，我们的肉体，不过是四大和合而成。对于一个已经证到本性空寂的比丘说来，他的心，时刻都处在禅定之中，如如不动，所以，身体虽然被毒蛇所伤，大概也不会引起你所说的那些脸色的变化吧！”

舍利弗大为感动，对着优波先那双手合十，说道："你说得很对，像你这样修到罗汉圣位的比丘，从精神到肉体都已得到了解脱，永断了轮回。因此，你时常处于禅定之中，能真正、彻底、完全脱离自我，所以，你的脸色当然不会改变。"

舍利弗找来众人，把优波先那抬到林中空地上。

优波先那身体内的剧毒开始发作了。可是，他端坐在那里，就像平时打坐修禅定一样，神态平静、安详，直到生命终了。

这就是一个禅者的神奇的禅定之力。古往今来，有千千万万禅师曾经显示过禅定那不可思议的奇妙！

静坐能够进入禅定状态，然而，禅定并不等同于静坐。因此，经过几个月的禅坐，慧能已经完全明白了，禅定，是一种心理如如不动的状态，如果一味拘禁身体，整日坐禅，如同顽石枯木，对于觉悟人生，并无太大的益处。

有一天，他无意之中听到隔壁住着的慧纪禅师在诵《投陁经》。他感叹道："经意如此，令我空坐有何用处？"

他去拜访慧纪禅师。慧纪禅师从庐山大林寺来，与黄梅东山寺仅一江之隔，所以，他对禅宗五祖弘忍大师十分熟悉，他对慧能说："你听说过弘忍大师吗？他正在黄梅大弘禅门，宣扬别具一格的东山禅法。你可以到那里参学。"

在慧纪禅师的激发下，慧能决心继续初衷，北上参禅。但是，慧能是一个十分厚道的人，智远禅师又对他十分器重，他既不忍拂了老禅师的美意，更不能不辞而别，所以不得不又在石窟寺困顿了一些时日。

一日，智远禅师与他讨论禅定妙用，慧能说："禅定，并不仅仅存在于静坐之中，在我们的日常生活中，专心致志地做一件事、心不旁骛地劳动，就是禅定。人们常说：'精诚所至，金石为开'，凭借的这种定力，也就是禅定之力。人，若无坚毅、专一的定力，终不能有所成就。例如，一个人在深入思考一个难题时，他的心念都集中在了这一点上，不但废寝忘食，就算泰山崩于眼前，惊雷炸响耳边，他也视而不见，听而不闻。这也是禅定。还有，人们时常称赞好画、美文为‘神来之笔’；须知，这些‘神来之笔’都是来自作者沉浸在忘我的境界中，与定心相应，从而灵光闪现……而这些，完全可以说是禅定的妙用。”

智远禅师目瞪口呆地望着这个木讷、憨厚的年轻人，好像不认识了一样。良久，他长长叹了一口气，有些伤感地说道：“慧能，我本来想将你留在石窟寺，将来继承我的衣钵。没想到，你的领悟能力如此超常，看来，我真的没有能力教导你。你刚才的一番宏论，似乎与黄梅弘忍大师的禅法很相应。他的东山法门，是达摩祖师一脉相承的，你就去拜他为师吧。”

智远禅师作为一个禅者的高风亮节与开阔胸襟，很是令慧能感动。他恭恭敬敬地给智远禅师磕了三个响头，恋恋不舍地告别了乐昌西山石窟寺。

第七章　黄梅谒祖

一百多年前，自从达摩祖师航海而来，将象征着佛祖释迦牟尼心印的禅宗衣钵传授给了慧可，慧可又将之传给了僧璨。而僧璨大师慧眼识珠，收了一个从北方行脚而来的小沙弥道信为徒。一言契机，心心相印，二十三岁的道信便承当起了禅宗血脉传承的大任。

唐朝初年，本来在风景秀丽，人文荟萃的庐山大林寺当住持的道信大师，厌恶了世俗的应酬。他在庐山绝顶五老峰举目北望，发现长江北岸的群山之中紫气升腾，祥云笼罩。于是，他渡江来到了与庐山一江之隔的湖北黄梅境内。

这里石奇泉白，林木清幽，漫山遍野都是郁郁葱葱的松树。

风来了，松涛阵阵，绿浪翻滚如大海；风止了，青松静伫，化成连天碧玉。更神奇的是，万山丛中两座峻峭的高峰拔地而起，秀出群伦。它俩就像两位顶天立地、比肩站立的巨人，仰观九天星辰，俯瞰大地烽烟；谛听风云变幻，笑看江河奔流……

古人云，地杰人灵。如此奇异秀美的山川，如果没有人中贤圣与之相应，便辜负了天地造化。

道信望着这两座并肩而立的山峰，嘴角隐隐泛起一缕会心的微笑。

这时，一位老翁扛着镢头从山上下来。他告诉道信，这座山叫破头山。道信说：“这个名字不好。看，这东、西二峰秀出群峦，应该叫双峰山。”

“谢谢大师赐名。”老人双手合十，深深鞠了一躬。原来，他是山里的栽松道人（并非道士。早期，佛教也将佛法真谛、禅之心要，称为“道”，因此也将修行佛法的人也称作“道人”），这漫山遍野的松树，都是他几十年所栽种的。老人看到道信身披大红袈裟，显得十分庄严神圣，心中好生羡慕，就请求说："大师，你一定是位得道高僧。我要拜你为师，给你当徒弟。"

道信见他须发皆白，问道："老人家，您今年高寿？"

"九十有九，还小呢。"老人笑着说。

道信也笑了，说："是不算太老。不过，给我当徒弟嘛，还是太晚了一些。你若是投胎再来还差不多。"

老人向山外走去。离开几步之后，他意味深长地回眸一笑。

一位居士（信奉佛教的在家人），将双峰山下的一块山场捐献出来，供道信大师开办道场（禅僧修行的地方）。经过数年苦心经营，道信大师声名远播，四方禅僧闻风来归。渐渐地，这里云集了500多位禅和子（参禅的僧人）。

这是中国历史上形成最早的禅僧僧团，也开了禅宗道场脱离律宗寺庙而独立之先河。四祖道信启建丛林（禅宗修行道场）、组建禅僧教团的创举，对后世禅宗的发展，对禅宗农禅并重的宗风的养成，影响至为深远。

一天，道信在回山的路上，遇到了一个骨相奇秀的小男孩儿。那孩子似乎早就知道道信在打量他，停止玩耍，回眸一笑——

你从辽远的
宇宙深处奔来，恰似一道
照彻灵魂的闪电
你，像大海沐浴出的霞光
灿烂明丽
世界因了你而纯净

天哪，这眼神，这目光，这神态，竟然是那样的似曾相识！可是，他仅仅是一个七岁的孩子呀。道信弯下腰，抚摸着他的头顶问："小弟弟，你是哪位居士家的孩子？我看着你很眼熟，一定与你的父亲相识。你姓什么？"

小男孩儿一歪头，说："我的姓可不一般呢！"

道信好奇地追问：“是什么姓？”

“是佛性。”

什么？佛性？道信不由得一惊。这时，一同玩耍的小伙伴们，七嘴八舌地说：“他没有姓，是无姓儿。”

道信就问他：“你真的没有姓？人人都有姓，你为什么没有姓？”

“性空，所以没有姓。”小男孩儿说完，对着道信又是那么粲若朝霞、亮似闪电地一笑。

人人都有佛性（能成佛的本性，禅宗也称之为：性，自性，本心，真如，等等），自性空寂，这些深奥的佛学道理，竟然能从一个七岁稚童口中说出来，道信怎能不为之动容呢？要知道，他为了找到一个堪为大法器的接班人，已经寻觅了许多年。道信对男孩儿说，要收他为徒。男孩儿说这得问他的母亲。

孩子的母亲住在一座破庙里。她对道信说：“大师，你就带他走吧，他本来就是一个莫名其妙而来的孩子。”

八年前，她正在河边洗衣，山里那个老得像一块破布的栽松老人走了过来，对着她作揖说：“我能在你这里借宿吗？”她说她是周家的幺女儿，上有父兄，家中之事都由他们做主。老人说首先得征得她的同意。她就点了点头。栽松老人忽然就没了踪影。她回到家中，就莫名其妙地怀了孕。姑娘大了人人喜欢，姑娘的肚子大了人人耻笑。未婚先孕，是乡村最为丢人现眼的事情。于是，父兄就将她赶出了家门。姑娘自己也不知是怎么回事，所以她忍辱偷生，决心将肚子的东西生出来，看看他到底是个什么孽种、怪胎！生出来的，不是怪胎，而是一个聪明伶俐的男孩儿。因为没有父亲，也就没有姓，村里人都叫他“无姓儿”。

道信屈指算来，八年前栽松老人的回眸一笑历历在目。

道信留下一些钱财，将孩子的母亲安顿好，领着“无姓儿”回了双峰山。这个“无姓儿”，就是后来与师父道信共同开创了禅宗崭新局面的、史称“东山法门”的禅宗第五代祖师——弘忍。

慧能辞别智远禅师之后，跋山涉水，策杖涂跣，风雨无阻，日夜兼程，经过二十多天奔波，终于在江州（今九江）渡过长江，来到了黄梅县境。他衣衫褴褛，鞋破袜烂，神态有些疲惫，但仍难掩其兴奋之色；他的裤腿上沾满了各种颜色的泥巴，说明他已经走过了许多、许多的地方，赶了很远、很远的路程，可他依旧健步如飞。

苍山如黛，蜿蜒起伏。两座挺拔的山峰，从群山中秀出，直插云端。

双峰山下，林木葱幽，泉石清好。慧能精神为之振奋，加快脚步。他登上一个小山包，驻足眺望。

远方，冯茂山下，一座古拙朴实却又气象恢宏的寺庙，被群山捧出。一片片洁白的浮云，时而簇拥在寺庙下方——山寺无门云遮路；时而只露一角殿檐——天上宫阙睹似幻；时而像轻纱曼舞——寺在虚无缥缈间……

慧能心中有一种说不出的感受，偌大的寺庙似梦似幻，叫人觉得真实而又空明，鲜活而又灵动……

这时，忽然传来不紧不慢，不疾不徐的钟声。它像一只无形的大锤，敲破了山寺上空的浮云，震碎了弥漫的雾气，人的烦恼似乎也为之顿去。

“闻钟声，烦恼轻，智慧长，菩提增，愿成佛，度众生。”

佛国钟声随风飘送，因风时轻时重。这若断若续，无形无体，空空，空空的钟声，叫人感到有而非有，空而不空，空有无碍。它似清泉浴体，心身为之清净；它清远、悠长，在佛刹上空回荡，显得格外庄严、神圣，仿佛有一股清凉的微风吹拂心灵，使人的灵魂得到了净化；它像醍醐灌顶，令人智慧增长；它如深情的呼唤，召唤着远方的游子快快回来……

慧能感到了一种心灵的震撼，他情不自禁冲着寺庙的方向跪了下来，全身匍匐在大地上，放声大哭。

他像是对着亲人倾诉一样自言自语：“回家了，我终于回家了！我已经找了一千年，才找到自己真正的家园……”

东山寺，因位于双峰山东边，所以得名。

当年，弘忍大师五十一岁时，接续了师父道信住持双峰山道场。由于四方禅僧慕名来归，达到千人以上。原来的道场因此便显得十分狭小，难以容纳了。于是，弘忍大师便将道场迁移到了距离双峰山东边不远的冯茂山——一位名叫“冯茂”的居士所捐献的山场。

东山寺（今湖北黄梅五祖寺）山门殿内，一位五十多岁的僧人，从寺里潇潇洒洒向山门走来。他面目清癯，仙风鹤骨，气质清高，仿佛不食人间烟火、不沾凡俗尘埃似的。他如行云流水，徐徐步入山门殿，走到了寺庙山门之外。

他站立在高高的台阶上，宛如遗世独立，恰似苍松临风，猎猎山风吹拂着他的僧衣，使之飘飘欲仙。

一位面孔因某些伤病留下的疤瘌而变形的年轻僧人，在院子里看到他站立在山门外，赶紧跑了过来，走到他身旁，恭恭敬敬施礼之后问道：“神秀上座，您怎么到这儿来啦？您不是在等什么人吧？若是等待什么贵客，请您先回寺里休息吧，这里风大，别吹着您。您放心，有我在这里给您了望着呢，等有了人影，再请您出来也不迟。”

神秀没有回头，有些心不在焉地说道：“是影隐师吧，谢谢你。你总是这样热心。”

那个名叫影隐的僧人赶紧说：“上座，您别客气。我是寺里的知客嘛，应该的。”

神秀上座依旧自顾自说道：“我听师父他老人家念叨，这几日，或许会有一个上上根器的学佛之人将到寺里来。不知，今日可否到来。”

知客师影隐说道：“再上乘的根器，还能超过你？我曾亲耳听到师父对一位前辈大师说，东山之法，尽在神秀。”

神秀说：“不能这样说。我只不过是凭着用功刻苦，以水滴石，以绳锯木，才略得师父大道之一星半点的皮毛。”

看得出，他的谦虚发自真心，说得毫不做作。

“您是我们的教授师，全寺近千僧人，大都是由您教导、培育的，您……”

神秀没有听他那一长串溢美之词，因为，此时，山门长长的一百〇八级台阶下面，出现了一个人影。

那人快步向寺门登来，近了，更近了——是慧能。

他像离乡多年的游子终于回到了家门，神情有几分迫切，几分忐忑，几分激动。他不由自主地放慢了脚步，犹犹豫豫向上走着。

知客师影隐也看到了衣着褴褛的慧能，像是情不自禁地惊叫一声："啊，是他？怎么是他？"

神秀扭头问他："他是谁？怎么，你认识他吗？"

"他，他……他既然是第一次来东山寺，我怎么会认识他呢！"影隐改用一种嘲弄的口吻说道："使我惊讶的是，难道这个人就是师父所说的上上根器之人？他这模样也配！"

神秀正色道："知客，人不可貌相，海水不可斗量。你怎能以貌取人？你的脸因烧伤而变得不堪入目，师父不是照样力排众议，让你当了知客嘛！"

影隐不知是慑于神秀的正义凛然，还是想掩盖什么，垂着头，退后半步。

慧能登上最后几级台阶，向神秀、影隐二人打个问讯："师父，请问，这儿就是东山寺吧？"

知客影隐小声咕哝道："到都到了，还问什么！"

慧能的心情十分激动，没有品味出知客影隐的冷漠，他似乎非常欣喜地叫了一声："你，你是……"

神秀说道："他是东山寺的知客，法名影隐。"

"对，你若是来我们这里挂单，准与不准、留你不留你，由我说了算！"

影隐的口吻有些发狠，慧能"噢噢"了两声。说："我以为……哦，不管怎么说，我总算走到了，走到了！"

神秀问道："请问檀越，你是来进香，还是还愿？"

慧能摇摇头，说："我是来拜弘忍大和尚为师，学习佛法的。"

知客影隐抢先说："弘忍大师是禅宗第五代祖师，岂会随便收徒？若非才高八斗的饱学之士，如何能进入他老人家的门庭？想学佛法，你先跟神秀上座学个二三十年再说吧！"

神秀脸色微沉，威严地喝道："影隐，你能代师做主？"

影隐赶紧低头垂目，退后半步。

神秀转而对慧能说："来吧，我引荐你去拜见师父。"

慧能千恩万谢地跟着神秀进入寺门。

东山寺规模宏大，气象恢宏。但见：

佛国相庄严，殿阁生微凉；
古木参天立，蔷薇满庭芳。

神秀领着慧能在殿堂间穿行。一路上，所有的和尚，沙弥都恭恭敬敬向神秀行礼，香客中不少人向他磕头跪拜。神秀总是神态谦和地还礼致意，遇到老人给他磕头，他总要抢先搀扶住，死活不肯让他跪下去。

慧能不由得多看了这位被人尊称为"教授师"的上座几眼。

他们终于走进了方丈。

方丈之内，高高的法座之上，弘忍大师安然端坐。不知什么时候，知客影隐已经先到了，侍立在大师身后。

室内，大大小小、高高低低、老老少少十几个僧人肃然侧立，禅宗第五代祖师弘忍，双目微阖，安然静坐。卢慧能施礼之后，悄然退在一边。

片刻之后，弘忍大师双眼睁开，目光像闪电一样照向慧能。慧能不由得一激灵。未等神秀引见，也不等慧能开口，五祖大师首先问道："你到这里来干什么？求福，求寿，还是求财？"

慧能双手合十，从容不迫地说："弟子慧能，是岭南人，祖籍范阳（今河北涿州），俗姓卢。不远万里而来，不求福，不求寿，不求财，只求做佛。"

弘忍略一沉吟，不客气地说："你是岭南人，岭南系荒蛮之地，民未开化。你一个南蛮子，模样颇似獦獠，有成佛的资格吗？"

獦獠，是一种南方特有的短嘴猎犬。当时，中原人常常以此对南方少数民族蔑称。几个僧人听到弘忍大师称卢慧能为短嘴猎犬，不禁掩口而笑。知客影隐，更是面露得意之色。

慧能并未被弘忍大师的气势所吓倒，他反而挺直腰杆，镇定自若地说：

"人有南北之分，但佛性并没有南北之别。人人都有佛性，一切众生都可以成佛。"

弘忍眼睛半闭半睁，不置可否地说道："是吗？"

慧能说："当然是。佛法面前，人人平等。不错，弟子是岭南人，是未开化的南蛮子，而且连字都不识，模样又十分丑陋，的确无法与大师尊贵的法体相比。可是，请问大师，南蛮子的佛性，与大师您的佛性，有什么差别吗？"

慧能说完，深深地向大师鞠躬，退到一旁，静候大师发落。

旁观的禅僧们对慧能怒目而视，他们从未想到，一个其貌不扬的南蛮子，竟敢与他们敬若神明的师父争辩。

弘忍大师的目光却变得极为慈祥，像温暖的手一样一遍又一遍爱抚着慧能的全身，脸上露出欣喜的微笑。

前几日，弘忍大师打坐之时，在禅定之中，恍惚看到，一个人匆匆向东山寺奔来。渐渐地，那人登上东山之巅，与正好升起到山巅的朝阳融为了一体。于是，朝阳越发壮丽，放射出璀璨的光芒……

弘忍大师不知今日来的这个慧能是不是那个人，所以，先以带有蔑视性的语言，试探他的性情与悟性。听了慧能之言，句句契合佛理，弘忍大师立刻感到此人根器非同寻常，是千载难逢的好僧材。五祖弘忍刚想对慧能表示什么，却见周围的弟子皆对慧能瞋目相向。尤其是知客，简直是目喷怒火。他唯恐众怒难犯，反而对慧能不利，于是，改口说道："你既然是为求法而来，就先打杂去吧！"

慧能上前一步，施礼道："启禀师父，弟子内心清净无染，没有任何杂念。现在师父让我打杂，请问到底打什么杂？"

弘忍大师闻听此言，不禁大吃一惊，不由得再次认真打量着慧能，微微点头首肯。但他同时想到，这慧能实在太过聪明，必须折其毛刺，方可慧其心性。于是弘忍大师板起面孔，威严地喝道："你这南蛮子，刁蛮成性，立刻干活去！"

四周的禅僧们露出了开心的笑意，知客影隐更是得意至极。

神秀带着慧能向寺院后面的跨院走去。

路上，神秀说："卢行者，你别怪怨师父。其实，打杂就是修行，我就是这样过来的。并且，整整干了六年的杂务。"

慧能不由得停住脚步："噢？真的吗，神秀上座？"

神秀点点头："我将近五十岁时，才从别的寺庙投拜到师父门下。师父说，没有坚强的意志，学不到真正的佛法。所以，我不顾自己的半百身躯，主动去干打柴、挑水的重活。在六年的艰苦磨炼中，渐渐理解了佛理，悟出了一些禅机。"

慧能说："神秀上座，你不用开导我，我非常明白师父的真实意图，我不但不怨恨，反而十分感激他对我的开示，使我证悟到了直指佛性的大道。"

闻听此言，神秀反而愣怔了。他似乎陷入了一团迷雾中，痴痴地站立在太阳下，一动不动，表情一会儿晴，一会儿阴，时而点头，时而摇头，一脸百思不得其解的无奈。

慧能呼了半天，他才有所反应。

神秀将慧能带到东山寺后院，交给了宅堂的职事僧。

从这一天起，慧能开始了在东山寺的修行生活：清晨，沿着崎岖的山路挑水；正午，劈柴、扫地；月光下，吃力地舂米……

与此同时，在东山禅寺前面的法堂，神秀正在给众僧讲解《圆觉经》：

"……与大菩萨摩诃萨十万人俱，其名曰文殊师利菩萨、普贤菩萨、普眼菩萨、金刚藏菩萨、弥勒菩萨、清净慧菩萨、威德自在菩萨、辩音菩萨、净诸业菩萨、普觉菩萨、圆觉菩萨、贤首菩萨等而为上首，与诸眷属皆入三昧，同住如来平等法会。"

神秀放下经书，抬头巡视大家，徐徐说道："各位师弟，你们想过没有，在佛说《圆觉经》的大法会上，共有十万大菩萨，为什么单单提到以上十二位菩萨的名字？为什么十二位菩萨的顺序这样排列？"

众僧惘然，茫然，木然。

神秀略为失望地解释道："这十二位菩萨各有不同的表示，代表着十二种法门。他们的排列顺序，也就是大乘佛法的修行次第……”

神秀口若悬河，侃侃而谈，精妙的佛法教义次第展开……

神秀，童贞入道，广参博学。他不但精通佛学，对儒、道二家亦很有研究，尤其是《老子》《易经》，洞悉其旨，尽得其妙。他日后之所以能成为一代教主，必然有其相应的才学。

到四十六岁时，神秀已经是精通佛、道、儒三家的大师级人物了，在广大中原地区享有盛名，前来参学的追随者不绝于途。但他仍不满足，又来黄梅双峰山东山寺，拜谒禅宗五祖弘忍大师。一见弘忍以坐禅为务，他叹服道：“此真吾师也！”随即，他不惜年近半百的身躯，服苦役，修苦行，以求其道……

他在五祖处服勤六年之后，弘忍叹曰：“东山之法，尽在秀矣。”

在七百名弟子中，神秀最为师父所器重，名列上首。五祖说：“我度人多矣，至于见解圆融，没有超过你的。”

于是，弘忍大师将日常教导弟子的任务放心地交给了神秀。

慧能到东山寺不久之后的一天，他一如既往，在后院里挥汗如雨地劈柴。他本是樵夫出身，劈起柴来自然得心应手，斧落柴裂，很是利索。

不远处，弘忍大师在背后悄悄观察着他。

慧能浑然不觉，挥斧不止。弘忍走了过来，叫道：“慧能！”

慧能转头见是师父，赶紧跪下顶礼。

弘忍问：“慧能，你已经来到寺里一个多月了，过得怎么样？”

慧能回答：“挺好，师父。”

弘忍沉吟了一会儿才说：“你刚来那天，我有意难为你，还斥骂你，你是不是觉得师傅对你太刻薄了？”

慧能说：“师父能容留我在寺院修行，待我恩重如山，弟子终身难报。”

弘忍道：“其实，一见面，我就很喜欢你。尤其是你对佛性的论述，简直就跟我师父——四祖道信与我初次见面时一模一样。那天，我很想和你好好谈谈。但是，不知为什么，你的师兄们好像不太欢迎你。我怕人多嘴杂，将来对你不利，因此就故意训斥了你一顿。”

慧能说：“弟子当时就明白师父的心思，所以，自从到寺里，我一直躲在后院，没有必要绝不走到前面，也不与师兄们打交道，一来不给师父添麻烦，二来省得师兄们产生误会。”

慧能捡起一个木头墩子，用袖子擦了擦，扶师父坐下。

弘忍大师慈祥地望着慧能，徐徐说道：“为师虽然很少到后院，可我无时无刻不在牵挂着你。你的一行一动，我都知道。对你的吃苦耐劳，我非常满意。你知道吗？为师我是有意让你干杂活的。”

慧能点点头：“神秀上座和我说过。打杂，是初进寺庙、准备出家的行者的初步功课。其实，我觉得，干活也是一种简单的修行方法，而且是福慧双修。出家人没有钱财布施，天天干活，用劳动来布施，就是修福、修供养。再就是干杂活的规矩多，这个不叫看，那个不准听，只能一心一意干活，不和外界接触，六根（佛教将‘眼耳鼻舌身意’称作六根）都给堵起来，收摄起来，心也就能定下来，清净下来。心清净，烦恼轻，智慧增。”

弘忍含笑点头，很满意慧能的回答。他摸摸慧能被汗水浸湿的僧衣，关切地说：“别下死力气，要注意休息。身体虽然亦是虚幻的东西，但我们要借假修真，所以，也别太辛苦了。”

慧能边擦汗边说：“师父，我不觉得辛苦。”

“辛苦就是辛苦，出家人不打诳语。一天到晚干个不停，又都是重活，看你浑身都汗湿透了，能不辛苦嘛！”

“神秀上座说过，学佛之人，应该效仿我佛释迦牟尼那样，刺血、析骨，难行能行，难忍能忍，才会有大成就。他还说，他就是这样过来的。”

弘忍大师点点头：“神秀是一个意志极为坚强的人。他初来东山寺，很是吃了一些苦头。噢，神秀还是一个内心十分清高的人，不大关心佛法以外的事情。难得他对你一片热心！”

“神秀上座时常关照我。”

弘忍大师忽然换了一个角度问道：“你是不是像其他师兄弟一样，极为佩服神秀？是不是也认为神秀说的每一句话都十分正确？”

慧能点点头又摇摇头，然后说道："神秀上座人品我真的十分敬佩，他坚强的意志力，更是我学习的榜样。但是，在对待苦行的态度上，我的心思和他想的不太一样。"

弘忍大师似乎很感兴趣，追问道："你说说看，有什么不一样？"

慧能挠挠头，不好意思地说："神秀上座是为了磨砺意志、锻炼自己而找苦吃，所以，不管怎么说，他还是感到很辛苦，只不过咬牙坚持罢了。而我，在做苦工、干重活的时候，真没有感到什么辛苦，反而是一种享受。"

弘忍一笑："一样的粗活，为什么他苦、你乐？"

慧能认真地说："神秀师兄知道自己在吃苦，所以心里就很苦。而我觉得干活就是干活，干活是一种生活需要，所以心里就很享受，自然也就很快乐，哪里还会觉得辛苦？我在广州山中打柴的时候，经常遇到一些爱登山的人。在我们局外人看来，他很辛苦，而且还非常危险。而他自己因为爱登山，所以他感受到的不但不是辛苦，反而是极大的快乐。"

弘忍点头称是："很好、很好，你已经契入了禅机。"

慧能有些不好意思了："我说的都是一些粗浅的见解，师父别见笑。"

"你能领悟到心的主观性，能充分调动心的妙用，真的很不错了。"五祖弘忍捡起慧能劈开的木柴看了看，问："我看你劈柴时，斧落柴裂，很少劈第二斧，是什么缘故？"

慧能随口说道："我在家时便以打柴为生，熟能生巧吧。"

弘忍紧接着问："巧从何来？"

慧能摇摇头，老老实实说："没想过。"

弘忍拿起几根木柴，指给慧能："你看，你每一斧都不离木纹的症结之处，这就是外力插入的契合点。"

弘忍大师摆好一截原木，说事也说禅："看准契机，单刀直入，无明结为之顿开！"

话完斧落，圆木裂成两半。

慧能拿起师父劈开的木柴看看："哇，真利索！师父，你也劈过柴？"

弘忍摇摇头："不是我劈过柴，而是我会劈柴。"

慧能似懂非懂地望着师父，想听师父解释。

弘忍反而问慧能：“你在家时劈柴，来到东山寺还是劈柴。与其在这里劈，不如在家中劈，何必要艰难跋涉几千里呢？”

慧能一头雾水，不知师父究竟想传达什么禅机，只好求师父：“弟子愚笨，请师父明示。”

弘忍说：“慧能，你应该知道，因为你是为学佛而来，所以，此柴非彼柴。这就是发心不同，道则不同，果便不同。”

慧能摇摇头：“弟子还是不明白。”

弘忍正色说道：“自从佛陀把正法眼藏传给初祖迦叶尊者，至今已一千多年，历经三十二代。这中间求法者众多，但得道的人却凤毛麟角。为什么？因为‘不经一番彻骨寒，怎得梅花扑鼻香’！你现在在寺里打杂看似与学佛、修禅无关。而实际上，禅，无形无相，不可言说。禅在哪里？就在飞花、落叶、针头、线脑当中，就在劈柴、挑水、舂米、扫地当中，就在日常生活的一举一动里面。禅，无时不在、无处不在啊！关键是我们要有一颗灵明不昧的禅心，时时刻刻去体验、去领会。你好自为之，好自为之吧！”

如惊雷贯耳，震醒千年梦幻；恰似醍醐灌顶，心窍为之顿开。师父一席话，在慧能心中产生了强烈的共鸣：他在广州山中采樵之时所悟到的东西，就是禅啊！他喜不自禁，情不自禁，扑通跪倒，五体投地，十分感激地喃喃道：“谢谢师父教诲，谢谢师父大恩大德，谢谢师父……”

无人应承。慧能抬起头，师父早已走远了。

斜阳洒金，风舞桃花。风儿吹拂着五祖的僧衣，飘落的桃花瓣在他四周飞旋。夕阳的光辉笼罩着他的身影，他浑身好像散射着奇异的光彩，仿佛要羽化而登仙。

几乎每一个僧人正式出家之前，都要先在寺院里做一段行者——干杂务的带发修行人。也就是说，行者，处在被考察、被考验的时期，能通过者可以得到剃度，否则便被淘汰。也正是因为如此，行者的所谓修行，就是修苦行——干的是最繁重的杂务，却没有任何地位，甚至，受了委屈也不许分辩。

慧能——卢行者，在东山寺，就处在这样的位置。

因为当初五祖大师说过，让慧能打杂，刚开始，职事僧就让慧能专门打杂——哪里需要哪里去，什么活计缺人手就干什么。后来，有一天，碓房里一位负责舂米的身强力壮、五大三粗的行者被客堂调去看护山林了，慧能就被点名顶了他的缺。

当时，东山寺有七八百名僧众，每日早粥、午饭，要消耗近千斤稻谷。而将稻谷变成白米，全靠碓房里的三名行者。

踏碓舂米，没有任何技巧，全凭浑身的力气。因此，碓房里的行者个个都是人高马大，膀粗腰圆，体重超过二百斤的壮汉。而慧能，身高不满五尺，体重不足百斤。别人踏碓，单凭体重就能将沉重的碓锤压起来，而他，必须用尽全力猛然向下蹬去，才能将碓锤抬起来。因此，他每踏一下，要比别人多费一倍的力气；还是因为如此，他每天起早贪黑，也很难完成定额。禅宗寺院，规矩森严，于是，慧能天天被职事僧处罚：在佛像前跪香——跪一支香燃烧的时间。

一支香，大约一个时辰才能燃尽。本来已经劳累了一整天的慧能，直跪得腰酸腿疼，膝盖红肿，脚踝麻胀……渐渐地，他的下半身麻得失去了知觉，再加上过度疲惫，不知不觉打了一个盹儿，身体失去了平衡，一头栽到了地上……

职事僧在他屁股上狠狠踢了一脚，呵责道：“你在佛前忏悔罪过，竟然还敢打盹儿睡觉！像你这种对佛祖大不敬的人，还要出什么家、修什么行？我看你还是趁早滚下山去，过你的世俗日子吧！”

慧能自己也惭愧万分，左右开弓，狠狠抽了自己几个嘴巴。一则惩罚自己，二来驱走了瞌睡虫。

慧能一颗开了窍的心，灵动空明，慧光湛然，所以，他很快便找到了问题的症结——自己的体重太轻，不足将碓锤压下来，所以效率低下。他的身子骨天生瘦小，无法增加自己的体重，于是，他从山上找来了一块长一尺二、宽一尺、厚三寸，重达五十六斤的大石头，将之捆绑在自己的腰间，以增加重量……

而今这块石头仍然保存在黄梅五祖寺（后人为纪念五祖弘忍，将东山寺改名“五祖寺”），中间镌刻五个隶书大字：“六祖坠腰石”，左边刻有“龙朔元年”，右侧后代僧人题诗曰：

块石绳穿祖迹留，曹溪血汗此中收。

应知一片东山月，长照支那四百州。

慧能为法忘躯，不避艰苦，由此可见一斑。

一日，客堂一位招客来通知，说是今日中岳嵩山老安大师回山礼祖，要碓房专门加工上好的白米，中午，老安大师要以此供养大众。

听说老安大师要来，全寺上下都很兴奋。

要说这位老安禅师，那可是一位传奇人物。他住持于嵩岳，法号慧安，因他年高德昭，世人称他为“老安”。他童贞出家，年纪轻轻，就已博得天下闻名。当时，隋炀帝为开凿大运河，大肆征招劳役，田园荒芜，饥民如蝗。慧安到处化缘，救济流民，无数性命因此获救。隋炀帝慕名请他入宫给自己当老师，他理也不理，潜入了太和山隐姓埋名数十年。唐朝建立，皇帝老子也曾派遣使臣前来迎请他做国师，他老人家又一次金蝉脱壳，连夜逃到了嵩山。他比五祖弘忍年长整整二十岁，而且名气也比弘忍大得多，然而，他却不管不顾，五体投地跪倒在弘忍面前，拜他为师。这不，眼下他已经是年近九旬的耄耋老人了，仍念念不忘比自己年轻几十岁的师父，还要跋涉千里，回来拜山……

这样一位活菩萨供斋用米，职事僧不敢怠慢，专门叮嘱慧能要格外精心。慧能本来就心细如发，今天更是认真挑拣，连一个带有些许稻糠的米粒都不放过。

然而，鬼知道是怎么回事。当天中午，当米饭盛到众僧的瓦钵里的时候，人们赫然发现，其中混杂着许多带壳的稻子！

这样的米饭，如何下咽？

僧众之中，有一位惠明法师。他出家之前是陈宣帝之孙，曾任南朝高官。

出身帝王之家，饮食自然十分讲究，所以，他想都没想，便将饭里的未脱壳的稻米拣了出来，放在了餐桌上。

知客影隐看到之后，当众大声呵责他：“捡起来，吃下去！”

惠明分辩说：“这些带壳的米，很难咽下去。”

他的话音未落，影隐手中的香板已经闪电般地落了下来，打得他的光头“砰、砰”作响！影隐对他也是对着所有人说道：“佛门一粒米，大如须弥山。随便浪费者，表堂打香板！请大家好自为之。”

表堂就是当众公开批评。众僧见惠明丢人现眼，还被狠狠打了一顿，所以只好忍气吞声，将那些带壳的稻米囫囵吞下……

好好的一顿罗汉斋，吃得大家满腔怒火，满腹闷气，满心委屈。

饭后，十几个怒火中烧的僧人，簇拥着愤怒至极的惠明来到了碓房，找慧能算账。慧能有口难辩，他也不想狡辩，乖乖等待接受惩罚。职事僧按照寺规，将慧能当作“慢众”处置——打三十香板。

香板，是一种形状酷似宝剑的竹、木板子，用来警戒僧人遵守戒律，也用它惩罚违规犯戒的人。

惠明一捋袖子，伸手将职事僧手中的香板抢了过来。职事僧不禁浑身哆嗦起来——这个惠明，曾经任过四品将军，臂力过人不说，性情格外暴躁，再加上他因此饱受屈辱，满腔愤怒，他这三十个复仇的板子打下去，慧能岂不一命呜呼！天哪，若是出了人命，事情就大了，所有的人吃不了兜着走……然而，看看周围虎视眈眈的人们，他什么也不敢说。

两个身手敏捷的僧人一把抓住慧能，将他按倒在舂米的石臼上。惠明抡圆了板子，朝慧能的屁股上打去——

“叭！”

一声脆响，木头板子应声折成了两段！

慧能疼得浑身大汗淋漓，差点将舌头咬碎，才没有发出喊叫之声。

惠明扔下手里的半截香板，让职事僧去找一支更结实的竹子香板来。

慧能知道，竹子制作的香板重量更沉，打得会更疼。他为了防止自己忍受不住而呻吟，立刻止心一处，进入了甚深禅定之中——他在乐昌西山石窟中跟随智远禅师坐禅多时，很快就能进入禅定状态。他那几个月的功夫，总算派上了用场……

连续十几板子打下去，打人的惠明累得直喘粗气，但是，挨打的慧能却始终没有发出一声痛苦的呻吟。难道，这个瘦小的家伙已经断了气了吗？惠明低下头来，居然在慧能的脸上看到了一种十分恬静的愉悦表情！——人在进入禅定状态之后，心中充满了禅悦，所以面呈喜色。

惠明哪里知道这些？他以为这是慧能在嘲笑自己，心里更加愤恨，再次高高扬起了香板……

这时，碓房门口一个童声喊道："老安禅师与神秀上座来啦！"

惠明对神秀上座敬若神明，生生收起了香板，退到了一旁。

年近九十岁的老安禅师，松风鹤形，银髯飘飘，好像天地精魂所化，恰似太虚神仙下凡。他和神秀上座一前一后，徐徐走进碓房。人们纷纷向他俩合十施礼。老安禅师呵呵一笑，问道："今天山僧供的午斋，你们大家是否都品味到了其中微妙的禅机？"

什么，那掺了带壳稻谷的米饭，竟然蕴含着美妙的禅机？

老安巡视一圈儿，看到包括神秀在内，大家一脸的茫然，又是呵呵一笑："稻者，道也。那个在米中掺稻谷的人，是在为大家下道种啊！种子嘛，自然要带着壳啦，否则，便不会出芽。我想，你们一定不希望自己的道种无法发芽吧？所以，你们应该好好谢谢人家。"

尽管所有的人都听得出来，老安禅师是在变相给慧能开脱，但他以禅机开导，大家也只好尴尬地点头称是。

老安拍拍趴在石臼上的慧能，说道："这位小兄弟，你是怎样舂的米？如何做到稻壳丝毫不伤？"

人们听出了他的弦外之音——中午的米饭里所掺的稻谷，根本没有放入石臼里舂过！这就是说，那些稻谷之所以带着稻壳，压根不是慧能在舂米时粗心或偷懒所造成的，而是有人故意放进去的！

神秀看了职事僧一眼，职事僧不由自主地打了个寒战。

老安见慧能毫无反应，低头看了看，不禁哈哈大笑："哈哈……小兄弟，难怪香板打在你身上毫无痛苦呢，敢情，入了禅定啊！”

什么，慧能竟然能在挨打的时候入定？

神秀心里惊叹着：天哪，这是一种怎样神奇的境界呢？

惠明他们这些不理解的人心里惊叫：天哪，这怎么可能呢！一定是妖法！

神秀让跟随自己的小沙弥去取引磬来。因为，进入甚深禅定的人，如同死去了一般，试想，香板打在身上都毫无知觉，如何能叫得醒呢？只有引磬的声音才能将他从定中唤醒。

老安摆摆手说：“算了吧，等着让他自己自然出定吧。这会儿弄醒他，一定屁股疼得要命。”

老安再次拍着禅定中的慧能，莫名其妙地说：“今天山僧因你吃了一粒道（稻）种，来日还你一个活脱脱的古佛种。”

说着，他手里拈起一粒稻谷，对众人说：“莫小看这一粒，百年之后，千粒万粒都由它而生！”

人们明明知道他不是在说稻种，但谁都不知其所云。包括神秀在内。

七天之后，慧能才从禅定状态中出来。这时，他屁股上的创伤，已经无大碍了。职事僧看到他出了定，扑通一下跪倒在他的面前，匍匐在地，痛哭流涕。

慧能莫名其妙，再三追问他怎么啦？职事僧只是一个劲儿请求他原谅，却什么都不肯说。

慧能说：“你并没有什么对不起我的地方，更谈不上有什么原谅不原谅。”

说着，将他搀了起来。最后，职事僧说：“慧能，你太老实、太忠厚啦！应该知难而退了。”

“知难而退？为什么？”

“因为……你自己好好想想吧，反正你在东山寺，一定是妨害了什么人啦。”

慧能想了半天，他也想不出个所以然来。职事僧说：“慧能，你若是真的想出家学佛，可以到长江对岸的庐山去，那里的东林寺、西林寺、大林寺、归宗寺等等，都是著名的大道场。你如此虔诚，他们一定很欢迎你。不然的话，恐怕你的小命早晚不保……”

慧能摇摇头，说道：“天下道场何其多，但心心相印、心有灵犀的师父却很难找到。我千里迢迢从遥远的岭南而来，就是要跟随弘忍大师学禅。哪怕是粉身碎骨，我也绝不退缩！”

职事僧无可奈何地叹了一口气，摇着头走了。

慧能依旧回到碓房，每日踏碓舂米。

慧能这种忍辱负重、宽以待人、恭谦和合的品德，并没有换得众人的尊重。或许是他们觉得慧能软弱可欺，或许是受了什么人的支使，反正他们变本加厉，想尽一切办法欺负、戏弄慧能，力图将他挤对出寺门。慧能一律付之一笑，从不计较。自从慧能来了之后，碓房里的那两个行者便开始耍滑偷懒，只要慧能稍稍离开，他俩便将慧能已经舂好的米倒进自己的箩筐里。慧能佯装不知，只是自己加快踏碓的频率，多舂一些罢了。日久天长，慧能身上系着重达五十多斤的坠腰石，长期超负荷、超强度劳作，腰与腿都有了劳损。此后，在他的一生中，这种疾病一直伴随着他。

四祖道信与五祖弘忍共同开创的禅宗道场，有一项创举，即，劳动与禅修相结合，农禅并重。因此，东山寺的所有人在修行的同时，都要到农田里耕种。慧能虽然是个服劳役的行者，也想方设法挤出空余时间，种了一片郁郁葱葱的青菜。

一次，弘忍大师考察大家的劳动情况。碓房里的那两个行者见慧能的菜长得格外好，便抢先一步，摘了个精光，当成自己种的，呈给了五祖弘忍。慧能腰腿劳损，走不太快。等他赶到菜地，里面寸苗不剩，空荡荡一片真干净。

慧能的空手而归，令五祖备感奇怪——慧能不应该是一个懒惰的人啊！他老人家多了一个心眼，在查看青菜时，他发现有些菜叶背面有“慧能”二字。他十分好奇，仔细观察之后发现，凡是长得好的菜叶，背面都有“慧能”的名字。而这些文字，都是小虫爬过的痕迹。

五祖心中一动，抬头看着众人。那两个送菜来的弟子面呈得意之色，而慧能虽然两手空空如也，却不恼不怒，不焦不躁，安然自在，泰然自若。弘忍大师知道慧能心中并不计较，所以也就没有说破。他心里感叹一声：“天道昭昭，人可欺，心不可欺，天地无欺。”

如是，不知不觉，八个月时光倏然而过。

第八章　禅宗衣钵

这一天晚上，东山禅寺的大钟突然鸣响了，打破了山中的宁静。

在洪亮的钟声中，几百位禅僧从各自的僧房匆匆奔出，快步奔向大殿。洪钟长鸣，必将预示着有重大事情发生。禅僧们相互用眼神询问，但都不知五祖大师因何召集僧众。

众僧鱼贯进入大殿。

几十盏油灯吊在房梁上，将大殿照得里外通明。栩栩如生的释迦牟尼微微睁开眼，捻着一枝金色莲花，脸色透出一缕神秘的微笑。

这缕微笑，与一千多年前的那一天，他在灵鹫山下的那缕微笑，无二无别，一模一样。

那一天，注定是个非凡的日子。

当第一缕阳光撕裂了笼罩在大地的夜幕，当第一声鸟啼划破清晨的寂静，王舍城立刻喧闹起来。因为，伟大的觉者释迦牟尼，今天要在城郊的灵鹫山上宣说神奇的佛法，一大早，城里的民众扶老携幼，车水马龙，涌出城门……

根据古老的传说，灵鹫山绝顶，是神仙居住的地方，常年云雾缭绕，神秘莫测。然而，这一天，弥漫在山峰上的、宛若帷幕一样的白云，徐徐拉开了，那整座山峰，恰似一只展翅欲飞的鹫鹰，雄视着脚下的原野。蓝天一碧如洗，深邃而又辽阔。朝阳放射着金色光芒，照射在山涧里，溪水便流淌出金子一样叮当作响的欢唱；阳光播撒在树丛中，树叶上那无数的露珠，闪烁着梦幻般的光泽。平缓的山坡上，绿草如茵，野花烂漫，仿佛铺上了五彩缤纷的花地毯……

明媚晨光里，佛陀终于带领着他那一千二百五十位弟子出现了。他们从从容容地走过芳草地，来到灵鹫山下。比丘们次序井然地席地而坐，侍者阿难铺好座位，扶着佛陀登上了金刚法座。

佛陀安详地闭目静坐片刻，徐徐睁开他那充满智慧的眼睛，慈蔼的目光缓缓掠过每一个人的眼睛，于是，所有的人都体会到了一种无限温暖的愉悦，人们情不自禁地发出一声诚挚的赞叹："南无（礼敬）释迦牟尼佛——"

这时，大梵天王（娑婆世界之主，相当于中国传说中的玉皇大帝）从灵鹫山顶走了下来，单膝跪地，敬献给释迦牟尼佛一枝罕见的优钵罗花（金莲花）。

佛陀接过那含苞欲放的花朵，嘴角微微泛起一缕神秘的微笑，然后将那美丽的花朵默然展示在公众面前。

看到佛陀以花示众，下面静坐着的上千比丘，数万大众，虽然都感受到了一种美妙绝伦的氛围，但宛若雾里看花，水中望月，朦朦胧胧，缥缥缈缈，美则美矣，妙则妙哉，只是不太明白。一片茫然中，唯有佛的大弟子大迦叶（佛殿里站在佛像左侧的老年比丘）尊者，从佛陀的拈花微笑里，顿时体会到了宇宙人生最为神圣的真谛。他情不自禁地发出会心的微笑——就在这一瞬间，他与佛陀心心相印、心心相通了——似乎有一种最美妙、最真切、最清晰的真理的溪流，从佛陀的心田汩汩流入了他的心里……

灵光一束透寰宇，拈花微笑露禅机。

那不过是暂短的一瞬间，然而，这个瞬间，却成了美妙的永恒。

释迦牟尼佛用拇指与食指拈着花茎，其余三个指头微微翘起——他的手，就宛若一朵含苞欲放的、美丽纯洁的花蕾！佛陀以这种高雅的姿态展示着那朵金莲花，然后对大迦叶说道：

"吾有正法眼藏，涅槃妙心，实相无相，微妙法门，不立文字，教外别传，付嘱摩诃迦叶。"

这时候，每个人都扭过头来，望着迦叶尊者。只见他的目光一直注视着佛陀手里的莲花，脸上洋溢着梦幻一般的会心的微笑。

那花儿一样清新、一样自然、一样馨香、一样妙不可言的微笑。

在千百万双期待的眼睛注视下，佛陀将那似乎放射金色光芒的莲花，递给了大迦叶。在这一刻，宝石一样的蔚蓝色天空中，白鹤翩翩起舞，小鸟尽情欢唱；辽阔的原野上，一株株芳草更加青翠，一朵朵花蕾纷纷绽放……

释迦牟尼佛将自己身上那件金缕袈裟解了下来，给大迦叶披上。

这件金缕袈裟，是佛陀的姨母、哺育他长大的摩诃波阇波提王妃（即：世界上第一个比丘尼——大爱道）亲手编织的，是法王的象征。

佛陀对大迦叶谆谆嘱咐道："我把禅的秘密玄旨传给了你，你要好好护持，今后将之传授给阿难，并要一代代传下去，千万别使之断绝了！"

心有灵犀一点通。最美妙，最神奇，最不可思议的禅，就这样从佛的心灵之中流淌出来，流进了大迦叶的心田，并且源源不断地传递了下来！

佛祖微笑如故。

大殿内，众僧按照僧腊（出家的年龄）整整齐齐地站立着，秩序井然，鸦雀无声。

伴随着悠扬的大磬声，《炉香赞》清雅的梵唱在大殿中回荡：

炉香乍热
法界蒙熏
诸佛海会悉遥闻
随处结祥云
诚意方殷
诸佛现全身
南无香云盖菩萨摩诃萨
南无香云盖菩萨摩诃萨
南无香云盖菩萨摩诃萨

五祖弘忍大师身披达摩祖师传下来的那袭袈裟，端坐佛坛，闭目冥思。

《炉香赞》梵唱已停，磬声已歇，大师仍在默坐。不知过了多久，只见他双目猛睁，深邃的目光徐徐扫过全场，使每一个僧人的注意力都集中到他的眼睛上。大师从容不迫的声音不疾不徐地送到大殿每一个角落：

“你们大家听着，世间的俗人，都把肉体的享乐看得很重，不肯修证佛法这种宇宙间最珍贵的真理，只求满足欲望。你们这些出家弟子中，有些人看起来是在坐禅念经，却并没有一心向道。有人也是整日在寻求福田，而没有考虑怎样脱离生死轮回的苦海。如此这般，迷失自性，世间之福又如何能将你们从人生的苦海里解救出来呢？”

弘忍大师略一停顿，见众僧茫然无语，反复开示道：“你们应该知道，假如迷失自己本来就有的佛性，即使修了福德又怎么样？能帮助你们脱离生死轮回吗？你们大家既然出家为僧，就应该加倍努力，把人人具有的觉心、佛性显发出来，心开得悟，成就佛道！”

神秀、法如、玄赜等几位高僧对师父的开示心有所感，皆微微颔首。

弘忍大师歇歇气，继续说：“你们各自回去，潜心修学，然后凭借自己的才智，用自己本来所具有的般若佛性，各作一首偈子给我看。若是谁能悟到佛法的要义，我就把禅宗代代相传的衣钵传给他，立他为本宗的第六代祖师。你们切记，所作偈子，要从自性中流出，费心思量是不中用的。因为真正认识到佛性的人，言谈之间就能显示出来。它是自然而然的显发，不是刻意的雕琢、寻求。好啦，大家快去作吧。”

弘忍大师离开之后，众僧依次离开了大殿。

这件事太突然、太重大了，禅僧们自觉不自觉地三五成群，聚在了一起，议论纷纷。

知客影隐、惠明、法如和玄赜等七八个在寺里有一定地位的僧人也聚到一块，所谈论的当然也是五祖大师即将传授衣钵的事情。

影隐问道：“诸位师兄弟，你们的偈子想好了没有？”

惠明说：“师父说了，费心思量不中用，要悟到佛性。我找了半天，也找不到自己的佛性。”

知客影隐说：“那，你想放弃啦？哇，若是能继承师父的衣钵，全寺七百多僧众都得听召唤，不，不仅仅是东山寺，全国禅林、所有的禅僧，都得唯马首是瞻，真威风、真荣光啊！”

惠明一撇嘴：“就你这火烧火燎的熊样，也想成为禅宗第六代祖师？做你的春秋大梦吧！”

影隐的无限神往、无限憧憬被打破了，不服气地说：“我怎么啦，不就是被毁了容吗？二祖慧可还只有一条胳膊呢！”

法如说：“对，人有南北之分，佛性却无差别。人的自性，与相貌无关。”

“就是。”影隐来了劲。不过，他忽然想到，法如的话，是在重复慧能刚来东山寺所说的意思。于是，他的被伤疤扭曲的脸上呈现出一种怪诞的神色。

惠明说：“知客师，你也是寺里有头有脸的人物，那就请你念一首偈子，给大家听听。”

“我不行你行？你作一首来听听！”影隐反唇相讥。

惠明没那么多花花肠子，他老老实实地说：“我可不像你，识文断字，精通世故。我出家之前是四品将军，只知道打打杀杀。幸得师父度化，才皈入佛门。我只求消尽恶业，下辈子不转成猪狗就心满意足了。”

文质彬彬的中年禅师玄赜说：“佛说，放下屠刀，立地成佛。惠明师弟，你何必妄自菲薄呢。”

惠明说：“法如师兄，你与玄赜师兄都是师父的得意门生，名列十大弟子之中，你们都有资格继承师父的衣钵，应该试一试呀。”

法如说：“我倒是想了一首，但不知好不好。”

玄赜也说：“在师父他老人家的指导修行多年，若是对禅一点都未领会，那真是白吃斋饭了。因此，我腹中也有几句顺口溜。”

众僧七嘴八舌说：“你们就别拽着胡子过河——谦虚（牵须）啦！说出来听听，大家评判、评判。”

法如刚想开口，一个七八岁的小沙弥——那个常常跟随在神秀身边的孩子，抢着说道：“我看你们都别枉费心机了，你们所作的偈子，能超过神秀上座？”

众僧闻言，一下静默了。

法如长叹一声，道："是啊，我真是鬼迷心窍，怎么忘了大师兄呢！罪过、罪过。"

惠明说："神秀上座出家之前便饱读诗书，博综多闻，精通儒、道两家。出家之后更是精进不止，师父对他极为欣赏，曾经说，全寺近千僧人，可是悬解圆照，却没有一个比得上神秀。"

小沙弥说："弘忍大师的衣钵，本来就是神秀上座的嘛！"

玄赜也叹了一口气，既松了一口气，又无可奈何地说："这样也好，顺理成章，自然而然，省得大家互相不服，为此伤了和气。"

知客影隐口吻酸溜溜地说："是啊，谁比得上他呀，他是师父最钟爱的弟子，又是寺里的首座，师父之外，就是他了。近水楼台嘛！"

法如正色说："话不能这样说。大师兄的人品、学问及道行，都堪称全寺佼佼者，唯有他一个人才有继承师父衣钵的资格。否则，换了任何人，包括我法如在内，全寺僧众必然有人不服。"

说完，法如的余光瞟了玄赜一眼。而同时，玄赜也在瞄着他。

惠明说："是的，我看大伙都别自不量力地作什么偈子啦，死了心吧！神秀上座是咱们的教授师，咱们懂得这些佛法，大多是他教的。除了师父，谁比得上他？"

他看知客影隐一眼，接着说："若是有人用其他手段得了衣钵，我惠明第一个不服气。抢，我也要给神秀上座抢回来！"

法如点点头："未来祖师的位子，非神秀大师莫属。将来，我等就跟随着他继续修行便是了。"

众僧心服口服，都合十称是。

夜已经很深、很深了，神秀仍然难以入睡，在床上辗转反侧。他的长吁短叹惊醒了同屋的小沙弥。

小沙弥翻过身来，爬在枕头上说："上座，都三更了，您还没睡着？"

神秀又叹了一口气，郁闷地说："是呀，无论如何也睡不着。"

小沙弥关心地问："你是不是还没想好偈语？"

“没想好。”

小沙弥孩子气十足，轻松说道：“您随便写几句就得了，反正全寺僧众都不会向祖师交偈子了，只有您一首，就算不好，因为没有比较，也就无法鉴别。”

神秀郑重地说：“正因为大伙都不敢向师父献偈子，我就更拿不定主意，不知怎么办好。”

小沙弥一拍脑门，懊恼地叫道：“天哪，是我打消了众人呈献偈子的念头，难道反而害了上座您吗？”

神秀苦苦一笑：“本来，师父叫大家作偈，是为了检验众僧这些年来的修行心得，以便从中决定衣钵继承者。现在别人都不呈偈，我若呈给师父，岂不成了沽名钓誉之辈？成了贪图祖位的不肖之徒？”

“那你就别呈了。反正大家心明眼亮，都认为大师衣钵继承者非你莫属，请大师直接传给你得啦。”

神秀哭笑不得：“你呀你，真是个小孩子！师父让作偈，如果大伙都不作，岂不是我带头违背他老人家的旨意？再说，我是你们的教授师，假如连我也不进献偈子，如何能验证我对佛法的见解正确与否？没有偈子，师父不了解我的修行境界，便对我的修行之路无法指点、评判，我又怎么精进呢？唉，左也不是，右也不好，你说怎么办？”

事不关己，小沙弥才不会操这份心呢，早又打起了呼噜——睡着了。

神秀见小沙弥半截身子在外，怕他着凉，翻身下床，给他盖好单子。

他回到自己的床前，仍难以入睡，索性披衣而起，拉开房门，向外走去。

圆圆的月亮，像一面镜子，高高挂在天上。大殿、亭堂、树木、花草，朦胧而又清晰，虚幻却也真实。

神秀置身在这轻灵而又凄清的夜色中，脑子里想着偈子、衣钵之类纷纷杂杂的事情，于是感到自己似乎正在向一个无底洞中坠落，身体失重，心无着落。他边踱步边喃喃自语：“……什么是佛陀的大道？……禅的真谛又是什么？……我的自性又如何显现……”

夜，已经很深、很深，四周静极了，一片树叶飘落，一滴露水滚动都清晰可闻。

这时，一片阴云遮住了月亮，夜空暗淡下来。

忽然，神秀听到了几声隐隐约约的铃铎音。他一惊，侧耳着意听，又听不到了。他以为是幻觉，自嘲地笑笑，自言自语道："我太紧张了……"

然而，那飘忽不定的铃铎声又响了起来。它像从灵魂深处挤出来的孤独的呻吟，像是从高渺的月宫之中滑下来的深情呼唤，更像是冥冥中的神明对人的某种兆示……

神秀感到，似乎有一种神秘的力量，将自己的魂魄从身体里面抽了出去，飘飘忽忽上升、上升……他不由自主地跪了下来……

不知过了多久，那片云飘走了，圆圆的月亮又恢复了皎洁，天地变得清明起来。铃铎极为清晰地从高处传来。这时神秀才发现，这捉摸不定的铃铎声，来自山坡亭子上的风铃！他自嘲地说道："我修行多年，竟然也会鬼迷了心窍！只不过因为乌云遮住了月亮，我却错把风铃当成了天籁，当成了神明之声……"

在微风拂动下，风铃声在月夜中极为动听。

神秀望着亭子尖上的、明镜一样的圆月，内心深处突然迸发出一道闪光，他自然而然地吟诵道：

身是菩提树，心如明镜台，
时时勤拂拭，勿使惹尘埃。

夜色正静，月光正好，天地之间空明而又灵动，恰似人的禅心。

轻轻一声门响，打破了凝固着的静谧，神秀拿着墨渍未干的偈稿，匆匆奔到方丈门外。方丈院落的外门未关，里面的房间内仍然亮着灯，五祖大师安详地闭目端坐着，似乎在等着什么人的到来。

神秀迈进去的一只脚不知为什么又退了回来。他看看偈稿，望望灯光映在窗户上的五祖的身影，犹豫不定地在门口徘徊，徘徊。有好几次，他似乎是下了决心，但不知为什么又都退了回来……

远方一声公鸡啼鸣，天色已蒙蒙亮，神秀走了。

在接下来的这一天里，上午、中午、下午，神秀数度走到方丈门前，数度徘徊，却都未敢踏进门去。

又到夜色朦胧时。

寮房里，神秀坐在桌前，看着那张写有偈子的纸片发呆。

小沙弥从室外进来，惊讶地说道：“上座，你还没有把偈子呈给祖师吗？”

神秀犹豫不决地说：“我怕师父……再说师弟们会怎么想呢？万一他们误会我的真实意图，认为我是为贪图师父的衣钵，那就太可怕了……”

小沙弥也学会了叹气：“唉——你们大人真没劲！这也怕，那也怕，前怕狼，后怕虎。”

神秀无言以对。

小沙弥看着神秀的样子，突然说道：“上座，你要是实在不愿去呈偈，我去给你贴到祖师的门上好了。这样，祖师一早起来就看到了。”

神秀一拍桌子，叫道：“多亏你启发了我，有了，我有办法啦！”

神秀拿起笔墨，提着灯笼，匆匆走出房门。

第二天天刚亮，法如坐完早香（坐禅亦称作“坐香”）从南廊下经过，忽然之间，他觉得墙壁上像是多了一些什么。他扭过头，发现洁白的墙壁上有碗大的字，随口念道：“‘身是菩提树，心如明镜台，时时勤拂拭，勿使惹尘埃。’哎呀，好偈子，真是好偈子啊！”

听到法如的喝彩，附近十数个僧人围了过来。

“谁写的呢？”

“谁知道呢，昨天还没有哩。”

人们正在议论之时，弘忍大师来了。

他并不是未卜先知，本来，南廊这面空白的墙壁，是留着准备画经变图与禅宗传授衣钵血脉图的。所以，一早，弘忍大师便带着专门请上山的名画家卢珍走了过来。

众僧看到师父与卢画师，自动给他们让开了一条路。弘忍大师老远就听到了弟子们的议论，走到墙壁前，果然看到了一首写得工工整整的偈子。他一边轻轻读，一边频频点头。略一思索之后，他转身对卢珍说：“真是对不起。本来，劳你远来，是要在这里画经变与血脉图的。《金刚经》上说：凡所有相，皆是虚妄。既然这面墙壁上已经有了这首偈子，那么，经变画与禅宗血脉图就不画了吧。”

卢珍亦是一位居士，很能理解弘忍大师的心思，愉快地点点头。弘忍让侍者去取一些钱来，作为卢珍白跑一趟的补偿。

随后，弘忍大师指着墙壁上的偈子对大伙说：“你们听着，从今天起，大家要把这首偈子牢记在心里，时时念诵。只要你们照这首偈去修行，一定不坠恶道，一定会获得大利益。”

惠明问道：“师父，这首偈是谁写的呢？竟然有这么大的功用！”

弘忍大师说：“谁写的，我自然知道。弟子们也能从偈子的意境中体会到谁有这样的修行境界。好啦，现在你去准备香案，让我们礼敬这首诗偈。”

僧众越集越多。惠明和法如抬来香案，摆到南廊正中。

弘忍大师拈了一支香，带头朝墙上的诗偈拜了下去。

众僧见师父都如此恭敬虔诚，怎不崇拜有加？所有人都恭恭敬敬跪了下去。于是，如同天籁一般的动听的梵呗唱赞涌了起来：

僧宝不思议，身披三事衣。
浮杯渡海刹那时，赴感应群机。
堪作人天功德主，坚持戒行无违……

礼拜结束后，法如、惠明、知客影隐等十几个中年禅僧，结伴向神秀的房间走去。

影隐忽然问道：“法如师兄，那首偈子，真的是神秀上座写的吗？”

法如道：“那当然！试问，除了大师兄，全寺僧众谁还能有这么高的境界？”

影隐似乎有所不甘，吸了一口凉气说：“法如师兄，您与玄赜师兄的修学成就，并不比神秀差，为什么不作一首偈子？我若是有你的本事，我就……”

法如停住脚步，严肃地对他说：“知客，你大概是每天接待烧香进供的人，被世俗的名利熏染了心性。佛门是清净地，第一应当勘破的，便是名与利！”

影隐唯唯合十，后退半步。

法如边走边说：“再说，你别把佛门偈子类同于世人所写的诗词，不能单从字面上去理解。偈子所表达的，是修证者的境界，明心见性的次第。你今后还是照大师兄的偈好好修行吧，‘时时勤拂拭，勿使惹尘埃’呀！”

惠明无限崇敬地说：“连师父他老人家都礼拜神秀上座的偈子，说明他真切领悟了佛法大意，的确是真知灼见。”

法如频频颔首，轻叹一声：“唉——神秀师兄的修学见知，比我们想象的还要高啊！”

惠明高兴地跳了起来：“哇，这就是说，师父的衣钵肯定是传给神秀上座啦！”

影隐自言自语咕哝道：“师父并未当场表态，说明事情还有变数……”

众人未听清，所以无人理他。

一个禅僧说：“师父说的是让呈偈，不知神秀上座为何将偈子写在了墙上？”

影隐道：“这样就公开了，逼着师父不得不表态。”

惠明大喝一声：“放屁！以小人之心，度君子之腹。”

此时，他们已到达神秀的寮房前，法如伸手敲门。

神秀拉开门，众僧一齐合十致礼。神秀把大家迎进室内。

法如将神秀让到正座上，虔诚恭敬地向他鞠躬施礼说：“恭喜师兄。”

惠明不管三七二十一，扑通跪地，匍匐向前，一边向神秀顶礼，一边急不可耐地说：“上座、上座，我虽然一心向佛，在东山寺修行多年，但仍未开悟。你要继承了大师衣钵，要首先度我呀！”

神秀将惠明扶起，神情激动地说：“诸位师弟，佛道无上，禅海无边，我们共同修学吧！”

这时，小沙弥跑了进来，边跑边嚷：“上座、上座，快、快去，祖师传话，叫你到方丈去。”

神秀一愣：“师父找我会有什么事呢？”

惠明说：“这个时候，还能有其他事？自然是要将禅宗的衣钵传授给你啦。”

不晓得为什么，此时的神秀，心里却莫名其妙地忐忑起来。他神色不宁地走进方丈。师父弘忍坐在禅床上，双目合闭，似乎在养神。

神秀见师父正在冥思，放轻脚步，悄悄走过来给师父磕了一个头，侍立一旁。

弘忍大师闭目问道：“南墙上的四句偈子，是你作的吧？”

神秀谦谨地回答道：“是的，偈子确实是我所作。弟子之所以作此偈，并不敢以此妄求第六代祖师之位，只是想得到师父的指点，看看弟子是不是有一些智慧，懂得了佛法的大意没有。”

弘忍大师这才睁开眼，看看神秀，叹了一口气：“唉——从你这四句偈来看，你还没有真正认识到佛性。这样说吧，你只是到了禅的门口，还未真正进门，没有窥见大道的堂奥。一般的修行人，如果照你的这首偈子去做，便可不会堕落。但若以这样的见解，想求得彻底的觉悟，是不可能的。好啦，你去给我泡杯茶，我再启发、启发你。”

神秀洗杯，泡茶，斟水，呈给师父。

弘忍大师马上端起来，呷了一口茶，说：“太心急了，茶尚未泡好哇！”

神秀知道师父不仅仅是在说茶。

弘忍大师慢条斯理、一字一句地说道：“佛道的求得，必须当下认识到自己的本心，彻见自己的自性。对于佛法的见解，必须是不做作，不思虑，没一丝一毫的强求，自然而然从自性中流露出来。你要明白，自己的本性不生不灭。在任何时候，在每个念头里，都要保持这种认识和体验。要知道，世界上的万事万物的本性原来是相通无碍的，它们的绝对的本性只有一个，一通百通，一真皆真。以这种认识来看待万物，才能离开它的表相，看到它们真实的本质。”

弘忍大师重新端起茶杯，一口气喝完了杯中的茶。神秀刚要去添水，他摆摆手，把玩着空茶杯说："所谓的佛性，所谓的大彻大悟，只不过是我人没有烦恼，没有妄念的本心。这心，就像这只茶杯，佛陀、皇帝用它吃茶，它决不因此而生起一念欢喜之心；虫鸟、猫狗用它喝水，它也不会因此而愤怒不满。金银宝石装满，它也不会贪爱；用它来盛尿，它也不会厌恶。像这样，本心不为万物所动，又不为万物所役使，反而役使万物，万物就像具备在我心中一样。如此才是大自由，才是真解脱。"

弘忍大师轻轻放下茶杯，闭目不语了。

神秀轻轻拿起那只杯子，仔细观看。

大师并未睁眼，轻轻说道："自己的本心是看不见的，要去体验。体会这心，即可打开你自己本来就俱有的佛性之门。好啦，你照我说的这样，再下一些功夫，好好体验、体验，一两天内重写一首偈。如果能认识到自性，我再把衣钵传授给你。"

神秀精神恍惚地回到室内，陷入了冥思苦想之中。

与此同时，东山禅寺后院碓房，慧能正在专心筛着舂好的米。忽然，门外传来清雅的童音：

身是菩提树，心如明镜台，
时时勤拂拭，勿使惹尘埃。

慧能停下手中的活，静心听着。童声在背诵第二遍，而且接近了碓房门口。他走出来，看到那个时常跟随在神秀身旁的小沙弥在背诵偈子。

慧能打个问讯，说："小师父，你这首偈子，虽然有所领悟，但是还没有真正见到佛性。"

小沙弥不屑地说："你一个干粗活的南蛮子知道什么！这首偈子，是神秀上座写的，能不好？若是没有见性，怎么连祖师爷弘忍都带头礼拜呢？你个狗屁不懂的短嘴野猪，难道比神秀上座还要高明不成？"

小沙弥说完，气鼓鼓瞪着慧能。

慧能连忙说道："对不起，小师父，我不知道偈子是神秀上座师兄作的。

可是，师父为什么要礼拜这首偈呢？”

小沙弥颇为骄傲地说：“说你狗屁不懂，还是对你太客气了！你连祖师爷要传衣钵的事都不知道，能懂什么！”

慧能似乎有些吃惊，追问道：“师父真的要向下传授衣钵？”

小沙弥一扬头：“那当然！祖师爷说啦，叫僧众们根据自己的修行心得作偈子，根据偈子所传达出来的修行境界，从中挑选第六代祖师的人选。这首《无相偈》，就是神秀上座作的。他还是受我的启发，才写到南墙上的。”

小沙弥双手叉腰，样子很是神气。

慧能向小沙弥合十行礼，说：“小师父，神秀上座的那偈子写在什么地方？请你带我去好不好？我也要去礼拜、礼拜神秀上座的偈子。”

小沙弥一撇嘴：“我才不带你这个南蛮子呢，要去你自己去。”

慧能哀求说：“小师父，我到寺里八个多月啦，一直在后院干活，没怎么到过前边，不认识路。烦请你领我过去吧。”

说完，慧能又行一礼。

小沙弥见他很诚恳，答应道：“碰到你这个什么都不懂的南蛮子，算我倒霉。走吧，我带你去。”

二人一前一后，向东山寺前院走去。

南廊下，神秀题偈的地方，依旧摆着香案。不时有三五僧俗在此上香，礼拜。一位身穿官服的人，默默念着墙上的偈子。

一位香客叫道：“哎呀，这不是张别驾吗？您是俺们江州百姓的父母官，也来进香啊？”

别驾，是州府司马的古称。这位张日用居士，在江州，除了刺史大人，就数他的脑瓜大了。他说：“我听说，神秀上座将以此偈得到五祖衣法。我虽然系朝廷命官，威镇江山，但仍是佛门弟子，能不来恭贺？”

此时，在走廊那头，慧能在小沙弥的指点下，向这儿走来。

他来到香案前，整整衣冠，虔诚地跪地三拜。然后对张日用说：“这位居士，在下不识字，请你为我念一念墙上的偈子好吗？”

张日用朗声念诵完毕，慧能低头略一思索，又对他说：“在下心中也有一偈，麻烦先生为我写在墙上好吗？”

张日用轻蔑地说道：“你连字都不认识，还能作偈子？今天真是遇到了稀罕事。”

香客也趁机挖苦说：“你就算能说出几句顺口溜，恐怕也狗屁不通。张大居士贵为江州别驾，朝廷命官，别无端被你的歪偈子，玷污了他的一手好书法。”

慧能打躬作揖，合十鞠躬，赔着笑脸说：“您既然是居士，应该知道，佛经上说，一切众生都是平等的，并无高下之分。一个人，若要觉悟到至高无上的大道，就不应轻视初学者。地位低贱的人，或许会有超常的智慧；而地位尊贵的人，也可能一叶障目不见泰山，因其偏见而判断失误。学佛的人，如果轻视他人，就会有无量无边的罪过。”

张日用非常惊奇地上下打量着慧能，说道：“哟，我看走眼啦！你其貌不扬，却谈吐不凡！你既然辩才无碍，或许真已经开悟得道啦。好吧，请你把偈子念出来，我给你写在墙上。”

慧能合十道谢：“辛苦别驾，慧能先行谢过。”

张日用从香客手中接过笔，半真半假笑着说：“我替你写偈子，将来你如果真的成就佛道，当了祖师，还要请你先来度我呀！”

慧能微笑颔首。他不假思索地念道：

菩提本无树，明镜亦非台，
本来无一物，何处惹尘埃。

张日用越写越惊，几乎每写一行，就回头尊敬地看慧能一眼，写到最后一句，他的手激动得直打战。写完最后一个字，他将笔一扔，扑通跪倒在慧能面前，五体投地，匍匐顶礼……

小沙弥惊奇地喊道：“哇，这个南蛮子真会作偈呀！快来看哪，打杂的南蛮子也作了一首偈子！”

法如、惠明、影隐、玄赜等僧众闻声陆陆续续围了过来。

慧能见状，悄悄走开，回到后院。

一个老僧说：“真是菩萨转世，这个慧能来到寺里没几个月，竟有这种根性！”

另一个人说：“人不可貌相，海水不可斗量。听说，他刚刚到东山寺之时，便见解不凡。难道，他真是一位肉身菩萨？”

“……”

法如走过来，默念了一遍慧能的偈子，脸上的表情极为复杂。惠明拉住他问：“师兄，这首偈子比神秀上座的如何？”

法如没好气地说：“你不会自己看？”

这时，弘忍大师在众僧簇拥下，走了过来。大师看着墙上的偈，脸上露出欣喜的微笑。他向前半步，刚想高声朗读，忽然听得背后有人说道：

“一个打杂的下人，能作出什么通达佛理的偈子来！”

“就是！我们这些人整天跟着师父修行，难道还不如他一个带发的行者？如何能轮到他出来胡说八道！”

又有人说：“阿猫、阿狗若能驾车，还要大骡子、大马干什么！”

弘忍大师满面忧色，面壁而立。

知客影隐忽然高声说道：“这首偈子，用心不良，分明是冲着神秀上座写的！”

惠明双睛瞪得像牛眼：“真的？”

影隐说：“你没长脑袋？不会想想吗？你们看，神秀上座的偈子是：身是菩提树，心如明镜台。而那个南蛮子说：菩提本无树，明镜亦非台。这不就是故意与神秀上座对着干、全面否定了神秀上座吗？”

众人像是恍然大悟，附和着惊呼道：“哟，还真是这么回事！”

影隐颇为得意地高声说道：“更可气的，是后两句。他简直就是直接骂神秀上座是个笨蛋。”

惠明嚷嚷道：“他竟敢对神秀上座大不敬，看我不拧下他的脑袋！”

影隐又说：“还有呢。南蛮子这首偈子，实际是模仿、抄袭了神秀上座的意境。如果没有神秀上座前面的偈子，他就不可能作出后边偈子；如果没有前面神秀上座这首偈子的铺垫，他后来的这首偈子简直狗屁不通，什么都不是！”

众人议论纷纷，犹如蜜蜂炸窝。

弘忍大师也不得不承认，从没有悟道的人的角度思考，知客影隐说得有一定的道理。若是这种论调得到了众人的响应，那么……

弘忍大师的脸色从忧虑转为凝重！

果然，惠明已经暴跳如雷了：“这个狗东西，真够可恶的，我现在就去掏出他的花花肠子来！”

“走！”几个年轻禅僧摩拳擦掌，蠢蠢欲动。

法如重重咳一声之后说道：“惠明师弟，你们少安毋躁。还有你，知客，师父在这儿，轮得上你说话？”

众人平定下来之后，法如对师父弘忍大师的背影施了一礼，说：“师父，您老人家法眼如炬，您看两首偈子孰高、孰低？”

弘忍大师的双肩有些颤抖。他脱下一只鞋，默默用鞋底擦着墙上的字——慧能的那首偈子。他身后的人无法看到，两颗硕大泪珠在大师眼角凝聚着，凝聚着……

墙上的偈子擦完，弘忍大师的情绪亦稳定了下来。他回转身，对大家说：“这首偈子，也没有见到佛性。你们还是照神秀的偈子修行吧。”

法如、惠明等人松了一口气，慢慢散开了。

弘忍大师望着众人的背影，自言自语道：“山雨欲来风满楼……”

他步履蹒跚地离开南廊，走出寺院。展现在他眼前的是通向山顶凉亭的阶梯，弘忍大师独自向山顶攀登。

大师的脚步非常沉重，好像他一下老了十岁，好像他背负着千钧重担。但他一步一步，坚定地向上走……

他终于到达了山顶，回眸东山禅寺。

沉重的乌云密布在寺庙上空，云层越来越低，大有将寺庙压倒之势……

一道贼亮的闪电从云团中蹿出，惊雷在寺庙上空炸响，瓢泼大雨哗啦啦地浇下来……

在神秀的寮房里，小沙弥正在给神秀念诵慧能的偈子："菩提本无树，明镜亦非台，本来无一物，何处惹尘埃。"

一道电光划破黑沉沉的云空，神秀心灵深处亦闪过一道照彻宇宙的光芒，他不禁大喝一声："好——"

惊雷随之砸地，轰隆隆之声不绝于耳。

小沙弥双手捂耳，奇怪地打量着兴奋异常的神秀。

神秀的神色的确有些狂癫，他不停地念诵着慧能的偈子，脸上泛起会心的、不胜喜悦的光彩。他喃喃自语："慧能师弟，真乃佛门龙象。当初，师父真没看走眼……"

小沙弥一脸的迷惑，好奇地问道："上座您的偈子，与南蛮子的偈子，哪个更好？"

神秀哈哈一笑说："米粒之珠，怎能与日月争辉！"

小沙弥点点头说："自然是上座您如日月，南蛮子像米粒啦。"

神秀严肃认真地说道："你错了，慧能如日月，我神秀像米粒。"

小沙弥嘻嘻笑着说："上座，您太谦虚了。如果南蛮子的偈子好，祖师爷怎么给他擦啦？"

神秀一惊："什么，师父把慧能师弟的偈子擦掉啦？"

小沙弥点点头。

神秀百思不解："师父为什么这么做？为什么……"

神秀举目窗外。

窗外，雷电交加……

弘忍大师披着蓑衣、戴着斗笠，在淅淅沥沥的小雨中穿行。他来到碓房，从门口向里眺望。

慧能正在一心一意舂米。他身体瘦，体重轻，为了加快舂米的速度，提高效率，他在腰上依旧捆着那块几十斤重的大石头。

弘忍大师说：“求道的人，为法而忘却自身，就应该像你这样不辞辛劳。”

慧能看见师父进门，赶紧跪下，向师父磕头顶礼。

雨水从五祖大师的蓑衣上滴下来，在地上形成一个小圆圈，也淋到了慧能头上。弘忍大师将慧能搀扶起来，赞许地对他微笑着点点头。

慧能不好意思地说：“师父，这里太脏、太乱，连个坐的地方都没有。”

弘忍大师神情特别地说：“既然坐不了多久了，那就不坐了。”

慧能已经敏感地察觉到了师父的话语特别，问道：“师父，什么坐不久啦？”

弘忍大师没有接他的茬，目光看着石臼里刚刚倒入不久的、尚未舂几下的稻谷，奇怪地问：“米，舂好了吗？”

慧能先是一愣，看了看尚未脱壳的稻谷，再看看期待着的师父，恍然大悟，也奇奇怪怪地答道：“舂好很久了，只是还没有筛呢！”

五祖弘忍是在问慧能：明心见性了没有？慧能表明自己早已开悟了，只是未得到师父的印证而已。

弘忍大师什么也没说，用禅杖敲了石碓三下，转身而去。

夜深人静，东山寺方丈内依然亮着一盏灯。

一盏明灯，即可驱散千年的昏暗！

禅宗第五代祖师弘忍大师，身披达摩祖师从印度带来的、代代相传下来的那件大红色木棉袈裟，坐在佛龛之前，仪态庄严、神圣。

远处，传来三更的梆子声。几乎同时，门外响起三声轻轻的扣门声。但是，五祖像是听而不闻，连眼皮也未曾抬一抬。

房门吱呀打开又轻轻关上，慧能不请自来！

他自顾自走到师父前边，拜了拜，安静地在香案对面坐了下来。

半晌，弘忍大师才睁开了眼。他不理慧能，径自用厚布将窗户遮挡了个严严实实。

摇曳的灯光中，弘忍大师端坐如山，《金刚经》的经文像出岫之云、山溪之水，自然而然地从他口中流了出来：

“如是我闻：一时，佛在舍卫国祇树给孤独园，与大比丘众千二百五十人俱……”

这经文，像是亘古以来，人类灵魂深处的感慨，像是宇宙精灵内心独自的呢喃。同样的经文，从五祖口中念出来，竟然如此地不同！慧能先是被震惊得目瞪口呆，随即激动得热血沸腾。随着经文的注入，他又渐渐变得心如止水，脸上挂上了安详、平和的微笑。

大师的诵经声犹如行云流水，宛若行吟诗人与大自然的唱和。

“须菩提，菩萨于法，应无所住，行于布施。所谓不住色布施，不住声香味触法布施。须菩提，菩萨应如是布施，不住于相……”

恍惚间，慧能仿佛看到，师父诵经的口中生出一枝金色的莲花，徐徐而来的经文语句，变成了金莲的光芒……莲花渐渐扩大，充满了整个世界。硕大的金莲渐隐、渐淡，成了一个如梦如幻的轮廓。花蕊上渐渐凸现出佛祖释迦牟尼与尊者须菩提的映象。

佛祖：“须菩提，于意云何？东方虚空可思量不？”

须菩提：“不也，世尊。”

佛祖：“须菩提，南西北方四维上下虚空可思量不？”

须菩提：“不也，世尊。”

佛祖：“须菩提，菩萨无住相布施，福德亦复如是不可思量。须菩提，菩萨但应如所教住。须菩提，于意云何，可以身相见如来不？”

须菩提：“不也，世尊，不可以身相得见如来。何以故，如来所说身相，即非身相。”

佛祖：“凡所有相，皆是虚妄。若见诸相非相，即见如来……”

慧能眨眨眼睛，梦幻般的景象不见了——凡所有相，皆是虚妄。而五祖大师吟诵《金刚经》的声音，仍在不疾不徐地流淌着：

“……诸菩萨摩诃萨应如是生清净心，不应住色生心，不应住声、香、味、触、法生心，应无所住而生其心……”

慧能听到“应无所住而生其心”时，好像突然中了电击，全身剧烈颤动！各种各样的美景在他心中显现出来：

——神圣的雪山：雪山上盛开的雪莲。

——夕阳下的海滨：细浪亲吻沙滩。

——辽阔的草原：草原上自然形态下弯弯曲曲的河流。

——如画的森林：阵阵松涛荡气回肠……

五祖的声音在天地间回荡：

一切有为法，如梦幻泡影，

如露亦如电，应作如是观。

不知何时，慧能已经跪倒在了五祖面前。五祖爱抚着慧能的头顶，慈祥地问道：“这部《金刚经》，是禅宗印心之经，阐明了诸法性空无我之理，你可听懂啦？”

慧能使劲点点头，热泪盈眶，喃喃说道：“没想到，没想到自性原来是清洁纯净的；没想到，自性原来是不生不灭的；没想到，自性原来就是具足圆满的；没想到，自性原来是寂静不动的；没想到，原来万法是从自性中产生的。”

五祖大师边听慧能说边点头，等慧能说完，他老人家高兴地拍着慧能的头顶说：“不错，真不错！你的悟性，你的根器，超过了为师的想象！总算不枉我一番苦心。”

五祖又说：“不能认识到自性，即使再努力学习佛法，再刻苦修行也没用。一旦认识了自性，就是大丈夫，就是天人师，就是佛！”

弘忍大师站立起来，来回走了几步，来到慧能跟前，庄重地说：“你已经体悟到了宇宙至高无上的大道，从现在起，你就是禅宗的第六代祖师！”

五祖解下身上的大红袈裟，神色庄严地披在慧能身上。

第九章　南　归

那时候他还不叫释迦牟尼，因为他尚未觉悟。释迦——释迦族的简称，牟尼——觉者。那时候，他还是悉达多——一个放弃了王位继承权的太子。他已经在森林里修了整整六年苦行，经历了种种痛苦的熬煎，唯一的收获是，他终于明白了，过分拘禁甚至虐待肉体，并不能觉悟，关键是内心的清静。

于是，他走进尼连禅河沐浴。清泠泠的河水，不但洗去他满身的污垢，似乎也洗濯着他的心灵。满身轻松、满心喜悦的他来到河畔森林之中，在一株菩提树下跏趺而坐。

“不成正觉，不离此座。”

悉达多心中发誓。然后，他进入了甚深禅定。禅定之中风光无限。在这里，悉达多的心胸与天地一样开阔，他能清晰地感觉到心与身的不二，生与死的和谐，一切束缚都已解除，一切障碍全部消失，他的心灵、他的生命，与天地空间融合，与整个宇宙同化……

一切都是众缘和合而生，一切都没有真实的自体！

没有任何预兆，没有任何提示，当他下意识地睁开眼睛的时候，忽然之间，像是迸发一样，东方天际升起了一颗最明亮的晨星！

它，灿若明珠，熠熠生辉；它，晶莹似钻，璀璨夺目；它，横亘天宇，群星失色……

啊，原来如此！

悉达多在目睹晨星的那一刻，豁然之间大彻大悟了！

不知多少次，悉达多几乎每一个早晨都看见过这颗启明星，但是，在这个非同一般的凌晨，在这菩提树下，他与它第一次真正的相遇了，相知了，相通了：

缘起性空！

启明星的光辉如同初生儿的第一缕微笑，悉达多（这时，已经成了释迦牟尼）脸上那觉悟的光辉，与星光一样灿烂，与初生儿的微笑一样纯真。

他凝望着东方天际，无限的慈悲油然而生，他情不自禁感慨起来：“太奇妙了，太奇妙了！一切众生都有如来智慧德相。因为妄想、执著，而不能证得。”

是啊，所有的众生，包括虫蚁鸟兽，都有一颗趋利避害、向往解脱之心，这就是佛性的显现。也就是说，所有众生都蕴藏着心开得悟的智慧种子，可惜被无明所障，习气所困，业力所漂，生生世世流浪于生死长河之中。然而，机缘成熟，一念觉悟，众生即得成佛。

佛祖释迦牟尼的感叹，再一次被一位中国的樵夫所证明了。

他，卢慧能，一个来自荒蛮之地的獦獠，一字不识，相貌丑陋，出身低贱，人微位卑，甚至连最起码的头发都尚未剃去，然而，就是他，却偏偏顿悟成佛，一跃成为中华禅宗第六代祖师！

后世禅僧感慨曰：

七百僧中选一人，本来无物便相亲。
夜传衣钵曹溪去，铁树开花二月春。

黄梅席上数如麻，句里呈机事可嗟。
直是本来无一物，青天白日被云遮。

常想新州戴发僧，不识一字有何能？
肩头柴担腰间石，博得西来无尽灯。

獦獠登佛地，樵夫成祖师，文盲承衣钵，行者继法统。可谓空前绝后，震古烁今，古今中外，闻所未闻！

然而，獦獠佛性，比佛祖不欠不缺，为何不能得道成佛？樵夫心空，犹如状元及第，自然要荣登祖位；文盲心不盲，彻悟人生，契入禅机，般若智慧之光与日月同辉；龙女八岁成佛，善财童子得道，行者明心见性，真理在胸，禅杖在手，天上地下唯我独尊！

灵光一束透寰宇，菩提几分悟人生。

二十四岁的卢慧能无论如何也没想到，师父弘忍大师会将达摩祖师从印度带来的、象征着佛祖释迦牟尼心印的袈裟，传给他这个尚未剃度出家的毛头小子。他热泪盈眶，匍匐在地，声音哽咽着说："师父，我当初来东山寺求法，是因为心中向往彻底的解脱，而不是为了贪图衣钵。我之所以在南廊上题偈，是觉得神秀上座的偈子并未领悟到自性，所以才表明自己的见解。因此，我……"

弘忍大师将他搀了起来，扶着他坐在了自己日常所坐的法座上，然后郑重地说道："禅者的胸怀应该像天空一样博大宽阔，心灵如日月一般光明磊落。慧能，你要知道，禅者追求宇宙人生的真谛，绝不仅仅是为了自己的解脱，而更应该去觉悟他人，共赴大道。"

慧能点点头："师父，这个道理我明白。地藏王菩萨说，我不下地狱谁下地狱？表达的正是学佛、修禅者的胸襟。可是，我一个樵夫，还不识字……"

"樵夫怎么啦？"弘忍大师站立起来，威风凛凛地挥动着手臂说："你慧能虽然做过樵夫，但你已经明心见性，犹如手中掌握着太阿宝剑，所有的藤蔓一挥而断！而禅者开悟之后心灵中所爆发的般若智慧，是人间任何知识都难以企及、是所有的聪明难以思议的。比如你的那首偈子，就犹如雄狮初吼，必成千古绝唱。所以，你大可不必妄自菲薄。"

听到师父如此之说，慧能心中的不安一扫而空，他重新给师父磕头顶礼，说道："恩师的教导，慧能终生不忘。我一定竭尽全力，弘扬顿教法门，普度众生，光大我佛济世救人的本怀。"

五祖点点头，说："你且坐下，听我说。"

弘忍大师徐徐吟诵道：

有情来下种，因地果还生，
无情亦无种，无性亦无生。

慧能合十：“多谢师父开示。”

五祖大师指着慧能身上的袈裟说：“达摩祖师刚来我国时，为了证明禅宗是佛祖释迦所传，所以以此袈裟作为信物，历代传承下来。禅宗佛法是心与心的交流、感应和沟通，善用机缘，引发弟子自证自悟。自古以来，诸佛所传授的只是本心，历代祖师密授的是对自性的解悟，真正的佛道是无形无相的，这袈裟是有形之物，容易引起是非争端，从你开始，只传心法，不再传有形的衣钵。”

慧能点头：“弟子记住了。”

五祖又说：“历代祖师传法，都命若悬丝，十分危险。现在，禅宗的衣钵传给了你，而你过于年轻，修行日短，资历太浅，地位低下，恐怕难以服众。所以，你要赶快离开，免得招来杀身之祸。”

慧能站立起来，请示道：“弟子应该到哪里去呢？”

五祖弘忍说：“你到江边驿乘船横渡长江，然后一路向南，碰到带有‘怀’字的地方就停下来，遇到带‘会’字的地方马上隐匿起来。”

慧能为难地说：“徒儿我是岭南人，刚到这儿八个多月，没出过山门，不熟悉这里的山路，我怎么才能走到九江驿呀？”

弘忍大师笑着说：“你是我的爱徒，我怎么舍得丢下你不管呢？不必忧虑，我亲自送你一程。”

弘忍大师领着慧能趁着夜色悄悄离开了东山禅寺。

师徒二人连奔带跑，下了冯茂山，远远地，看到了飘带一样的长江水光。

月照大江白，浪载千里光。

夜色凄迷中，他们师徒二人快步流星，直奔长江岸边。

星垂平野阔，月涌大江流。

朦胧月色笼罩下的长江，益发宏阔，暗流涌动，浊浪翻滚，一片未知的神秘，一片未知的苍茫。五祖大师带着慧能来到江边。白日热热闹闹、熙熙攘攘的渡口，此刻冷冷寂寂，迎接他们的，只有江潮叩击堤岸的声音。

涛声呢喃说夜静，野渡无人舟自横。

五祖和慧能来到江畔，在岸边一处芦苇丛中，他们发现了一只无主的小船。

慧能将小船拉到岸边，请师父上船，他推船入水。

弘忍大师意味深长地说："船，是渡人的方便，人渡过江河之后，行人自去，船自然就留在了江边。"

慧能鞠躬说："谢师父指点迷津。"

五祖佯装糊涂："我指点了你什么？"

慧能说："师父是在告诉我，佛法是渡人的船，过渡之前不能执著于船，过渡之后，更不能为船所累，背着船上岸。所以，佛法是帮助我们超越生死的河流、到达觉悟的彼岸的渡船。我们一定不要执著它，不能死死抱着它不放，要懂得及时脱离它、舍弃它。"

五祖点点头，从船舱摸出桨，刚要划，慧能抢了过来："师父，你领着我走了很长的山路，累了，请休息一会儿，弟子来划船。"

五祖神秘地一笑："我是师父，应该由我来度你才对。"

慧能也会心地笑笑："在我迷惑的时候，是师父度了我。现在弟子已经开悟，就该自己度自己了。"

五祖含笑坐下，慧能边划桨，边意犹未尽地说："同样是度，但是，师父度弟子与弟子自己度自己，其作用是不一样的。慧能生长在不开化的岭南，口音不正，连字都不认识，承蒙师父传授佛法，如今已经觉悟，认识到了自性本具，所以应该自己度自己了。"

五祖开怀大笑，频频颔首道："极是，极是。自己的烦恼自己断，自己的生死自己了。参禅修道，犹如吃饭喝水，任何人都不能相互替代。所谓师父，只能为人指明前行的方向，是否能够到达不生不灭的彼岸，只能靠每一个人自度。今后，禅宗发扬光大，就靠你了。"

小船悠悠，渔火点点，大江东去，月夜阑珊。

波涛滚滚浪如云，清光粼粼月似船。慧能飞快摇桨，小小船儿像箭一样向彼岸——江州（今九江）射去……

船到对岸。

五祖催促道：“你快上岸吧。以后将禅宗发扬光大，全靠你了。你要珍重，一直往南走，不要急着出来弘法。一则你开悟之后还需要刻苦修行，二则有人对传你衣钵不服气，一定会想方设法加害于你。”

“弟子谨遵师父教导。”

弘忍大师像是一位慈祥的母亲在叮嘱自己即将远行的儿女，生怕遗漏了什么。他想了想，又吩咐说：“还有一个重要的事情，你要牢牢记住。我们学佛修禅之人，要远离繁华的城市，尽量居住在深山之中。这个道理就好像建造大厦所用的栋梁，都是出自深山幽谷一样。因为在那里，远离人群，树木不会被刀斧所伤，能顺利长大，日后才可能成为擎天之柱、栋梁之材。同样，我们修禅之人，更要栖神幽谷，远避嚣尘，养性山中，长辞俗事。目前无物，心自安宁。从此，道树花开，禅林果出。”

慧能认真点点头。

“你现在上岸吧。”

慧能跳上岸，回转身，想说什么，但万语千言不知从何开口。五祖亦是相对无言，摆摆手，催促慧能快走。

心有灵犀一点通，一切都在不言中。

慧能慢慢跪了下来。

五祖眼中泪光闪闪。他像是失去最珍贵的东西，心中空落落的，蹒跚转身，吃力地摇桨离开。

慧能望着师父苍老的背影，泪水模糊了视线。而他的心中，仿佛渐渐响起了一首无字的歌谣，它犹如一只天地幻化的精灵，在大江上空回荡……

正是黎明前最黑暗的时分。在五祖弘忍送走慧能的同时，神秀的房间也亮起了一盏孤灯。

残灯如豆，光线昏暗。神秀摸摸索索，悄悄收拾着行装。

他双手去捧供桌上的一尊佛像时，无意中碰到了花瓶，砰的一声，花瓶触地而碎。

小沙弥从梦中醒来，吃惊地看着一身行装的神秀，问："上座，你要干什么？"

神秀强作笑颜："我要做一次远行。"

小沙弥懵懵懂懂地说："你马上要继承师父的衣钵，怎么能离开呢？"

神秀苦苦一笑，没回答。他背起行囊，走到小沙弥床前，将那尊佛像放在了他的床头，爱抚着他的头发，深情地说："小师弟，佛道无边，你当奋力精进。"

小沙弥瞪着疑惑的大眼睛："那，你不给我们讲经啦？"

神秀摇摇头："我自己尚未证得自性，再胡乱讲经，一则误导学人，二则曲解经文本义，罪过、罪过！"

小沙弥追问："那么，你要到哪里去？将来，我到哪里找你？"

神秀呵呵一笑："一山一水一净土，听风听雨听禅声。何处青山不道场，哪方水波无禅机？何处有青山绿水，何处就是我闭关修行的地方。"

神秀孑然一身，投入茫茫黑夜中。

弘忍大师来回奔波了一整夜。当他疲惫不堪地回到东山禅寺，已经是近午时分。

他踉踉跄跄走到方丈前，有数百弟子正在等着他。

"师父，您老人家到哪里去啦？"众人异口同声地问道。

弘忍大师不答反问："你们不做功课，聚在这里干什么？"

那个七岁的小沙弥带着哭腔，可怜巴巴地说："祖师，神秀上座走了。"

五祖弘忍一惊，旋即明白了什么似的："噢？噢，噢……"

惠明焦急地说："师父，得把神秀上座找回来呀！他是我们的教授师，他不在了，谁给我们讲经啊！"

五祖弘忍答非所问，感慨万千地说道："神秀不愧为一代高僧，他的品德，他的修行，永远值得你们效仿。现在，他肯定静修去了。等他功德圆满，自然会出山给你等说法的。因此，眼下最好不要去打扰他。”

五祖弘忍向自己的丈室走去。

知客影隐追问说：“师父，神秀上座走了，衣钵传给谁呀？”

五祖弘忍冷冷哼一声：“这些用不着你等操心，自有能者得之！”

五祖进院、闭门，将众人挡在了外面。

五祖弘忍半夜三更的莫名其妙外出，现在又莫名其妙地将弟子们拒之门外，很是叫他们疑惑，大家集在方丈前，久久没有散去。

知客影隐自语着：“能者得之，能者得之……能者，能者……能……哎呀！我的天哪！”

他忽然心绞痛似的惊叫起来：“能者，不就是慧能吗？天哪，师父的衣钵，竟然传授给了慧能！”

小沙弥迷惘地说：“能者能是慧能？他连字都不识，怎么能算能者呢？他连米都舂不好，能继承弘忍大师衣钵？”

影隐口吻怪怪地说：“我们这些出家修行多年的人，本来是和尚的衣钵，却让一个俗人夺去了！”

惠明大声喊叫：“他一个南蛮子，休想！走，咱们去找他，先把他打跑，看他还争不争衣钵！”

众僧乱纷纷向后院走去。

后院碓房里，哪里还有慧能的影子。

影隐焦急地呼喊道：“大家分头去找。找到、找不到都要赶紧回来报告！”

不一会儿，一个青年僧人向他报告：“柴棚里没有慧能。”

小沙弥也回来说：“他不在菜地里。”

他们翻遍了东山寺所有的地方，自然还是找不到慧能。

惠明皱着眉头说：“这个该死的东西，不老老实实在碓房待着，钻到哪儿去啦？”

知客影隐沉思一会儿，痛呼一声，瘫坐在地上，又悔又恨地叫道：“完了、完了、这下全完了！”

惠明不解，瞪着大眼问："什么完啦？"

"禅宗历代祖师代代相传的衣钵，肯定让慧能得去了！"

惠明摇着头说："不会吧？要是真的已经传给了他，师父咋不说呢？"

影隐捶地拍腿，破口大骂："笨蛋！你也不想想，慧能为什么不见啦？师父为什么连夜外出，直到这会儿才回来？他送慧能走了！带着禅宗的衣钵走了！"

法如若有所思地自言自语说："师父为什么要这样传法？是怎样考虑的呢？"

一个老年僧人说："莫非，弘忍师父真是老糊涂啦？眼下东山寺集聚了七百僧人，有修行、有学问的人很多。就算神秀上座的偈子不合他的意，也不能越过其他人，将衣钵传给一个舂米的行者啊！这个慧能尚未剃度，没有出家，更不曾受戒，如何能继承僧人的衣钵呢？这件事若是传扬出去，我们的脸可真没处搁了！"

影隐说："咱们这个师父啊，一点也不为咱们着想！弄了慧能这样一个南蛮子给咱们当祖师爷，今后可怎么办呢？"

"在家人给出家人做祖师，根本不符合佛制哇！"

"是啊，是啊！"几乎所有的僧众都有同感。

影隐又不无煽动说："佛教戒律，出家人见了帝王都不下拜。今后，我们遇到慧能怎么办？光头的给长头发的下跪！天哪，这个笑话闹大了！"

众人议论纷纷，大都对弘忍将禅宗衣钵传授给一个没文化的樵夫愤愤不平。

惠明啪的一巴掌拍在墙壁上，大家的嗡嗡戛然而止。惠明这才开口说道："你们在这里发牢骚有什么用？现在需要的是行动！他慧能走了，咱们不会去将他追回来？走，去追他，把衣钵抢回来，送给神秀上座。"

一个青年僧人："对，只有神秀上座才有资格！"

众僧乱嚷乱喊：

"走哇，追南蛮子去。"

"快呀，再晚他就跑远啦！"

“……”

“站住！”突然，法如一声大喊，“你们在寺院这样大喊大叫、乱乱纷纷，成何体统！师父将衣钵传给慧能，一定有他老人家的道理。所以……”

未等他说完，影隐抢着插话说：“师父也是人。人难免有犯糊涂的时候。再说，那个慧能会妖法。一定是他用妖法迷惑了弘忍大师，将衣钵骗走了。”

“是啊，是啊！”惠明深有感触地说道，“我用香板打他，他竟然能呼呼大睡，真够邪乎的！”

“可是……”

法如的话语再次被影隐打断了：“大家想一想，慧能若是光明正大地得到了师父的衣钵传承，应该是一件多么荣耀的事情啊！他岂能半夜三更偷偷溜走？由此可见，他一定做了见不得人的事情，所以不敢与我们众人面对面。”

于是，众僧的义愤又被煽动起来。最终，大家决定，由惠明、影隐带领二十多位年轻僧人，去将慧能骗去的衣钵夺回来。

他们沿着崎岖山路，惊蛇一样向山下蹿去。

他们的满腔怒火，他们的义愤填膺，化作如飞的脚步，浩浩荡荡向九江驿追赶……

惠明与影隐带着众僧来到江边码头，很快便找到了一条渡船，载上他们向对岸的江州划去。

长江万里奔涌，犹如蛟龙游动；猎猎江风拂面，益壮众人征程。

天遂人愿，北风徐徐吹来。船老大一声号子，硕大的船帆高高升了起来。

顺风扬帆，船行迅疾。直到此时，影隐悬着的心总算归了原位。他倚着船舷而坐，跷着二郎腿，嘴里也不知哼着什么小曲。

惠明一掌将他跷着的腿打了下去，呵斥道：“出家人，行如风，坐如松，你跷着腿成什么样子！再说，被骗走的衣钵尚无着落，还不是高兴的时候。”

影隐满有把握地说：“师兄放心，不出三天，慧能便会乖乖将祖师袈裟交出来。”

惠明听他说得有鼻子有眼，好奇地望着他。

影隐详细解释说："慧能仅仅比我们早走了六个时辰，而他的腿脚有伤病，不利索，走不太快。江州到洪州有四百里路程。所以，不到洪州（今南昌），我们就可以追赶上他了。"

惠明心里明白他说得有道理，但不爱见他那副得意忘形的模样，故意与他抬杠说："你怎么知道慧能走哪条路？"

影隐嘿嘿一笑说："从江州到广州，自古只有经洪州、沿着赣江而上这一条路。因为大庾岭横亘东西，高耸云端，只有一条峡谷贯通南北。再说，这条路上的每一个旮旯、每一道沟坎、每一条岔路我都熟悉，所以……"

"哎——"惠明像是发现了新大陆："你不是说，你是江浙人吗？如何对通向岭南的道路如此熟悉？难道，你出家以前曾经走过不成？"

"我，我，我出家之前，在、在店里当过学徒，南来北往的客商很多。我是听他们说的。"

"你对古玩字画很内行，以前是在字画店学徒吗？"

"不，不！不是字画店，是杂货店。我们江浙文化发达，所以……哦，大家快看，到江心了！哇，好大的浪头哇！"

随着影隐的指指点点，人们都将注意力转向了滔滔江水。

长江浩荡，浊浪排空。

这时，江面上一团奇怪的浓雾升腾起来，紧紧笼罩住了他们的渡船。他们水流不分，方向难辨，连在长江上玩了一辈子渡船的船老大也慌了神，晕头转向，忽左忽右推着舵把子，渡船在江中团团打转……

几乎与此同时，一阵狂风从上游吹来，推着他们的渡船向下游箭射而去——

人家都说，好舵手能使八面风。船老大刚想利用风力，将船继续驶向南岸，突然，一股更为强劲的西风刮来，"咔嚓"一声巨响，桅杆被生生折断了……

狂风，巨浪，浓雾，失去控制的渡船，被湍急的水流与狂放的劲风玩弄于掌股之中，扔向了下游……

等得他们好不容易将船拢到岸边，已经顺水漂流了百十里江程，竟然过了湖口。

正是这莫名其妙、不可思议的意外，使得他们失去了追赶慧能的最佳时机。

无可奈何，影隐被迫改变计划，由陆路改为水路：从湖口乘船，穿过中国第一大湖——鄱阳湖，到洪州。

年轻僧人们倒是很乐意，坐在船上，既可欣赏湖光山色，又省了双脚奔波的辛苦。然而，船在水中行，速度却要比走路慢得多。何况，在鄱阳湖由北向南行船，总是有些逆水。等他们到达洪州，弃船登岸，慧能早已如雁过长空，没了任何踪影。

幸好，从洪州到大庾岭，是一条千年古道，也是岭南通向中原的官道，所以，沿途既有官方的驿站，也有民间的驮运客栈。惠明、影隐他们这些僧人，也顾不得节约不节约了，花银子雇了快马，骑上向大庾岭方向追去。

洪州到赣州，遥遥近千里。僧人们整日念经打坐，何曾受过马上的颠簸？他们的骨头都快散架了。所以，到了赣州之后，许多人都打了退堂鼓。

惠明将大家召集在一起，鼓励说：“各位师兄弟，大家知道，被慧能骗去的袈裟，是达摩祖师九死一生、不远万里从印度带来的宝衣。它是我们禅宗的象征。所以，无论如何也不能让它落到坏人手里。”

“可是，那袈裟是弘忍大师亲自传授给慧能的啊！”不愿前行的人，将这个事实搬了出来。

“这……”惠明语塞。因为，他虽然性格粗糙，但秉性忠厚，实在不愿意论说师父的长短。

影隐急忙接过来说：“师父是越老越糊涂，所以才私下里将衣钵交给了那个卖苦力的樵夫。我们大家跟随他多年，佛学造诣、禅修功夫，个个都比慧能强，而他却无情地舍弃了我们！因此，我们这次夺回衣钵之后，按照寺院传统，要由大家重新选举祖位继承者，不再由哪个人说了算。这也是佛法平等的体现。”

他停顿了一下，又说道：“当然，我们这次出来夺回衣钵的人，都是出了大力、立了大功的，更有资格继承弘忍大师衣钵。若是……起码，今后寺院的上座、监院、知客、堂主之类的执事，应该请你们出任！”

话说到这个份上，大家心照不宣，都奋起精神，继续向南追踪。

他们到达南康县之后，通往广东的道路分为了两条。一条是宽阔的驿道，直达岭南重镇广州，一条进入了粤北广袤的大山。比较起来，走这条崎岖山路到慧能故乡新州，路程稍近一些。而且，到达韶州之后，可以乘舟沿北江顺流而下直抵三水，距离新州就很近了。

然而，影隐却认定慧能不会回新州，而是去了广州。所以，他主张沿着大路追下去。

惠明问他为什么？

“因为……”影隐欲言又止，吭哧了半天才说道：“我听说，慧能在广州生活过。”

惠明说：“就因为在广州客居过，慧能会舍弃自己的家乡？你说的理由太牵强了。”

于是，大家决定沿着小路追下去。影隐一百个不愿意，但他又吞吞吐吐说不出个所以然来，只好跟随大家走下去。好在，这条路也能通向广州。

众僧打马拐入小路。

然而，前行不久，小路草高荆密，绊马脚，划马肚，寸步难行。

惠明招呼一声“下马”众人弃马步行。小路越来越难走，众人气喘吁吁落在了后面，唯有惠明匹马当先。他回头喊道：“你们是女人吗？磨磨蹭蹭的，走得这么慢！”

知客影隐上气不接下气：“惠、惠明师、师兄，你、你慢点儿。我、我们……”

惠明焦急地说：“再慢，万一那个南蛮子进入深山区，就甭想追上啦！”

看着知客等人的狼狈相，惠明一跺脚，无奈地“嗐”了一声，独自向前追去。

慧能渡江之后，日夜兼程，一路向南行进。由于他在东山寺舂米之时，腰坠巨石，落下了腰腿疼的病根，所以，走不太快。二十天之后，他总算走到了江西与广东交界的大庾岭下。

抬头，只见群山似潮涌，诸峰如浪奔，这连绵不断的山脉，活脱脱就是一片波涛汹涌的海洋。一条羊肠小路，时而挂在峰巅，时而落入深渊，时有时无，若隐若现。它恰似一条从缥缈云端悬垂下来的彩带，随风飘舞。好像，沿着它，你能走向美妙的天国一样。

它是否真的通向天国？慧能不知道，他知道的是，顺着这条路，翻过这大庾岭，就是故乡岭南了；他还知道，到达故乡之后，他就安全了。因此，他的一颗紧紧绷了很长时间的心，到这里轻松了许多，爬山的脚步也轻快了许多。

慧能翻过一道山梁，跨越一条深谷，刚刚开始向一座更高的山峰攀登，身后忽然传来了急促的脚步声。他回头一看，是惠明，是惠明追来了。

这惠明出家之前，因武功了得，曾被封为四品将军，曾任卫镇戍之职。所以身手敏捷，脚力比别人迅速，首先追了上来。在东山寺，他以性情粗鲁闻名，慧能曾经吃过他的苦头。而今，来者不善，善者不来。他肯定是为抢夺衣钵而来！慧能急急忙忙奔跑起来。

但是，惠明已经发现了他的行踪。

“站住，站住！我已经看到你啦，你跑不了啦！”

慧能置之不理，继续奔跑。但是，他的腿有些拐，如何能跑得过健步如飞的惠明呢？不一会儿，他俩的距离明显缩短了。

“南蛮子，你的腿有毛病，就别白费劲了，趁早给我停下来！”

慧能的脚步并未停止，但他嘴里却说道：

“我早已停下了，反而是你一直不肯停下来。”

惠明不由得一愣：你慧能奔跑的脚步和速度一点都没减慢，为什么说自己早就停下啦？惠明毕竟在五祖会下修行多年，所以他从慧能的话里感受到了无限的禅机。是什么呢？一时之间他又无法领会。

“为什么还不停下来？”慧能又一次奇怪地说道。

惠明忽然想到了《贤愚经》里记载的一个故事：

佛祖释迦牟尼在世的时候，印度王舍城有一位大盗，信奉杀足千人可得解脱的邪教。因而，他成了杀人不眨眼的魔鬼。慢慢地，人们都知道了他的恶行，躲得他远远的，因此，他在杀了999个人之后，再也无法找到可宰杀的目标了。于是，他就计划杀死自己的母亲，凑足千人之数。佛陀听说了他的事情之后，马上赶来度化他。大盗看见了释迦牟尼，就放掉了自己的母亲，来追杀这个光头赤足的沙门（出家修行的僧人）。然而，他追得快，佛陀走得也快，他赶得慢，释迦牟尼也便慢下来，虽然只是间隔着一小段距离，他却总是追不上。于是，大盗就高声喊叫："站住，别跑！你给我停下！"佛陀一边走一边说："我早就停住了，是你自己不肯停住。"大盗就是听了这句话而恍然大悟，放下屠刀，改邪归正。

就在惠明愣神的时候，慧能已经进入了山腰的树林之中。

这里，苍木龙虬，怪石林立，雾气弥漫。慧能身影一闪，消失在了浓雾笼罩着的乱石阵中。

惠明气势汹汹赶来，哪里还有慧能的身影！他在怪石阵中东扑西蹿，左寻右找，不但未抓住慧能，自己反而转晕了头脑，迷失了方向。只见雾气迷蒙中，石影幢幢，灌木丛丛，个个都像慧能。惠明心里一惊：难道，这慧能真的会妖法吗？

于是，在心惊肉跳的他看来，那些岩石、树桩，更像慧能了。并且那一个个慧能都在捉弄他，嘲笑他。他怒火中烧，一边吼叫，一边向一个好像慧能的影子扑了过去……

惠明头昏脑涨，神态疯狂，朝着一块像是在向他挤眉弄眼的人形石柱狠狠击了一掌——

"砰！"石柱安然无恙。

"哎哟！"他的手掌血肉模糊。他攥着伤手，疼得龇牙咧嘴直打转儿。

迷雾团团拥来，影影绰绰的怪石似乎都活了过来，一步步向他逼近。他心惊胆战，心慌意乱，冷汗从腋下渗出，一步步向后退却……

惠明没有察觉到，他的身后，是万丈深渊！

他一脚踏空，惊叫一声，向下坠落……

惠明在滑落中手指总算抠住了一道石缝。然而，他身子悬空，下面是深不见底的死谷，上边是光秃秃的绝壁。他的身子越来越重，手指在流血、颤抖。他绝望地闭上了眼……

就在他已经坚持不住，将要掉下去的时候，一条山藤从山崖上抛了下来。

是慧能。慧能将一根山藤垂到惠明面前，向下喊道："惠明师兄，快，抓住！我把你拉上来。"

慧能吃力地将惠明一点点拽上悬崖。两个人都累坏了，慧能倚在一块大岩石上直喘粗气，而惠明瘫倒在地上，一边喘息，一边不解地望着慧能，目光怪怪的。

慧能想对他笑笑，但笑得却比哭还难受。

惠明终于开口了："南、南蛮……你、你，你为啥要救我？"

"上天有好生之德，学佛的人更应以慈悲为怀。我怎么能见死不救呢？"

惠明不解："可是，我是来追杀你的呀！"

慧能郑重地说："佛祖释迦牟尼可以舍身饲虎，割肉喂鹰，我为什么不能救你？咱们同拜一个师父，一寺学佛，不管怎么，我也不能眼睁睁看着你坠入深渊，摔得粉身碎骨。"

惠明心里矛盾重重，左右为难，表情变化极为复杂。过了半晌，他咬咬牙，狠着心说："你是菩萨心肠，救了我一命，我感激你。但是，我还是要替神秀上座夺回袈裟！只有他才有资格继承师父的衣钵，成为第六代祖师。而你，一个卖苦力的行者，没有领导天下禅林的资格。我们怕禅宗的大业毁在你手里，所以……"

慧能一脸的严肃，说道："救苦、帮难、解困、度厄，是佛门弟子最起码的责任和品德，岂是为了寻求回报？我将你从悬崖下拉上来只是为了救你的命，你得救之后，要怎样做，是你自己的事。"

说完，慧能徐徐离去。

惠明站起来，想了想，还是向他走的方向追了过去。

慧能向云雾缭绕的顶峰走着。远远地，惠明赶了上来。

二人的距离越来越近。

惠明喊："慧能，你别跑啦。你知道，我出家前练过多年武功。你跑不过我，更打不过我。你救了我一命，我也不伤害你，你把袈裟放下就算啦。"

慧能置之不理，脚下不停。

惠明说："你不要逼我，你把袈裟放下吧，快放下！"

慧能哈哈一笑，说："我早放下了，是你自己一直没放下。"

惠明一怔。因为，他再一次感受到了滚滚禅机——

在佛陀时代，有一位黑氏婆罗门修行非常刻苦，数十年坚持不懈，终于修炼出了大神通，上天入地无所不能。然而，他自己明白，这并不是真正的解脱，心中总是隐隐约约潜伏着一缕无名烦恼。于是，他来向佛陀请教。

他常常见信徒们将鲜花献给佛陀，所以，他奋起神力，两手举起两棵鲜花盛开的合欢树和梧桐树，来供养佛。

——他之所以擎着两株硕大的花树而来，当然是为了向佛陀表达无以言表的敬意，然而，在他的潜意识里，同样也是在表现自己啊！

佛陀法眼如炬，明察秋毫，早已洞悉了他内心深处的每一丝波动。佛陀亲切地召唤了他一声，然后说：

"放下吧。"

黑氏将左手的合欢树放了下来。

"放下吧。"佛陀又说。黑氏又放下了右手的梧桐树。

然而，佛陀仍旧说道："放下吧。"

黑氏大惑不解："世尊，我两手已经空空如也，还放下个什么呢？"

佛陀微微一笑："我并不是让你放下手中的花树，你应该放下的，是心中的执著。也就是放下外六尘（色、声、香、味、触、法），内六根（眼、耳、鼻、舌、身、意），中六识（眼识、耳识、鼻识、舌识、身识、意识）。"

黑氏婆罗门说："我明白了，六根对六尘，从而产生六识。人若是舍弃了这些，就到了一无所有，无可舍弃的地步。"

佛陀说："到了无可舍弃的境地，就是你超脱生死的时候！"

宛若一声霹雳在灵魂深处轰然炸响，好像一缕电光从心灵之中迸发，黑氏婆罗门豁然大悟了！

惠明虽然能感受到凛冽的禅机，但他无法领会到其中的奥秘，所以，倔强地说道："慧能，我不跟你谈禅，我只要袈裟。"

说着，他一个箭步，挡在了慧能前面。

慧能淡淡地一笑，真的将五祖弘忍大师传给他的袈裟拿了出来，放在了一块卧牛石上。他对惠明说："你千里迢迢追踪而来，无非是为了争夺袈裟。喏，这就是禅宗历代祖师一脉相传的衣钵，你拿去吧。不过，这衣钵是祖师之间以心印心的表法的信物，岂是依靠力气争夺所能得到的！"

惠明无论如何也没想到，如此珍贵的袈裟，会如此轻而易举地得到。难道，第六代祖师的尊位，就这样轻轻松松到了我们的手里？他将信将疑地看看慧能。慧能的目光遥望着辽远的山与天相连的地方。惠明未见异常，就去拿袈裟。然而，天晓得是怎么回事，他，一个力拔千钧的壮汉，用尽全身的力气，竟然未能拿起一件薄薄的袈裟！他又试了一次，袈裟仍然纹丝不动。好像，那袈裟已经与石头，与整个山河大地连为了一体。

在这一瞬间，惠明不禁冷汗如雨。

是啊，这袈裟是从佛祖释迦牟尼传下来的信物，代表了佛之心印。你没有悟道，没有得法，没有得到祖师的传承，纵然用武力夺得，也只不过徒有其表！无论多么光彩耀目的表象，也不能改变其本来实质。

再说，这禅宗衣钵是师父五祖弘忍亲自传授给慧能的，岂是儿戏？试想从初祖达摩到五祖弘忍，祖祖相传，何曾出过差别！

惠明由疑生畏，由畏生敬，继而，全身颤抖不止。他，毕竟是个虔诚、正直的出家人，深知因果，马上悔悟了，连忙说道："行者，请你见谅，我错了。我是为法而来，不是为了争夺袈裟。听说你得了弘忍大师的法脉传承，请你为我说法。”

慧能欣慰地点点头，在大石头上坐了下来。他拍拍身边的地方，示意惠明也坐下休息。惠明此时对六祖是满心敬重，怎肯与他并肩而坐？他席地坐在了六祖慧能膝下，而且还恭恭敬敬地对着六祖合十致礼。

慧能伸出右手，慈祥地抚摸着他的头顶，亲切地说道："你既然是为法而来，我就为你开示禅宗法要。”

一股暖流从惠明头顶徐徐传遍全身，如沐浴春风，如畅饮甘露，如醍醐灌顶，如琼浆润心……惠明激动得热泪盈眶。

六祖慧能轻轻拍了拍他，说："你不要太激动。先闭上眼睛，将心绪平静下来，断绝全部的外缘，清除内心所有的思虑，然后，我再给你说。”

过了好一会儿，六祖看到惠明面色恢复了正常，呼吸也变得又细又轻，若有若无，于是，在他耳边轻轻说道："你善的不要思念，恶的也不要想，正在这个时候，哪个是你的本来面目？”

不思善，不思恶，也就是离开一切分别对立的妄想，心念不动不摇，一念不生又了了分明。这是一种什么状态呢？

这就像深山老林中的水潭，当风完全停息之后，水面上一丝波纹都没有，由于潭水处在静止状态，水中的杂质全部沉淀下去。这时候，你会看到，潭中之物纤毫毕现，一清二楚；而同时，潭外一切景象都分毫不差地映现在水面之上。这种意境，用禅宗祖师的话说，就是“澄潭秋月，灵明不昧”。

惠明的心，就处在这种状态中。他在六祖的提示之下，蓦然回首，回光返照，突然之间恍然大悟。像忽然卸下了千斤重担，像不经意间挣脱了千年禁锢，在那石火电光的瞬间开悟的惠明，高兴得不知如何是好，只是泪水涟涟地抱着六祖的腿，像个小孩子一样不停地摇哇摇。半晌，等他察觉到自己这个十分幼稚的举动时，不好意思地笑了。

他想了想，又问六祖："大师，除了刚才这些，还有更秘密的佛法吗？”

六祖慧能说："能对你说的，就不是什么秘密了。如果说还有什么秘密的话，也都在你自己的心里。你自己心中，比我，比佛祖，一点都不少。”

惠明听了这番话，如同一个贫穷的叫花子，原来整天在外面寻找财富而未得；现在，在六祖的启发、指点之下，忽然在自己的家里发现了取之不尽、用之不竭的宝藏。他不禁又高兴，又懊恼：高兴的是从此不再受穷，懊恼的是，自己生生世世，费尽千辛万苦，向外寻求，却原来宝藏就在自己身上！

惠明说：“我在弘忍大师座下修行多年，一直未能悟到自己的本来面目。今天承蒙您的教导，可以说是如人饮水，冷暖自知。从今往后，您就是我的师父了。请受弟子一拜。”

惠明郑重地跪拜谢师。

慧能搀起他，拍拍他的肩膀说：“你我都是弘忍大师的徒弟，应该一起以大师为师。”

惠明说：“我已经明心见性，不想再回东山禅寺了。不知该到什么地方去弘扬佛法，广度众生？”

慧能略微想了想说：“你到有‘袁’字的地方就停下来，碰到带‘蒙’字的地方就住下来。”

果然，日后惠明于袁州蒙山（今江西新余）出世传法，住持道场，弘扬禅宗，影响极大，成为一方化主。——这是后话。

惠明得到师父慧能的心印后，自然是满心愉悦。忽然，他的脸色沉了下来，因为，他想起了后面的追兵。他急急忙忙对慧能说：“师父，请你赶快离开，继续南下。不然，影隐他们快要追来啦！等你走后，我来应付他们。”

慧能点点头，披上袈裟，迎着清风，飘然而去。他，宛若云游的天仙一样，消失在白云缭绕的山中。

云天缥缈里，似乎有若即若离的吟诵声随风飘荡：

幻生还幻灭，大幻莫过身。
安心自有处，求人无有人。（隋代禅僧智命偈）

惠明从山上向下走，刚到山谷中，迎面碰到了影隐等人。

影隐急切地问：“惠明师兄，追没追上那个南蛮子？”

惠明说：“我先上到了那个山垭口，在那里守候多时，根本没见到慧能的影子。我还向从南边韶州来的马帮打听过，他们也从未遇到像慧能那个模样的人。也许，还是你说的对，他没有从这条路走。”

“我早就和你们说过，他会沿着大路直接回广州的嘛！”

“那咱们还在这里磨蹭什么，转回去顺那条路追啊！”惠明像是又想起了什么，说道：“噢，对了，诸位，从今天起，我改法号为道明，请诸位师兄弟见谅。”

影隐一愣：“为什么……喔，你是不愿意与那个南蛮子同音，好，好！”

道明（惠明）撇了撇嘴，什么也没说，带着僧人们拐向了另一条道路。

第十章　宝林古寺

慧能健步登上一道山岗，山脚下，曹侯村清晰在望。他不禁发出一声感叹：“一年了，又到了曹侯村……”

正是夕阳西下时分。牧归的顽童倒骑在水牛背上，自顾自吹着短笛，任识途老牛悠然漫步；缕缕炊烟，从村中升起，时浓时淡，忽直忽弯，温情地召唤着田间劳作的人们。

山脚下，一片竹林郁郁葱葱，老竿苍劲如铁，新竹青翠欲滴；风来了，碧波荡漾，竿竿翠竹摇曳着美妙的风姿，翩翩起舞，风情万种，竹叶沙沙，如吟如诉；风止了，它们立刻恢复平静，不媚不俗，不送不迎，亭亭而立，恬静如画……

“风来疏竹，风过而竹不留声。”——禅者如是说。“事来心现，事去而心随空。”——禅者如是做。

山腰间，金黄色的油菜花灼然开放，缤纷了山野，芬芳了空气，甚至，连绚丽的霞光，仿佛都是因为它们而璀璨。微风轻拂满山香，吹落黄花三五枝。风舞花朵，风无传香散花之意；花染风韵，花无熏风醉人之心。一切自然而然，随缘而生，缘谢而灭，美妙且和谐。

——禅眼看世界，茫茫宇宙，真理无处不在，万事万物，智慧无时不显。

竹影扫地尘不动，风穿花丛了无痕。

慧能陶醉地吟诵道：

青青翠竹，尽是法身，

郁郁黄花，无非般若。

慧能正要向山下的曹侯村走去，忽然听到了一阵悠扬的钟磬之声。

梵钟敲碧空，一片白云天影静；

佛磬震旷野，四山绿树禅意多。

山涧那边，绿树掩映着一座小小的寺庙——山涧寺。那里是无尽藏尼师住持的道场，慧能初次讲述佛经的地方。

他改变方向，拐向了钟声响起的地方。

慧能快要走近清幽的山寺时，吱呀一声门响，从寺中走出一位年轻尼姑。她挑着水担，低着头走向山涧中的溪流。

慧能紧赶走了几步，打个问讯道："小师父，你……呀，你、你是……"

小尼姑抬起头来。是志秀，是一身比丘尼装束的刘志秀。她也认出了慧能，稍一迟疑，垂下头，单掌问讯道："贫尼幻静。敢问行者，有何训示？"

慧能深深鞠了一个躬，道："幻静法师能勘破人生无常，脱离梦幻泡影，慧能深为钦佩。"

幻静脸色微微发红，喃喃说道："现在想来，都是因为您月夜一偈，惊醒了梦中之人。因此，贫尼感激不尽。"

这时，刘志略和一个五十多岁的、名叫曹叔良的人结伴走来。刘志略老远喊道："志秀，姑姑在寺中吗？"

幻静和慧能向他们的方向转身望去。慧能首先叫道："呀，是刘兄！"

刘志略十分惊奇，大喜过望，因此，他似乎不敢相信自己的眼睛，忘情地喊叫道："慧能，是你吗？真的是你吗？"

二人相向跑着，然而，临碰面，刘志略看清了慧能一身行者打扮，尴尬地笑笑："慧、慧能，你不是到黄梅东山寺，跟弘忍大师学习佛法了吗？难道短短一年，就已经尽得大师真传，将黄梅佛法了然于胸啦？"

慧能万语千言不知从何说起："唉——一言难尽。志略兄，你这是……"

刘志略回答说："曹善人非要拉着我来听姑姑讲《涅槃经》。哎呀，你看我，忘了给你们介绍。"他指着一旁的曹叔良，"这位是曹员外。他是曹操的后裔，平日修桥补路，烧香念佛，帮穷济困，村里人都叫他曹善人。曹叔，这位就是我多次跟你说过的对佛法极有心得的慧能。上次，您到南岳衡山进香去了，错过了与他见面的机会。”

“幸会，幸会！”

二人相互致礼。然而，曹叔良的神态并不恭敬，很显然，他并不相信年纪轻轻的慧能懂什么佛法。

幻静说：“你们到寺里去吧，我师父正在诵《涅槃经》呢。”

说完，她挑水去了。

慧能他们三个人一边说着话，一边共同向山涧寺的门口走去。

山涧寺的山门殿内的佛坛上，供奉的是一尊弥勒菩萨。月光童子和徇法国王的立像侍立左右。

慧能和曹叔良虔诚跪拜。弥勒菩萨似乎在向他们低眉微笑。

刘志略不以为然地撇撇嘴。然后，他引导着二人穿过佛殿，走向经堂。

经堂里，无尽藏尼师正在诵读《涅槃经》：

“……入于空处，出于空处，入识处，出于识处，入无所有处，出无所有处，入于非想非非想处，出于非想非非想处，入无尽定。……”

慧能与曹叔良驻足垂手，肃然而立。刘志略不管不顾，径直跨入经堂，大声喊叫：“姑姑！”

无尽藏狠狠瞪他一眼。

刘志略轻轻打了自己一巴掌：“看我这属猪的，光记吃不记打，又按照世俗的称呼叫了。”

既然无尽藏的诵经被打断了，曹叔良和慧能也就走了进来。无尽藏瞄慧能一眼，欢喜地叫道：“哎呀，这不是卢行者吗？你可是稀客！坐，快请坐。”

慧能与曹叔良分别给她行过礼，坐在了方桌两侧。这时，幻静也挑水归来，给他们斟上茶。

无尽藏问慧能：“你不是一心向道，到黄梅拜弘忍为师求法去了吗？”

刘志略抢先说：“人家已经学成归来了。”

曹叔良意味深长地说：“我听说，禅宗第五代弘忍大师的东山法门博大精深，玄妙无比。你一年之内，便可尽得黄梅之法，看来非同常人啊！”

慧能谦虚地说：“不敢。师父弘忍不过略微指点了在下一两次，便叫弟子下山了。”

无尽藏说：“既然弘忍大师许可你下山，说明你对禅有了甚深心得。不知东山法门宗旨为何？请卢行者略示禅宗法要。”

慧能说：“按照我的理解，所谓禅宗法要，无非是‘直指人心，见性成佛’。也就是说，人人都有佛性，而佛性本自清静，明心见性，即得成佛。”

曹叔良有些疑惑，问道：“我在幼年的时候，曾经读过《孟子》。孟子提倡‘性善’说，他还说过：‘人人皆可为尧舜’。如此说来，儒家的道理，岂不是与禅宗一样了吗？”

慧能居然点点头说道：“佛、道、儒，从大道理上说，并无根本性的区别。”

刘志略调侃道：“佛云：不可说，不可说；子曰：如之何，如之何？”

“不可说”，是佛经中常见的术语。因为，佛法精髓，禅宗要义，如人饮水，冷暖自知，所以不可说。“如之何”，在《论语》之中多次出现。刘志略借来问为什么，也算妙趣天成。

慧能一笑说：“古往今来，中土贤圣，西天佛祖，释迦牟尼，孔子、孟子，老子、庄子，他们各自所阐述的宇宙人生的真谛，犹如一道垂直向上的梯子，虽然层次不同，但方向是一致的。这也从另一个侧面说明，并不是学佛的人才有佛性，而是佛性人人相同，人人皆可成佛。”

“那么，怎样才能成佛？”无尽藏说出了大家的心声。

“顿悟成佛！”

什么顿悟成佛？

室内所有的人都震惊得目瞪口呆。虽然他们的思维像是被巨大的电流击穿了，断路了，但他们的眼神里储满了深深的疑惑。

慧能浅浅一笑，因为，他心里非常清楚，自己的“顿悟成佛”说，具有怎样的震撼力，比八级地震剧烈，比十二级台风强劲，足以惊天地，泣鬼神；使得日月暗淡，星光失色！

他的声音像是二月春风，和煦地吹拂着每个人的心灵：

“你们要明白，我们每一个人的心性，即是佛心。心外无法，心外无佛。一切万法，尽在自身之中，成佛，只是在自悟本性。所以，为何不从自心顿现真如本性？

“我在弘忍大师处，一闻‘无所住而生其心’便大彻大悟，顿见真如本性。因此，我要将顿悟教法推而广之，流布天下，万年传扬，使得一切有缘众生从烦恼苦海中得到解脱。”

无尽藏尼师不顾自己年高德昭，也不管他人怎样惊诧，她五体投地，匍匐在了年纪轻轻的慧能脚下……

慧能毫无准备，无法从椅子上跳开。他灵机一动，将供桌上的一尊佛像捧在了自己胸前。这样，就是无尽藏给佛顶礼了。

半晌，无尽藏尼师的心境才平静下来。她跪在那里，双手合十，恭恭敬敬地向慧能请教：“大师，如何修行，才能顿悟成佛？”

慧能徐徐说道：“禅者不思善，不思恶，各自观心，自见本性，即可顿悟菩提。”

他看到无尽藏并未随着他的开示契入禅要，忽然大叫一声：“无尽藏法师！”

无尽藏下意识地回应：“在！”

慧能笑道：“法师，刚才应声而答的，即是你的真心的作用。你以此不思量的心，起正真般若观照，你会发现，一刹那间，妄念俱灭。”

无尽藏眼睛微闭，静静不动，渐渐地，她的脸上洋溢出一种安详、平和的神采……

慧能不失时机地引导着她：“智慧观照，内外明澈，识自本心。若识本心，即本解脱；若得解脱，即是般若三昧，即是无念。什么是无念呢？若是见一切法，心不贪、不染，是为无念。你用的时候，它遍一切处，又不执著一切处，来去自由，无滞无碍。这就是自在解脱。若是识自本心，悟到无念之法，一悟即到佛地，见诸佛境界。你，就是佛！”

无尽藏豁然大悟！她的脸上泛起了佛陀当年在灵鹫山拈花之时的那种神

秘的微笑，浑身上下似乎放射着奇异的光彩！

室内的其他三个人均被这种景象震惊得如呆如痴，张着口，半晌说不出话来。

不知过了多久，或许是一个时辰，或许是一年，或许是一瞬间，无尽藏尼师从开悟的禅悦中醒了过来。她认认真真说道："师父，请受弟子一拜。"

这次，慧能没有再回避。

曹叔良也站起来，整整衣衫，对慧能一揖到底，说："弟子有眼不识泰山，险些错过善知识，罪过、罪过。"

慧能还礼道："不敢、不敢。"

不知为什么，刘志略扑哧一声笑了。

无尽藏责怪地瞪他一眼："笑什么笑，你呀，不学佛、不修禅，整天嘻嘻哈哈。你看人家慧能大师。"

刘志略说："我就是想到了慧能才笑呢。他从未学过儒家经典，甚至连字都不识，却比我这个读了一辈子书的人更能契入真谛，掌握精华。他也从未听过《涅槃经》，却比持诵了一辈子的您，我的姑姑，噢不，是大师父，他比您还要深得其中三昧。他在东山寺不过舂了八个月的米，却超越七百高僧，一举得到了禅宗衣钵，你说奇怪也不奇怪！"

无尽藏白他一眼："这有什么奇怪的，佛说菩萨具备五明。甭说佛法，就连儒、道两家著述、医术、工巧，没有他不精通的。"

刘志略摇着头说："不会吧？这么神？那不成了无所不能的神仙？我才不相信呢。"

曹叔良道："志略侄儿，你不学佛法，自然不懂，佛道确实不可思议。"

刘志略扫视了大家一圈儿："你们都是学佛的，大伙一块来蒙我吧？既然学佛能智慧通达，为什么大师父下围棋每次都输给我？慧能，你是肉身菩萨，咱们下一盘棋，如果你能在棋艺上赢了我，我才算真服了你。"

慧能一笑："对不起，我从来没下过棋。"

刘志略听他这样说，更放心了，摆好棋盘，挑战似的说道："你们都是佛徒，就我一个独尊儒术，谁敢与我在棋盘上一分高低？"

无尽藏说："你这是胡搅蛮缠！"

"您不是说学佛可以五明吗？为什么你们不敢应战？"

幻静无声无息静坐到棋盘另一端。

刘志略笑着摇头："小妹，噢，幻静小师父，你的棋是我教的，你敢跟师父过招？"

幻静一笑，无声地拈起一颗白子，轻轻放在下边三三星位。

刘志略只好应战。三二十招之后，幻静落到下风，一条大龙被黑棋死死困住。与幻静的愁眉不展相反，刘志略满面春风，得意地说："快投子认负吧，大龙被困，'潜龙勿用'，没指望了。"

幻静挣扎了两手，局势愈加险恶。刘志略大言不惭地说道："你学了一年佛，棋艺并未长进。看来，佛学也只是佛学，与其他学问毫无关联。"

幻静脸一红，起身认负。

慧能却说："且慢，此局并未分出胜负。"

慧能在棋盘空白处投下一子。宛若画龙点睛，棋局上的白龙虽然仍会被截去一节小尾巴，但整个龙身立即生动起来，一飞冲天。而黑棋被这颗白子一点，立即断点毕现，险象环生。

刘志略苦思良久，仍无对策，咕哝道："你这是什么怪招？"

慧能淡淡一笑："这一点看似虚飘，实乃是为大龙插翅。所谓'潜龙勿用'因此而变成了'飞龙在天'。而你好胜心太强，恨不得一口把别人吞下，过分用强，导致被拦腰斩断。这叫'亢龙有悔'！"

幻静轻轻自语："我怎么没想到这一手呢？"

慧能说："你太执著了。该放下时就放下，该舍弃时就舍弃。不但下棋如此，学习佛道亦是如此。不舍弃些什么，又怎么能得到呢？只有空的瓶子，才能灌进醍醐！"

无尽藏、曹叔良及幻静皆颔首称是。

刘志略跳了起来："慧能，你不是说你没下过棋吗？"

慧能认真地点点头："的确如此。"

刘志略一撇嘴："你骗人，没下过棋的人能走出这么巧妙的招数？"

慧能高深莫测地说："我只是说我没下过棋，并没有说我不懂棋。因为佛道如棋，生活如棋，事事如棋啊！何况，多年以前，在一个山洞里，我曾经旁观过一位禅师与一位道长下过一盘棋。"

"哇，不会吧？你就看过一盘棋，对棋理的理解就如此精妙，莫非……"

刘志略感到不可思议。

慧能说："你呀，若想提高棋艺，多读佛经，多修一些禅定与般若吧。"

刘志略问："什么是禅定、般若？这与下棋有什么关系？"

"通俗地说，心情凝聚是禅定，智慧显发叫般若。人的心量非常广大，如同虚空一样，没有边际，没有方圆，没有大小，也没有颜色，没有上下长短，没有怒喜，没有善恶是非，也没有头尾。像这样超越对立，融化矛盾，不执著、不贪爱，就是般若和禅定。"

无尽藏等三人点头称是，而刘志略却像是坠入了迷雾之中，傻了眼了。慧能拍拍他的肩说："像刚才，你在棋盘上把对方的棋看成了死敌，一心一意想吃掉对方，征服对方。这样一来，矛盾显现，对立产生，执著贪爱自己的子力，怨恨仇视对方的每一个棋子，你还能够照顾到大局，能有如同虚空的广大心量吗？"

说着慧能瞟了幻静一眼。

幻静一震，心有所悟，合十对慧能一鞠到地，说："谢大师开示，指点贫尼修行。"

刘志略又坠入五里云雾了："他本来在说棋，何时说到佛法啦？"

无尽藏点着他的脑门说："你呀，不学佛法，怎知慧能大师的妙语如珠？"

天色已经发暗，幻静点亮油灯。

曹叔良问："大师，你刚才说般若有禅定，那么这二者有什么不同？"

慧能详细开示说："据我的体会，这二者犹如手心手背，是密不可分的一体的两面。禅定是般若的源头，而般若是禅定的妙用。唯有心神凝聚当中，智慧的光芒才能显发。就像这满屋的灯光，灯芯上的灯光是光明的源头，光明却是油灯的功用，二者不可分割。"

刘志略起身倒茶，带起来的风使灯光忽明忽暗。当他坐下之后，灯光不摇晃了，室内便亮堂了许多。

慧能问道：“你们是否觉得，油灯比刚才亮了一些？”

众人点点头。

慧能说道：“越是无风静定的灯光，越能显发灵明的光芒。禅定与般若亦是一样，越是甚深禅定，越能激发出般若智慧。”

看到其他人专注倾听的神态，刘志略不禁对佛法大感兴趣，对慧能作揖道：“慧能兄，慧能师父，慧能大师，我跟你学佛成不成？我是不是根基太差？”

“大乘佛法，不但人人可以学，而且人人可以顿悟成佛。”

刘志略满心欢喜：“真的？那，那我哪天成佛？”

无尽藏数落他说：“成佛？就凭你的浮躁劲儿，八辈子也成不了佛。好啦，说了这半天，慧能大师又赶了很远的路，一定饿了。幻静，你去做饭吧。”

慧能说：“你们师徒一定持午（过午不食），我们就不打扰你们师徒静修了，我还是到志略兄家叨扰一顿吧。”

说完，慧能他们三人起身告别。

曹侯村最亮丽的风景，就是环绕着村庄的曹溪水。

曹溪水唱着歌儿、撒着欢儿从大山深处流来。许是恐怕大山寂寞，它时而快速奔跑，飞溅起雪白的浪花，给山峰镶嵌上生动活泼的花边；它时而如绕膝的小儿女，在山脚下弯弯曲曲，曲曲弯弯；有时候，它顽皮似猴子，从高高的山崖上一跃而下，激起冲天水雾，拉起七彩霓虹；有时候，它娴静若处子，静静汇成一个幽潭，映着白云，印着青山……

大山为曹溪之父，曹溪是大山的灵魂。

村头溪水之畔的大树下，曹叔良与几个老人在树荫里谈古论今。

一位白胡子老人说：“要说咱这曹侯村，可是风水宝地！这清冷冷的曹溪水，曹溪上游的宝林寺，都是大有来头的。”

一位中年人说：“有什么来头，你老人家给我们说说吧。”

白胡子老人捋着白胡子得意地讲道："我还是听我的老爷爷讲的，一百五十几年前，一个叫智药的印度和尚航海来到中国传法。那时候，是南北朝时期，咱们长江以南，属于南朝梁武帝管辖。智药和尚从南海（广州）上岸之后，要到南梁国都建康（今南京）去，路过咱们这里。他在山顶一看，乖乖，了不得，这山，这水，这气脉，是出大圣人的风水。他恰好口渴了，就捧起曹溪水喝了一口。哎呀，那个甜哪，比印度高僧辈出的宝林山的泉水还甜。如此甘甜的泉水，必定龙脉潜伏。他顺着溪水向上游走去。当他走到现在宝林寺的地方，忽然明白了，这里是大菩萨驻锡的道场！于是，他就来到咱们村，对我老爷爷他们说，一百七十年后，有一位肉身菩萨将在这里宣说世间最高深的佛法。那肉身菩萨是佛陀的血脉真传，受他感化而得道的人像山上的树一样多。你们要建一座寺庙，就叫宝林寺，以便等那位肉身菩萨的降临。说完，那智药和尚忽然就不见了。"

中年人追问："后来呢？"

老人说："后来，这件事惊动了官府。当时，韶州刺史侯敬中大老爷也是个虔诚的佛教徒，他就立刻上报朝廷。梁武帝号称佛心天子，听说之后非常高兴，就拨下银两，建造了那座宝林寺。那宝林寺三个大字，还是皇上梁武帝御笔题写的呢？"

中年人又问："再后来呢？"

老人嘿嘿一笑，说："再后来？再后来就有一个白胡子老头儿，在溪水边上给一群龟孙子们说这个故事呗！"

老人的幽默逗得大家哈哈大笑。

笑声中，忽然闻听曹叔良自言自语说道："不可能吧，按老人们的传说，还有十六年呢。"

白胡子老人追问："什么不可能？"

曹叔良说："我是说，我前几天遇到的慧能大师，会不会是智药和尚所预言的那个肉身菩萨呢？"

"慧能？哪个慧能？"

"就是一年前在刘志略家住过的那个慧能。现在，他刚刚从黄梅东山寺回来。”

中年人大摇其头：“喔，是他呀！他也不过二十多岁吧？身高不满五尺，模样一般，活菩萨，能是他那样的普通人？”

曹叔良说：“你不修佛，不知佛菩萨的不可思议。有时候，你明明看到的是一个普普通通的人，说不定他就是你天天企盼的菩萨化身。就说那个慧能，确实不同凡响。他的佛法修行，深不可测。你想，他若是普通人，禅宗第五代祖师弘忍，能将衣钵传授给他？所以……”

白胡子老人屈指算来，摇头说：“可是，时间不对呀！再过十六年，才到智药和尚所说的一百七十年。”

曹叔良说：“或许，是老人们记错了呢？”

白胡子老人犹犹豫豫地说：“也有可能。也可能是我算错了。走，咱们去拜见肉身菩萨，请他到宝林寺住持、说法。”

老人们颤颤巍巍向刘志略家走去。

白胡子老人、曹叔良、刘志略等人，也不管慧能再三推辞，簇拥着他出了村，沿着曹溪水向上游的宝林寺走来。

不一会儿，宝林寺遥遥在望。

刘志略指着绿树掩映着的宝林寺大殿一角，对慧能说：“这就是等了你一百七十年的宝林寺。”

慧能着急地说：“诸位乡亲，我只不过在弘忍大师门下舂了几个月的米，不是你们所说的肉身菩萨。”

曹叔良笑着说：“慧能大师，您年仅二十多岁，还没有胡子，所以，你就别谦虚（牵须）啦！老汉我学佛数十年，跑过上百座道场，亲近过无数善知识，从未遇到过像您这样学识渊博的大德。您若不是我们盼望了将近两百年的活菩萨，放眼天下，谁人还敢自称高僧？”

刘志略与慧能交情甚深，所以更干脆，直截了当地说：“慧能，你若再推辞，便是看不起我们曹溪人了！”

慧能为难地说：“不是我慧能不知好歹，而是师命难违。我师父弘忍大师不让我现在就开始说法。”

曹叔良一惊：“有这种事？”

慧能欲言又止：“这……”

白胡子老人说：“慧能大师，你们学佛，仅仅是为了个人求解脱、了生死吗？”

“当然不是！佛门弟子更重要的职责是弘扬佛法，庄严国土，利乐有情，度脱众生。”

老人托着雪白的长须说：“既然这样，你看，我已是八十多岁的人了，半截身子已埋进了土里。圣人说，朝闻道，夕可死矣。慧能大师，你总得让我在临死之前听听佛陀的教诲吧？！”

慧能被老人感动了，说：“好吧，老人家，我答应您。不管今后发生什么事情，我也要先在宝林寺住下来，说一天法是一天，传一次禅是一次。”

曹叔良听出了慧能的话里有难言之隐，追问道：“慧能大师，弘忍大师既然已经放你下山，为什么不让你弘法呢？”

“师父并没有限制我一辈子不许出来弘法，而是为了我的人身安全，暂时不让我公开露面，以免……”

刘志略急切地问：“为了人身安全？难道，有人企图对你不利？”

慧能点点头。

刘志略追问：“为什么？”

慧能苦笑着说：“由于我是来自岭南的樵夫，又不识字，刚刚在黄梅做了几个月的苦力，一言半句就得了弘忍大师的衣钵，同门师兄弟许多人不服气。出自种种原因，很多人都想将衣钵夺回去，甚至要将我……”

曹叔良自责地拍了自己的脑袋一巴掌：“我怎么没想到这一层呢！乡亲们，依我看，请慧能大师住持宝林寺的事儿，以后再议吧。大师的安全要紧。”

众人附和：“是呀，明枪易躲，暗箭难防。万一……”

“对，事关大师的性命，禅宗衣钵，应谨慎行事。”

“让大师先避避风头再说吧。”

人们纷纷回头，意欲离去。谁知，这时候，慧能反而拦住了大家：“乡亲们，我想过了，地藏菩萨为了众生可以下地狱，我慧能的性命有什么可珍惜的？走，咱们到宝林寺去！”

慧能带头向寺里走去。

从此，慧能住进宝林寺，开始弘扬他那振聋发聩的“顿悟成佛”学说。

“顿悟成佛”的提出，是中国禅宗真正成熟诞生的标志，是印度佛教中国化的理论高峰，是义学佛教实用化、生活化的分水岭，是贵族佛教平民化的旗帜。

影隐与惠明他们沿着大庾岭前的丘陵小路，向东绕行了整整一百里路程，到达了江西信丰。这里，是中原官道通向广州的必经之路。当然，他们再三打听，当地人没有一个见过慧能。

惠明心知肚明，趁机说：“或许，慧能根本就没有回岭南。他渡过长江之后，很有可能隐居在庐山一带潜修去了。”

“是啊，是啊，那一带风景秀丽，寺庙星罗棋布，是隐居的好地方。”

那些厌倦了继续奔波的禅僧附和着说。

尽管影隐苦口婆心，晓以大义，动之以情，封官许愿，将所有的手段都用上了，但以惠明为首的十来个僧人死活不肯再追下去了。于是，他们分道扬镳，一路北返，一路继续南下。

惠明没有过江回黄梅东山，而是去了庐山布水台潜修。三年之后，他在袁州蒙山呼啸出世，大弘禅法。

而影隐他们一行人，先是到了广州横林岗，后又赶到新州夏卢村，却处处扑空——慧能压根就没回这些地方嘛！影隐不死心，在广、新一带寻找了好几个月，仍旧一无所获。他手下的僧人们沮丧极了，纷纷要求回归黄梅。

唉，莫非，那个南蛮子入地上天了不成？不然，他就是变成一只水牛，这九个月梳头一样的寻找，也早就抓住他了。

影隐没奈何，只好打道回府。

巧的是，他们回去走的是当初慧能北上求法的路线：途经韶州，过大庾岭，进入江西。

那天，路过韶州城，口干舌燥的他们走进一家茶馆买茶解渴。

没有找到慧能，夺取衣钵的黄粱美梦自然泡了汤，因此，他们个个无精打采，少言寡语，只是闷头喝茶而已。这时，邻桌两个人的对话引起了影隐的注意。他竖起耳朵来仔细倾听。

一位头戴幞巾的儒生说道："天下之大，无奇不有。你听说过吗，一个目不识丁的边氓樵夫，居然精通深奥、艰涩的佛法。"

坐在他对面的那位老者回应道："你说的可是曲江县曹溪山宝林寺的卢行者？"

"正是。"

"若说此人，那可是大有来历的，他是弘忍大师的亲传弟子。我亲自去听过他讲法，那真是头头是道，口吐莲花。不仅如此，听说，他还精通儒、道两家。"

"真是咄咄怪事，他仅仅二十多岁，就算从娘胎里开始学习，也不会具有如此广博的知识，何况他还从未进过学、识过字呢。"

老者低声说："据说，他之所以无师自通，是大菩萨下界。你千万别口吐恶言。小心遭报应……"

说者无心，听者有意。真是踏破铁鞋无觅处，得来全不费工夫。影隐他们在不抱任何希望、几乎已经完全放弃的时候，无意之中听到了慧能的下落。影隐一个眼色，僧人们放下茶杯，急匆匆鱼贯出了茶馆，来到了城外一个僻静的地方。

影隐按捺不住心中巨大的惊喜。他对众僧说："现在我们知道了南蛮子的下落，绝不能打草惊蛇，再让他给溜了！事不宜迟，先派一个他不熟悉的人去打探清楚，然后我们出其不意，杀入宝林寺，夺回袈裟！"

冬月（农历十一月）时光，昼短夜长。因为天气寒冷，人们极少出门，越发显得夜阑人静。曹溪水在星光下唱着古老的歌谣。白天的讲经法会曲终人散，热闹了一天的宝林寺似乎也疲惫了，静静地卧在夜色里，一任风儿轻轻吹拂。

夜色清清佛入定，星光疏疏天为高。

忽然，几声石块相击的声音，打破了自然界的宁静。

“嗒、嗒、嗒。”近处三声石响。

“啪、啪、啪。”远处回应三击掌。

一个黑乎乎、身穿夜行衣的神秘人影，从一块巨石后闪了出来，随即，曹溪下游悄悄摸来一队人影。他们愈走愈近，带头的正是东山寺知客影隐。他迅捷地来到那神秘人面前，急切地悄声问：“他在不在这里？”

神秘人轻声说：“在。我打听准了，他已经在这里说法九个月了。这两天，我曾多次潜伏进去，将他睡觉的地方摸准了，才通知师兄的。”

影隐一挥手：“好，你带我们去！”

神秘人招招手，带着大队人马，向前方影影绰绰的宝林寺摸去……

宝林寺方丈内，昏黄灯光下，慧能在蒲团跏趺而坐，深入禅定之中。

忽然，一缕似有似无、时断时续、飘飘荡荡的吟唱声传来，他睁开眼睛，侧耳倾听：

蝉噪林愈静，鸟鸣山更幽。
此地动归念，长年悲倦游。（南北朝诗人王籍）

冬月，自然没有蝉噪；深夜，也无鸟鸣。如果有不和谐的噪声，只能是人。

吟诵之音，慧能似曾相识，影射的意义，他也会然于心。他从容一笑，自语道：“谢谢大师示警，我在禅定已经听到夺衣钵的人来了。是了，到时候了。归去吧，归去。”

因为有人带路，影隐一行顺利地、悄无声息地摸到了宝林寺方丈门口。

影隐猛然一挥手，方丈木门被轰然踢开，几个身强力壮的年轻禅僧抢先闯了进去……

然而，里面哪儿还有慧能的人影，唯有彻开的后窗在风中哐当作响。

影隐高喊："南蛮子开溜了！点火把，快点火把！大家散开找，一定要抓住他！"

众僧高举火把，在寺中乱串。

此刻，在大雄宝殿里，慧能不慌不忙，从从容容给佛祖释迦牟尼的塑像上香，磕头，然后双手合十，站在蒲团前轻轻说道："弟子被人所迫，暂时避离，来日再来供奉本师。"

大殿之外人声鼎沸，殿内灯火通明，金色的释迦牟尼佛像在摇曳的灯光下闭目垂眼，神秘地微笑，仿佛对这一切早已预知。

知客影隐率领众人闯入烟气氤氲的大殿，慧能已神秘消失。众僧不敢造次，放轻脚步在供桌下、佛龛后寻找。

大殿后面的小门未关！

突然，殿后有人喊："南蛮子跑啦！南蛮子向后山跑啦！"

众僧闻声从殿中穿过，翻越围墙，向后山追去……

宝林寺后山林茂草密，山路崎岖。

慧能在前面跑，一条长长的火龙从后面紧紧追赶。

火龙愈来愈近，双方人影可辨。影隐喊道："站住，你跑不了啦！慧能，你乖乖将师父的衣钵拿出来，我们不伤害你的性命！"

慧能置之不理，离开小路，闪身蹿入林木深处，藏到了一个树洞中。

影隐发觉失去了慧能的踪影，喊道："大家散开，快，包围这片树林！他就藏在这里面！"

火把组成了一个硕大的圆圈，将慧能藏身的密林围了起来。影隐坐在一块石头上，得意地说："这回，我看你是插翅难飞了！"

擎着火把的僧人们在树林中拉网，但未发现慧能的藏身之所。

一个年轻僧人对影隐说："知客，我们找遍了树林的每一个角落，却未发现他藏在哪儿。"

影隐咬着牙，恶狠狠地说道：“烧，烧山！用火将他逼出来！”

年轻和尚说：“对，不出来，就烧死他！”

众僧放火烧山。时逢冬季，齐腰深的茅草早已干透了，满山遍野的枯叶也是上好的引火柴，于是，熊熊大火在树林中燃了起来。冬夜北风强劲，火借风势，风助火威，火势越烧越猛，越燃越烈，连树枝、树干都燃烧起来。一棵棵树木，俨然成了一支支硕大的火炬，整座小山成了一片火海……

一股浓烟蹿入慧能藏身的树洞，他剧咳几声，从树洞中钻出。大火从四面八方向他逼来，刺鼻的浓烟弥漫在整个视野里。他左冲右突，俱被大火挡了回来。他仰头长叹：“难道，我真要命绝此地？唉——！师父，慧能辜负了你老人家，大道未弘、众生未度，就要葬身火海……”

慧能不再四处逃避，静静坐在一块大石头上。

“沙、沙、沙……”

慧能睁开眼，看到一只野兔，一只松鼠，被火逼得走投无路，跑到他面前。它们紧紧依偎慧能身旁，似乎是在哀求他的庇护。他怜爱地抱起两只小动物，痛苦地对它们说：“这么大的火，我怎么能救得了你们呢？”

两只小动物却似乎感到非常安全，静静伏在慧能怀里。

小动物的信任，激发了慧能的求生欲望。为了它们，我也必须度过此劫！

慧能将两只小动物藏在衣襟下，双手合十，对空中祈祷：“南无大慈大悲观音菩萨。唵嘛呢叭咪吽……”

慧能跏趺静坐，神态安详，进入甚深禅定。天哪，他以不可思议的定力，身体缓缓隐入石林之中……

大火在整个山头弥漫！

据说，禅宗初祖大迦叶尊者，就是以这种神奇的禅定之力，隐入了鸡足山的山体之中，等待着弥勒佛的降生。

摩诃迦叶祖师之所以隐入岩石之中，也是为了一件袈裟，为了遵照释迦牟尼的嘱咐，将那件金缕袈裟交给未来的佛祖——弥勒佛。

当年，摩诃迦叶与佛祖释迦牟尼心心相印，领悟到了宇宙之间的最高明，也是最简单的真理——禅。他在弘扬禅法多年之后，知道自己的世缘已尽，便将禅宗法脉传给了阿难尊者。然后，他独自来到了北印度的喜马拉雅山麓，来到了一座因形状颇似鸡爪而得名“鸡足山”的岩壁前。

摩诃迦叶拿出师父释迦牟尼亲自交给他的那件金缕袈裟，披在身上。他微笑着双手合十，静静面壁而立……

迦叶进入了一种神奇的禅定——灭尽定——彻悟的圣者用来完全休息的禅定。

于是，大地震动，鸡足山的石壁放射着金色的光芒。摩诃迦叶尊者——禅宗第一代祖师，缓缓进入了山体岩壁之中……

五十六亿年之后，最美好的世界来临，弥勒佛应化降生。那时候，鸡足山的石壁会自然分开，摩诃迦叶那从佛祖释迦牟尼继承来的神奇的微笑，将再次展现在世人面前……

第十一章　隐　遁

从黄梅向西一千五百里，有一座古老的寺院——荆州当阳玉泉寺。自古以来，这里一直是荆楚佛教中心。甚至，连“关云长——关公——关神”这个演化过程，都是与玉泉寺大有关系，因为，是这里首先供奉了他的塑像。

当年，关云长大意失荆州，败军走麦城，东吴兵将其生擒，砍掉头颅之后，将他的首级呈献给了曹操。没了脑袋，他当然死不瞑目，所以魂灵长年不散，成了一个无头且无主的孤魂野魄。他时常在荆门一代游荡，每当风清月白之夜，夜深人静之时，他便在空中四处飘游，悲怆地呼喊：

“还我头来！”

“还——我——头——来——”

如是，他寻觅了三百多年，也无人能将他从困惑中解救出来。试想，谁能将他被斩下来的脑袋重新安上？

一夜，他飘游到了当阳县玉泉山。当时，中国历史上最杰出的思想家之一、中国本土第一个佛教宗派——天台宗的创始人——智顗大师，正在玉泉寺打坐静修，忽然听得半空有人狂呼。他步出草庵，向空中喝道：“云长安在？”

关云长的魂魄降落在他的面前。智顗大师说：“将军纵横疆场三十年，杀敌无数。你为吕蒙所杀，大呼‘还我头来’。那么，颜良、文丑，以及你过五关、斩六将那些被你所杀之人，又向谁索要头颅呢？”

关云长恍然大悟，稽首皈依了智顗大师。

从此，关公成了佛教的护法伽蓝。玉泉山更是高僧辈出，名扬九州。

或许正是这神奇的传说所吸引吧，那个在黄梅东山寺随侍神秀的小沙弥，居然千里迢迢来到了玉泉山。他没有在寺里挂单，而是向寺院后面的深山更深处走去。

一座高高的山峰之下，一片密密的松林之中，居然藏着一座小小的禅房：

崇山峻岭，密林茂竹，山头之上祥云缭绕，庇护佛国极乐世界；

六神凝聚，湛然观照，心灵之中法喜充满，滋润禅界清静乾坤。

小沙弥推门而入。

茅篷中静坐着的，竟然是在黄梅失踪了的神秀！

“上座，我可找到你啦！”

小沙弥匍匐在地，泣不成声——一个七岁孩子，孤自一人，在茫茫大地上，漫无目标地寻找一个故意隐去踪迹的人，该是怎样的艰难！一切，都在这一声呼喊之中……

神秀睁开眼，惊奇地看着小沙弥，说道：“天哪，你是怎么找到当阳山来的！”

小沙弥跪着前行，扑到神秀腿上，放声大哭：“上座，我找得你好苦哇……”

神秀抚摸着他的脊背，也不禁潸然泪下。

良久，小沙弥的痛哭变成了抽泣。神秀为他擦擦眼泪，问道：“你什么时候离开的东山寺？师父他老人家好吗？师兄弟们怎么样？”

小沙弥哽咽着说：“自从你和慧能走后，祖师弘忍就停止了说法，经常连方丈室的门都不大出。知客师影隐与惠明他们去追慧能、夺衣钵去了，我也就下了山。一路打听，好不容易才找到了这里。”

神秀焦急地说道：“知客、惠明他们太不像话，连俗人都不如，全是胡闹！”

“他们说，将衣钵夺回来交给你。”

“哼，人心难测。他们是以我之名，行个人之私。”

“寺里的大多数人都认为，慧能一字不识，不配继承衣钵。”

“诸法妙理，非关文字。慧能师弟得无师之智，深悟上乘佛道，我比不上他。他的一偈，使我如梦方醒，受益匪浅。何况，师父之所以亲传他衣法，自有明智鉴机之力。”

小沙弥说：“那可怎么办哪？他们是不达目的，誓不罢休的。”

神秀想了想，说道：“吉人自有天佑。他们不会得逞的。不过，他们这么一闹，叫我以后怎么见慧能师弟……”

神秀摇头叹气。忽然，茅篷外面的林中似乎有若隐若现的行吟声：

浩然之气，犹在心目。

山林之士，往而不反。（晋代僧人竺法崇偈）

吟诵之声刚落，神秀便开门而出。屋外，明月东升，风拂树动，哪里有人的踪影？

有感即应，千里明月同光辉；无机不破，一颗禅心了无尘。

神秀对空合十，呢喃道：“谢谢大师开示。”

继而，他对着明镜一般的月亮，祈祷似的自言自语：“我神秀之心，犹如天上明月。慧能师弟，你可了知……”

冥冥中，深深陷在宝林寺后山大石头里的慧能，似乎听到有人呼唤他。于是，他从禅定中缓缓醒了过来。

他慢慢从石头中拔身而出，已是清晨时分。山上的火焰大都已经熄灭，四周恢复平静，只有个别地方仍冒着余烟。

慧能走到没有着过火的地方，把怀中的小兔和小松鼠放下，看着它们消失在草丛中。他自语道：“你们自由了，我也该走了。”

他整整衣衫，向曹侯村的方向遥遥一拜，然后转身离去，身影融进了茫茫大山中……

而今，曹溪山那块石头上依然存留着六祖慧能趺坐的痕迹，甚至连衣服的纹路都很清晰。人们都称它为“避难石”。

慧能一路向南，不一日，回到了新州夏卢村。

龙山依旧蜿蜒，小村依旧安然。

冬天的落日，很是绚丽，也很短暂。

大山里冬天的黄昏，更是格外短暂。才见几缕炊烟袅袅，牧归的黄牛们便从村落四周的山岗上牵着薄薄的暮霭缓缓走了下来。于是，暮色悄然跟随着牛们的脚步，漫向街道，流进小巷，灌满了每一座院落……渐渐地，如水的夜色淹没了房屋树木，涨平了整条山谷，最后，完全静止了，静成了一泓无风无波的澄湖。

汪、汪，汪。

几声狗叫，像耐不住寂寞而跃出水面的鱼儿。然而，鱼儿不是鸟儿，无法在空中长久滑翔，只好潜回到光滑的平静之中。

夜，益发的清幽了。

慧能摸下山来，看到了自家的灯火，心头暖洋洋的。柴扉应手而开。他刚走进院中，室内传来乐融融的欢笑声。他好奇地走近窗口，向里探视。

室内，三年未见的母亲精神很好，正在与一个七八岁的小女孩儿玩灯影。她们的手，一会儿被灯光映成一只小狗，一会儿又变成了小兔，一老一少乐个不停。

玩够了，李氏夫人将小女孩揽在怀里，慈爱地说："珍珍，天不早了，你也该睡觉了，奶奶也该念佛啦。"

小女孩儿好奇地问："奶奶，你念佛干什么？"

李氏笑道："念佛就是念佛呗，还问干什么！"

女孩儿也笑了："我是问，你整天念阿弥陀佛有什么用？"

李氏说："念阿弥陀佛，死后可以往生到西方极乐世界。"

女孩儿更好奇了："西方极乐世界在哪里呀？那儿比咱们村好吗？"

"当然好啦！西方极乐世界，不刮狂风、不下暴雨，遍地都是宝贝，人们不愁吃，不愁穿，也不相互欺负，没有一个坏人，你说好不好？"

"呀，这么美啊！那，奶奶，念佛就能到西方极乐世界吗？"

李氏说："光念佛可不成，还得修行。"

"什么是修行啊？"

“修行就是多行善，不作恶。像你妈妈，让你来和我这个孤老婆子做伴。陪我睡觉，就是行善哩。”

女孩儿又问：“行多少善，才能到达极乐世界呢？”

李氏回答：“人活着，就要行善，行一辈子善，要一点坏事也不想、不做。如果做了伤天害理的事，心里就不干净了。心里不干净的人，阿弥陀佛怕你弄脏他的净土，就不接引你了。”

女孩儿追问：“如果每一个人都行善，都一心一意帮助别人，都不做坏事，阿弥陀佛都要吗？”

“当然要。”

女孩儿想了想说：“如果咱们这个世界都是好人，没有一个坏人，这个世界也不错，就不用大老远地跑到西方极乐世界去了。”

李氏愣住了，犹犹豫豫地说：“奶奶不知道。也许是吧……”

女孩儿在李氏的怀里进入了甜甜的梦乡。李氏轻轻将她放到床上。她刚走到供桌前，准备坐下念佛，忽然听到门外有人喊了一声“娘”。

李氏自嘲地一笑，轻轻摇摇头，自言自语说：“又是幻觉。这几天，总是听到能儿的叫娘声。老了，耳朵不中用了……”

“娘，你这次不是幻觉，真的是我回来啦！”慧能一边敲门，一边说：“娘，您开开门，真是慧能回来啦！”

李氏又惊又喜：“老天爷，这回不是做梦，真的是能儿！”

她打开门，慧能一步跨进来，叫了一声“娘”，扑通跪了下来。

李氏捧着他的脸，仔细端详，喃喃道：“瘦了，也黑了，不过，更结实啦。”

慧能站起来，扶着娘到佛龛前的蒲团上坐下。李氏问：“能儿，你怎么回来啦，不是说，你继承弘忍大师衣钵了吗？”

慧能一惊：“娘，大师衣钵南传的事，您已经知道啦？是不是有人来找过您的麻烦？”

李氏点点头：“几个月以前，有一群僧人找到了咱家，说是你拿了人家的什么衣钵，偷偷跑回家了。我告诉他们，我的儿子虽然没有回来，但我可以肯定，他绝对没偷你们的衣钵，因为他从小没有偷过人家的任何东西。后来，他们又来家里找过你几次。前几天，城里的大善人安道诚来看我。他告诉我，听说大师把衣法传授给了你。能儿，是不是真的？”

慧能点点头。

李氏回转身，面佛而跪：“阿弥陀佛，谢天谢地！这是俺卢家几十辈子行善积德的结果呀！”

慧能苦苦一笑，说道：“还不知是福、是祸呢。许多师兄弟不服气，总想抢回大师的衣钵。来咱家找我的那些人，就一直在追踪我。前些天，他们在韶州曹溪发现了我。他们……”

“他们没把你怎么样吧？”李氏吓得脸色煞白。

慧能赶紧说道：“娘，您看您！我这不是好好的吗？”

李氏紧张地望着窗外：“那你还不赶紧躲藏起来，回家来干什么？”

慧能说：“我师父弘忍大师也让我先藏起来，暂时不能露面。一方面，我还需要刻苦修行、精进，另一方面，避开风头，防止他们加害于我。可是，我惦记着娘一个人在家……我想带着娘搬到一个没人知道的地方……”

李氏说：“我一个人过得挺好。你都看见了，乡亲们，邻居们都很照顾我。城里的安大善人也断不了给我送一些零花钱。娘现在的日子，比你在跟前的时候还好呢。”

“可是……”

李氏打断慧能的话：“可是什么？你别忘记，你是出去避难的！娘跟着你，岂不是也要东躲西藏、颠沛流离？再说，有娘拖累着，你怎么修行？万一有个风吹草动，你走不脱，岂不辜负了弘忍大师传你衣钵的初衷？”

“可是，把您一个人留在这里，我实在不放心。”

“慧能，你怎么学佛学糊涂啦？弘忍大师传你衣钵，是让你以拯救天下苍生为念，以弘扬佛法，普度众生为己任！”

慧能欲言，母亲制止住他：“好啦，你什么也别说啦。你马上走，找个安全的地方，去磨炼佛性，精进佛道，等待机缘成熟，弘扬佛法，教化众生。”

说完，李氏手数念珠，闭目静坐，默默念佛，再也不理慧能了。

慧能无奈，从怀中掏出一包银子，说：“娘，这二十两银子，是师父给我的盘缠，您留着过生活……”

李氏仍然不睁眼，不吭声。慧能只好拭泪离去，投身到茫茫黑夜之中。

两颗硕大的泪珠，从李氏眼角渗出，在灯光下晶莹闪烁。

粤西北怀集、四会一带，大山连绵，沟壑纵横，草深林密，荒无人烟。这里，是野生动物的王国。

苍茫大山深处，一列高峰横空出世，巨硕在天地之间。它，就是怀集县上爱岭归嘴岩。在山谷悬崖下的一块平地上，十几个猎人正在夜色中举行拜神仪式。

崖壁底部，有一个黑乎乎的岩洞，好像一张贪婪的大口。洞前的石桌上，供享着烧得焦糊糊的野猪头、鲜血淋漓的野鸡和带着半个脑壳的鹿角。

平地中央，篝火熊熊燃烧。几个青年猎人脸上涂得五花八门，全身赤裸，腰系一块兽皮，手握长刀，跳着原始、古怪的舞蹈。四周围坐的人，和着舞蹈的节拍，唱着古老的歌谣。低沉、粗犷的男声，在山崖下、在旷野中回荡，充满了力量，充满了野性，呼唤着勇敢，也呼唤着一种血腥的欲望。

断竹、续竹，
飞土、逐肉。
既张我弓，
既挟我矢。
发彼小豝，
殪此大兕。
……

猎人们的舞蹈愈来愈疯狂，歌声也变成了声嘶力竭的吼叫。

他们的歌声，在无边的旷野中回荡。它犹如夜的精灵，似乎附着一种神秘魔力。千百年来，祖祖辈辈，他们就是这样唱着、跳着。在他们的心里，期盼着有一个看不见的，却又时时刻刻存在的神灵听到他们的歌声，看到他们的舞蹈，享用他们奉献的供品，保佑他们平安……

“沙沙，沙沙……”

突然就有一种异样的声音在某个地方传来！

本来祈求神灵的猎人们，却一阵阵头皮发麻，将歌谣生生冻结在了喉咙里，舞蹈，也变成了雕像……

篝火之外，是一圈深渊一样的黑暗。

黑暗里，一个影子踉踉跄跄、摇摇摆摆向着火光走来。幸好，这是一个人，一个刚刚挣扎到篝火旁便昏厥了的陌生人。

是慧能！

猎人们将昏倒在地的慧能抬到了附近的石屋之中，团团围着他，有的把脉，有的掐人中。

一位五十多岁的老者——猎人中老大，说道：“老二、老三，你们别瞎折腾了，他是饥饿、冷冻和劳累过度才累昏倒的，给他灌点热水，让他静静地躺一会儿就好啦。”

那位被称作“老二”的中年汉子从火堆上燎着的吊锅里倒了一碗热水。慧能人事不省，牙关紧闭，灌不进去。他为难地叫道：“老大，不行。”

老者走过来：“老二，我来。”

老大拍拍慧能的脸，使劲一捏他的下颌，他的嘴自动张开了。半碗热水下肚，慧能吐出一口浊气，睁开了眼睛。他看到的是一张张粗犷，但也十分友好的脸。他挣扎着想坐起来，老大摁住他：“兄弟，你饿得虚脱啦，别动，我叫他们给你弄些吃的来。”

老大抬头，对着屋角喊：“小五子！”

“来了！”

一个青年猎人端着一大碗热气腾腾的红肉，递给慧能：“来吃吧，刚出锅的野猪肉。大补！”

慧能像是吞了一条毛毛虫，干呕起来。

老大将肉碗挪开，训斥青年猎人说：“胡闹，饿得过了劲的人，把这一碗野猪肉吃下去，还不撑死！去，给他盛碗米粥来。”

老五弄来一碗米粥，慧能三口两口吞下肚，精神立马见好了。

老大打量着慧能，神色郑重地说：“这位兄弟，你叫什么？你是苦行的头陀，还是官府的逃犯，怎么孤身一人闯入这荒无人烟的深山老林里来啦？”

慧能苦笑道：“在下慧能，先行谢过诸位的搭救。老大，我，我是个无家可归的流浪汉，迷了路。”

老五与慧能年纪相仿，急急忙忙说：“那你就留在我们这儿吧。打猎，发不了大财，但也饿不着你。你说呢，大哥？”

老大点点头，说：“我们还缺少一个打柴做饭的人手，你若是愿意，和我们一块干吧！”

慧能点点头：“谢谢大哥们容留。”

慧能在猎人队里留了下来——寒冬腊月，深山里根本没有其他人群活动，若想活下去，他别无选择。

第二天一早，猎人们到野外下网、布陷阱，挂套、设伏弩……

慧能留在石室里洗菜、做饭，忙得不亦乐乎。他焖上米饭，熄灭灶火，就在灶前静坐，不知不觉进入禅定之中。

中午，猎人们回到石屋。五大三粗的老三边往屋里走边嚷：“妈的，这一上午，老子饿得肚皮贴到了脊梁骨上。喂，慧能，饭做好了没有？”

室内无人应。

老三伸头朝灶间望去，见慧能静静坐着，脸上似笑似喜，咕哝道：“这小子，坐着睡觉还做好梦哩！是不是梦见了哪个大闺女？”

他拿起铁瓢，在慧能耳边猛然敲响。

慧能从禅定中出来，问：“大哥他们都回来啦？”

“都回来齐啦，饭好了没有，我们饿坏了！”

慧能站起来，说：“早好了。马上开饭。”

慧能将饭菜端到石屋里。猎人们围着一锅热气腾腾的骨头肉，狼吞虎咽。慧能从锅中拣出几根野菜，端起碗，到一旁蹲着吃。

老三敲着肉锅，冲慧能喊：“喂，慧能，这么多肉，你咋不吃？”

慧能不自然地笑着说：“兄弟我没这份口福。三哥，你们自己吃吧，我有野菜下饭。”

老三眼睛瞪得老大：“野菜能比肉好吃？我不信，世上竟有放着野味不吃而去嚼野菜的人。”

“我是习惯成自然啦！”

山中狩猎的日子，就像太阳东边升、西边落一样周而复始。白天，别人们打猎，慧能做饭，晚上，猎人聚在石屋里谈女人，说传奇，而慧能独自一人在岩洞里禅坐修行。

初春的一天，太阳刚刚升起，把一缕红红的光环射进岩洞中，照在端坐入静的慧能脑门上。

洞外，老大咳嗽了一声。

慧能睁开眼，说：“大哥，请进来吧。”

老大走进山洞。他四处看看，惊疑地问：“咋你连铺都没弄，晚上怎么睡觉？”

慧能拍拍屁股底下的蒲草团。

老大不大相信，问：“一整宿，你就这样坐着？这一个多月来，你每天晚上都这么打坐，不睡觉？”

慧能点点头，说：“我坐着，就是休息。”

老大略微想了想说：“你这是练哪门子魔功呢？你不和大伙一块睡石屋，我还以为你爱安静、怕麻烦哩！”

“大哥，这可不是魔功，而是正儿八经的禅定功夫，佛门的一种修行方法。”

“我不管你什么功呢，只要你每天不打瞌睡，不耽误给大家做饭就成。噢，对啦！这几天，我们要到山那边去开辟新的猎场，这边的网啊、套的，由你来看管。捕到猎物后，把它们杀好，等我们回来去卖。”

慧能点头称是。

临出洞口，老大咕哝了一声：“怪人，叫人琢磨不透……”

猎人们走后，慧能到那些预设的猎场查看情况。

一只猴子被一张密密的大网罩住了。它吱吱乱叫，使劲挣扎。但越挣扎缠得越紧，越无法逃脱。看来，只有听天由命，等猎人到来宰上一刀……

慧能穿过密林，向捕兽网走来。

猴子发现有人来，似乎预感到末日来临，越发挣扎，嘴中发出绝望的哀鸣……

慧能听见“吱——吱——”的猴叫，看到了落网的猴子。他赶忙走过来解开了网纲，放走了野猴。猴子逃脱之后，似乎还不相信慧能真的放了它，它回头看看，见慧能并未追赶，才放心大胆地从树枝间跳跃而去，消失在密林深处。

慧能实在不忍心看着那些落网的动物们垂死挣扎的模样，于是，他将被套住的野鸡放走，把捕兽器中的小刺猬救出……

三天之后，猎人们满载而归。但是，他们惊讶地看到，慧能这边却一无所获。

老大看了慧能一眼，什么也没说，老三、老四阴沉着脸出去了。

不一会儿，他俩闯进了慧能栖身的岩石洞，二话没说，便对慧能拳打脚踢。老二、老五跑进来拉开他俩。

老二嚷道：“老三、老四，你们疯啦？怎么不问青红皂白就打人，太不像话！”

“我就要打死这个吃里扒外的狗杂种！”

老三挣开老二的拉扯，狠狠扇了慧能一个耳光，慧能砰然倒地，嘴角鲜血直流。但他一声不吭，又坐回到蒲团上。

老二抱住欲踢慧能的老三。老三吼道：“二哥，你放开我，今天我非揍死他不可！”

老二说：“老三，天大的事也得让人家说话，事说清了，查明情况，你们再动手也不迟。”

老四说：“还查什么查！咱们走了三天，满载而归。可咱们设在这里的猎场，却连一只山鸡都没捕到。”

“打猎嘛，本来就是碰运气。也许这几天真的像慧能说的那样，没有猎物落网呢。”老五说。

老三指着慧能的鼻子骂道：“咱们都被这个狗杂种骗了！老四和我到猎场一个地方、一个地方地查看过，好几处陷阱里有獾毛、野猪的蹄印、狗熊拉的屎，还有那些网啊、套啊，都有飞禽走兽的痕迹。”

老二大吃一惊：“真的？”

老四说：“蒸的，还煮的哩！咱们兄弟结伴打猎十几年，我什么时候蒙过你？那些猎物加起来，少说也能卖几两银子！”

老二望着慧能：“这、这、这……这是怎么回事？”

老四说：“肯定是这小子趁咱们不在，偷偷卖给了进山收购的野味贩子啦！”

老二问鼻青脸肿、满面鲜血的慧能：“慧能，你若是将我当作兄弟，请你告诉我，这是怎么回事？他们说的是不是真的？”

慧能欲言又止。

老三怒吼：“不把那些银子拿出来，就往死里揍他！”

他们刚要扑上去继续殴打慧能，洞外一声威严的干咳声，镇住了众人的行动。

老大背着手走进洞来。

老三说：“大哥，你来得正好，这小子是家贼，偷走了咱们大伙的猎物。应该好好教训他一顿！我……”

老大瞪了老三一眼，走到慧能跟前，蹲下，慢慢吞吞地问：“兄弟，到底是怎么回事？”

老三说：“这还用问吗？他偷卖了猎物，让他把银子吐出来！”

慧能拭拭嘴角流下来的鲜血，说：“大哥，请您相信我，我没有私卖猎物，没有独吞大伙的银子。”

老四说：“你没卖，那么多猎物到哪儿去啦？你都吃啦？你不是从来不吃肉吗？”

老大又干咳一声，大家都不吱声之后，他用询问的眼神看着慧能。

慧能垂下头，半晌，才小声说：“对不起，大哥，是我，是我把捕到的野物们都放了。”

“什么？放啦？都放啦？你他妈的疯啦？傻啦？那可都是白花花的银子呀！”

老二也不解地问：“你干吗这么做？咱们是猎人，捕到猎物又放掉，喝西北风去？”

慧能的神态反而变得坦然了：“我看它们垂死挣扎的样子太可怜了，就把它们放了生。”

老大的嗓子里似乎爬进了什么小虫子，干咳了半天，才缓缓说道：“慧能，这就是你的不对了。咱们打猎的人，舍家离乡，像野人一样钻进这荒无人烟的深山老林里，就是要在野物们身上讨生活。家中的父母妻儿都靠这养活哩。你这么做，岂不是断了大家的财路？”

慧能说：“咱们有一家老小，那动物也有一家老小哇！把它捕杀掉，它的孩子岂不也会饿死？”

老大有些生气了：“可咱们是人，它们是野兽！”

慧能理直气壮地说：“野兽怎么啦，人家又没惹咱们，干啥非和它们过不去，非要捕杀它们不可？”

老大站起来，说：“跟你这糊涂虫说不清。”

老大一掉头，悻悻地走出山洞。

老三、老四作势又要揍慧能，老二拦住他俩：“算啦，算啦。再打，非出人命不可。走吧，走啦！”

老三他们不情愿地被老二拉出了山洞。老三在洞外说：“你个狗杂种放跑了我们的猎物，叫我们少得了银子，从今往后不许吃饭，把我们的损失省回来！”

慧能被打得遍体鳞伤，昏昏沉沉坐在洞中。

一昼夜过去，慧能忍着伤痛打坐，未出山洞。

第二天傍晚，猎人们在石屋吃饭。老二端着饭碗，蹲在门口，看看岩洞的方向，仿佛自言自语说：“已经两天了。人是铁、饭是钢，一顿不吃心发慌。两天一点东西也没吃，会饿坏人的。”

老三瞪着牛眼说：“你是说慧能那小子？饿死他活该！我丑话说到前头，谁他妈敢偷偷摸摸给那小子送吃的，就是故意和我老三过不去，我的一双拳头正闲得发痒哩！”

老三捏得指关节啪、啪作响。

老二看老大一眼，轻声说：“他还有那么重的伤，万一……”

老大说：“两三天不吃东西没事。饿饿他也好，叫他记住这次教训。等饿得实在受不住啦，他自己会走出来的。”

老四说：“那也不行，他必须承认他不对，向大伙认错。否则，坚决不让他吃咱们的饭！”

吃过饭，老四哼着小曲在岩洞口外面散步。他故意冲着洞里说：“怎么样，两天粒米未进，滋味不好受吧？大哥说啦，只要你承认你做得不对，保证今后不再犯傻，不再败坏大伙的好事，我就叫老五给你送饭来。”

洞中没有任何动静。

老四提高嗓门说：“咋，你没听见？聋啦？”

仍无回声。

老四狠狠踢开一块碎石，说：“你甭跟我装傻充硬，是好汉，你就再饿两天！”

老四骂骂咧咧离开洞口。

果然，又是两天过去，慧能依然没有走出山洞。

清晨，猎人们指点着岩洞方向，小声议论着。

老五敬佩地说：“慧能的骨头真硬，宁折不弯，是条好汉子。”

“好汉子也罢，孬种也罢，已经是第四天了。若是再不想法，真要出人命了。活活饿死人，要吃官司的！”

老二斜了老三一眼。

老三脸涨得通红：“我、我……我也没想到这家伙比牛还犟，宁死不肯认错。这、这、这可咋办哩。”

“咋办？咱们总不能逼着人家活活饿死吧？！”

老三手足无措，无助地望着大家说：“我没有预料到事情会僵到这一步，我、我……要不，我去给他磕个头，央求他出来吃点东西？”

老二一撇嘴：“早知今日，何必当初！”

老大从石屋出来，望了望岩洞的方向，吩咐道：“小五子，你去盛些饭菜，送到洞里去。其他人继续去打猎，省得慧能见着人不好意思。”

大家刚要散开，老大又说：“听着，这件事就这么过去啦。谁也不许再提。否则，哼！”

老五刚要弄饭给慧能送，老四拉住他说：“老五，你甭管了，我给他送去。”

“这还像句人话。事情本来就是因你和三哥而起，解铃还须系铃人。你去送饭最好。”

老四阴阴一笑，没作声。等大家都去干活之后，他盛了满满一盆肉，自语道：“我看你吃不吃！”

老四将肉盆送到洞口，冲里边喊：“大哥说，这事算过去啦，叫我给你送饭来啦，你吃吧。”

岩洞内，饥饿难熬的慧能听了这话，脸上露出了胜利的微笑。

洞外，老四的脚步声远去。慧能喃喃祈祷：“阿弥陀佛，佛祖保佑……”

慧能身体极为虚弱，咽着口水，一步一挪移向洞口。

岩洞外边，老四躲在一块巨石后面，窥视着洞口。他看到慧能慢慢走到洞外，脸上露出了诡秘的微笑。他的身体绷成了一张弓，准备当慧能吃下第一口肉，冲过去，好好戏弄、数落他一番。然而，他失望了，慧能好不容易才走到盆前，看到饭盆里是一盆肉时，高声念了一声：“阿弥陀佛，罪过、罪过！”急急退回了洞中。

老四咕咕哝哝咒骂着：“杂种，我就将肉留在那儿，引逗着你，我看你能坚持多久！”

果然，慧能虽然退回了岩洞中，但心却仍在那盆肉的食欲诱惑中。他空空如也的肠胃不断被飘来的香气诱发得急剧蠕动。他坐立不安，尽最大的能力克制着冲出岩洞饱餐肉食的冲动。他背向洞口，坐了下来。然而，肉香依然飘来，扰得他心神不定，不时扭头去看那盆香气四溢充满诱惑的肉食……

鬼使神差，他梦游般地又一次走向洞口。忽然，仿佛是灵魂深处，传来一声小动物垂死的哀鸣。他狠狠抽了自己一个嘴巴，自语道："慧能啊，慧能，你是佛门弟子，怎么能为了活命而破戒？你连这点诱惑都敌不过，修禅何用？"

慧能平心静气，故意面对肉食而坐，以极大的定力观空，身心进入禅定中，渐渐地，他的神色呈现出一种安详和愉悦，脸色渐渐由苍白而红润，散发出一种神圣的光彩……

又是崭新的一天。朝阳欲出，霞光满天。世界万物都沉浸在一种美妙的祥和中。

石屋里的猎人们刚刚起床。老大趿拉着鞋踱到灶间，看到锅凉灶冷，不禁皱起了眉头。他回到石屋问老四："你给慧能送饭了吗？"

老四说："送啦。"

老大自言自语："奇怪，那他咋还不从岩洞里出来？小五子，小五子！"

小五子在屋外答应了。他端着那盆已经风干了的、落了不少尘土的肉走了进来，砰的一声放到老四面前。

老四惊疑地说："咦，这不是昨天我给慧能送去的肉吗？咋，他一口没吃？"

"啪！"老大狠狠抽了老四一巴掌。

老四捂着肿了半边的脸，后退一步："大哥，我……"

"啪！"老大又打了他一巴掌，咬牙切齿地骂道："你个狗日的，明明知道慧能是佛门中人，不食腥荤。你却故意给他送肉，也太阴了你！"

老四求援似地看看老三，老三气呼呼瞪他一眼："哼！"

老大说："快，到山洞里看看，万一慧能饿死了，我饶不了你！"

猎人们赶紧向岩洞走来。路上，老二忽然扯扯老大的衣袖，指着岩洞上方的山崖说：“大哥，你们快看！”

山崖上，那只被慧能放生的猴子领着一群小猴子跳下来，将松子、橡实、山核桃之类的干果，放到了洞口。

慧能从洞口中走出。他满面红光，神采奕奕，宛若脱胎换骨一般。小猴们围着他玩耍嬉戏，非常快乐。一只最小的小猴崽，撒着欢儿跳到了慧能身上，从嘴里抠出一个桃核，放在了他的手里。

慧能一边爱怜地抱起它来，一边笑着说：“桃核可以入药，但不能做食品，所以，我们还是种下它，让后人享用甜美的仙桃吧。”

说完，慧能当真将桃核埋在了土里。

后来，这里果真生长出了一株稀有的桃树，年年结果，甘甜异常，犹如天上仙桃。然而，桃核内没有果仁，不能移种。人们怀念六祖慧能的种树功德，随即将这上爱岭最高峰——归嘴岩称作“六祖岩”。——这是后话。

猎人们何曾见过人与野生动物如此亲密？老二腿一软，一屁股坐到地上，呢喃道：“天哪，这是活菩萨呀！”

慧能也看到了猎人们，他快步地走了过来，冲着老三、老四深深鞠躬道：“谢谢三哥、四哥引发机缘，助我修行。”

猎人们大眼瞪小眼，不知慧能葫芦里卖的什么药。

慧能一笑，说：“忍辱波罗蜜，是菩萨必须修行的。尤其是四哥，无意之中成就了我。”

猎人们不明白他在说什么，很是出乎预料：人家揍他、捉弄他，他不但不怀恨在心，反而感激人家，真是难以置信！

更令他们不可思议的事情还在后边。

猎人们正要出门，从四会县来了两个公差，说是山里有两只老虎出没，连伤了数条人命，闹得人心慌乱，鸡犬不宁。当地民众无不谈虎色变，吓得惶惶不可终日，每天闭门锁户，苦不堪言。因此，县老爷特地请他们这一队猎人去为民除害。

老三来了精神，问道：“既然县老爷出面请我们，那么，县衙门能给多少奖赏？”

"纹银一百两！"

"哇，这么多啊！顶得上咱们这一群人马干一年啦！"老四催促道："大哥，咱们收拾、收拾出发吧！兄弟们，走哇！"

"且慢！"老大喊了一声，制止住跃跃欲试的猎人们。他转向公差："这两位大哥，你们四会也有猎户，为什么跑到怀集来找我们？"

两个公差略一犹豫，相互看了一眼，说："你们是咱们这一带最为出色的猎人，所以，我们就来请你们啦。"

老大让小五子给公差倒茶，拿出珍贵的熏肉干请他们享用。然后，他像是漫不经心问道："你们县里的李老大还好吧？"

一个公差脱口而出："好什么好，让老虎撕下了一条大腿、半只胳膊，能好的了吗？他，他……"

从猎人们凝重的脸上，公差知道自己说漏了嘴，急忙止住了话头。老大追问："他，就是那两只恶虎伤的吧？"

公差只好点点头，说："我们县里的猎户，有好几个人猎虎不成，反而被那老虎伤了，无人再敢出面，所以……"

老大说："和我预料的一样。李老大的本领、手段，与我不相上下。他奈何不了那猛虎，我也就没有更好的办法了。那老虎能重伤李老大，看来非同一般啊！"

"县老爷说，请不到你们，要拿俺俩是问！老大，大哥……大叔……大爷……"看到老大无动于衷，公差转向老三、老四："这两位大爷，你们本领高强，一定能降伏那两只老虎，请……"

刚才还兴奋异常的老三、老四，这会儿打了蔫儿，只想往别人身后躲藏。

公差说："你们若是能去，奖赏翻一番，给你们二百两银子。二百两啊！"

老三小声咕哝道："若是把命搭上了，一万两银子有什么用？"

两位公差大失所望，正要离开，没想到，平时连一只蚂蚁都不敢伤害的慧能却站了出来，说道："两位大哥，我去！"

所有的人不由得一愣：你慧能身体单薄瘦小，手无缚鸡之力，更无猎杀猛兽的经验，如何降伏恶虎？

公差说："兄弟，你拿我们开涮吧？"

老大也说："慧能，你开什么玩笑？"

慧能却一脸的严肃，郑重地说道："为民除害，是我们猎人义不容辞的责任，我怎么是开玩笑呢！"

"可是，你虽然在猎人队里待了几个多月，仅仅是拾柴做饭而已，连最起码的狩猎知识都不懂。你没听见？那两只恶虎连经验丰富的老猎手都伤了，你如何能对付得了它们！"

慧能说："我自有我的办法。"

公差见他说得坚决，不禁好奇地问老大："这位大爷练过什么功吧？或许……"

"他呀，是佛教徒，会打坐，会念经。不过，老虎可不是吃素的！"

公差更失望了，佛教禁止杀生，不能用弓箭、毒药、陷阱伤害老虎的性命，你慧能就是念一辈子经，又如何能使得老虎改邪归正，不再祸害民众？

慧能说道："老虎也是众生。佛祖释迦牟尼说过，一切众生都有如来智慧德相。所以，我相信能找到不使老虎伤害人命的办法。"

说完，慧能就想向外走。老大一把拽住他："慧能，别胡闹！大老虎不是小猴子，你何必白白葬送自己的性命！"

慧能说："佛祖释迦牟尼曾经舍身饲虎，我若是为民葬身虎口，也算死得其所。再说，老大，我也不会死。我小的时候，曾经与一只老虎面对面坐了一个多时辰，它都没吃我。我一定能想法平定四会的虎患。"

"真的？"

慧能点点头。

猎人们想起慧能与野猴子戏耍等种种的不可思议，便不再阻拦他。

慧能只身来到四会县猛虎出没的地方。他虽然不怕死，但也不想无谓地被老虎吃掉。他努力思维着自己幼年时期与猛虎相对的情景。自己那时心不在焉，根本就不知老虎就在身边，即不因害怕而逃避，又不会因自我保护而防卫，所以，人与虎虽然面对面，但并不对立。由此可见，人若是没有害虎之心，老虎便也没有伤人之意。

他再次想起了释迦牟尼舍身饲虎的故事，心里马上想道：老虎吃人，是因为饥饿；若是肚里有食，它当然不会冒险咬人。人们常说：饿虎扑食，饿虎难挡。饿虎之所以凶残无比，是因为饥饿威胁着它的性命！

慧能心中持着降魔神咒，在那两只老虎伤过人的山野里查看。他发现，这里的山民在开春之前放火烧荒时走了火，将方圆几里的山野里的茅草都烧光了。以草为食的兔子、野羊、梅花鹿等没了食品，远走他方。而老虎是一种有相对固定捕猎地盘的猛兽。它在自己的势力范围里找不到草食动物，肚子饿时，自然会攻击闯进来的人类。

于是，他在念佛持咒祈祷的同时，用县衙门里的赏银，让村民买来一些食物，投放到老虎经常出没的地方，并渐渐将食物投向荒无人烟的深山老林。天感地化，那两只猛虎终于潜入大山深处，不见了踪影。

四会一带的虎患就这样平息了。

后来，为防止猛虎再来，慧能在这里烧炭为生，隐居多年。因此，四会县人民为纪念他，将这一带的山野叫作“扶卢山”——扶持卢氏。唐朝末年，人们在山下修建了一座寺院，名曰：六祖寺。——这是后话。

猎人们在林中穿行。突然，他们发现了一只大鹿站在林中空地上。老三悄悄拉开弓，嗖地向鹿射了一箭——

“啪！”未射中，箭插进旁边的树干里。但是，那只鹿站在原地未动。

老三又在搭箭拉弓。老大制止住他，悄声说：“千万别再射了，鹿的听觉最灵，一有风吹草动就跑得没影了。而这只鹿一动不动，太奇怪了！咱们千万别冲撞了山神。”

猎人们悄悄摸过去，看到地上一只小鹿被伏弩射死了。大鹿就站在小鹿身旁。

老三跳过去一推，扑通，大鹿砰然倒地。原来它早已气绝多时。

老三乐得蹦高：“这回赚啦，伏弩射死了一只小的，还搭上了一个大的，我们发财啦！”

老二在大鹿身上查看了半天，说：“奇怪，这只大鹿是怎么死的？身上一点伤口都没有。也不像病死的，更怪的是，它竟然站着自己死了。”

“管它怎么死的呢，只要肉没坏就行。”

老大沉思了一会儿，对老三说：“你剖开它的肚子看看。”

老三剖开鹿腹，看了一眼，吓得一跳老远。

猎人们同声问：“怎么啦？”

老三声音颤抖着说：“它、它、它的心炸啦，肠子也断成了好几截……”

老五问老大：“大哥这是怎么回事？平白无故，大鹿的心怎么会碎了呢？”

老大黑虎着脸不作声。

老二悄悄对老五说：“地上被射死的小鹿，一定是这只母鹿的崽子。母鹿见孩子被射死了，气血攻心，也就……”

老大没好气地吼道：“别他娘的说啦！呸！呸！真他娘的晦气，把它们埋了算啦！”

当天傍晚，猎人们围坐在火盆前，一个个垂头丧气，心里沉甸甸的。老大坐在一旁，用手指甲反复掐着茅草。半晌，他终于打破沉默，缓缓地说：“我不想再干这杀生害命的活儿啦。”

老二迎合道：“我也不想干啦。听说，像咱们这种杀生的人，死后会坠入地狱，上刀山，下火海，油锅炸。然后再转生成畜生叫别人一刀一刀地宰杀。”

“咱们现在改行怕也晚了。反正咱们弄死了无数野物，下地狱就下呗。”

老三故意装出一副满不在乎的样子。

慧能说：“阿弥陀佛。三哥，放下屠刀，立地成佛。你们和天下众生一样，本性是纯洁、善良的，只是由于被发财的欲望所累，不明白人生真正的目的，内心迷悟，才打猎杀生的。现在，你们内心已由浑浊开始变得清明了，知道了杀生是图财害命。这一念的产生便是觉悟，苦海无边，回头是岸。再加上认真忏悔，罪业自然能消除。”

老三怀疑地说：“没有这么便宜的事吧？咱们杀了上千上万只动物，跪在佛像前忏悔几句，就没事啦，就不用下地狱啦，那么，岂不是人人都可以大开杀戒，都可以干坏事，只要做过之后忏悔一下就行了……”

慧能严肃地说：“三哥，你说的不是忏悔，而是祈祷。真正的忏悔，是无相忏。什么叫忏？什么叫悔？忏，是坦白以前的过失，对以前所有的罪过、愚迷、骄诳、嫉妒等罪过全都坦白，永不再犯。悔，就是断除以后可能发生的过错。从今以后，对所有的罪恶行为，现今已经觉悟，今后全都断绝，永不再犯，这就叫悔。如果只知道坦白从前的过失，而不断除以后可能发生的过失，是明知故犯，怎么能赎罪呢？”

慧能的一番话，说得猎人们心动了。

老二走到慧能面前说：“慧能贤弟，你是活菩萨吧？是专门来山野里度化我们这群猎人的？”

“二哥，你说笑了，我不过是佛门一学子，自己的修行还差火候。”

“不管怎么说，你比我们明白。像我这样的人，一生作恶多端，滥杀无数。如果罪业有形，恐怕这间房子都盛不下，你能帮我忏悔罪过吗？”

慧能轻松地说道：“好说，二哥，你把你的罪业找出来，我帮你忏悔掉。”

老二抓耳挠腮，又翻翻身上的口袋，不好意思地说：“罪业不是有形的东西，不好找。”

慧能一笑：“既然找不到罪业，罪业不就忏悔掉了吗？”

老二一愣，接着高兴地说：“我明白了，我终于扔掉了所有的罪业。谢谢，谢谢慧能大师！”

慧能说：“从前所有的罪业，空幻如镜花水月，只要痛改前非，不再造恶，就是真正的忏悔！”

天色完全黑了下来。慧能点着油灯，石屋马上明亮起来，而那炽热的火盆，反而显得暗淡无光了。

老五惊奇地说：“哎呀，你们看怪不怪，这火盆里烧着许多木柴，却不如一盏小小的油灯，能照得满屋亮堂。”

慧能趁机开示说：“这一大堆木柴，就像人的各种贪欲，它燃起的熊熊大火，虽然能驱使人为满足欲望而奔波，但它并不能光耀人的生命历程，反而是以烧掉整个生命为代价。而觉悟的智慧如同灯光，一盏灯光，能驱散千年的黑暗，照亮人生，迷途知返。”

老三嘟着嘴说：“我不知道什么灯啊火啊，反正我知道，肚里没食，饿得发慌。不打猎，我们吃什么？一家人靠什么养活？”

老大重重叹了一口气：“这的确是个大问题。慧能，你可以打坐入定五天不吃东西，我们却不行。总得想个万全之策。”

老二说：“若是夏、秋季节就好了，咱们可以采药，只要不怕危险，就能挖到珍贵的药材。”

“废话，现在是冬末春初，只有打猎这活儿是黄金季节。”

众人沉默，唯有火盆里的炭火不时爆出火花。

慧能灵机一动，急切地说：“我有一个好主意，比打猎还稳妥，还保险。”

“啥主意，说出来听听！”众人异口同声。

慧能指着火盆说：“我在四会驱虎的时候，看到那里的山中不成材的硬杂木特别多，是最好的烧炭原料。咱们垒个炭窑，烧木炭，保准挣钱。”

老大眼中一亮，一拍大腿：“好主意！打猎主要靠运气，有时三天也捕不到能卖好价钱的野物。而烧炭就不同了。只要咱们肯下力气，用上好的原料，就能烧出最好的炭，就能卖出最好的价钱。”

老二兴奋地说：“那咱们明天就去。”

猎人们都是说一不二的汉子，说干就干。第二天，他们拔营而起，转移到四会，垒石为窑，试着烧起了木炭。

开窑那天，众人围着炭窑，兴奋得有些紧张，因为这毕竟是他们烧的第一窑木炭，关乎着众人今后的生计。

老大郑重地扒开窑口的土块，里面露出了黑油油的木炭。他激动得热泪盈眶，将热乎乎的木炭贴在脸上，喃喃地说：“成功了，成功了！”

众人欢呼：“噢——我们的木炭出窑啦！”

有人激动得直跳高，有人高兴得手舞足蹈……

十五年时光倏然而过，慧能已经三十九岁，是个中年汉子了。

一天夜间，他照例在一间小小茅篷里静坐，外面空中传来缥缥缈缈的吟诵声：

> 盛年不重来，一日难再晨。
> 及时当勉励，岁月不待人。（东晋陶渊明诗）

慧能会心地一笑，站起来，走到外面。

远方，传来隐隐约约的鞭炮声。慧能自语："春节到了，春天要来了，我也该下山了。"

慧能回到茅篷里，迅速收拾好装有祖师袈裟的包袱，钻出门来，深情地望了同伴们居住的大茅屋一眼，直奔山外而去！

第十二章　出　家

六祖慧能携禅宗衣钵南归之后，因为受到名利之徒的追杀，就在广东四会、怀集一代的深山之中隐匿了十五年。这十五年，是苦行的十五年，是修行的十五年，更是对佛之心法艰苦实践的十五年。

> 浮云天地阔，冷暖曷须争。
> 智慧形骸外，心同死水情。（隋代本济禅师偈）

岭南春来早。远处的村落里过年的鞭炮声，催得山中野梅灼然开放，把一束大好春意尽情地抒写在荒野之中。六祖慧能感到现身出世的时机已经成熟，就沐浴着早春明媚的阳光，步出深山，来到广州。

广州是岭南最繁华的大都市，名流荟萃，商旅云集。当年达摩大师泛海来华，就是从这里踏上了中华大地，播撒下禅的种子；而今，他的五传法孙——慧能，也将从这里开始大张法席，广泛传播禅之心法，一花五叶，从而使禅，这一人类文明的瑰宝，益发光辉灿烂，其影响一直到如今。

这是偶然的巧合，还是历史的必然？

这一天，是正月初八。

慧能看到法性寺（今光孝寺）高高的旗杆上幢幡高挂，迎风招展，心中一阵兴奋。他知道，寺院里幢幡升起，五色彩带飘扬，是表示有重大法事活动。今天单升幡旗，则表示寺里有高僧讲经。

慧能跟随着络绎不绝的人流，缓缓走进法性寺。

广州法性寺内，数枝红梅灿若繁星，向人们传递着严冬已逝的消息。

寺中的戒台上，一个十来岁的小沙弥冲着一棵菩提树跪拜顶礼，神色凝重而庄严。一位十七八岁的，名叫法空的青年禅僧跑过来训斥他："婴行，你又犯疯病啦？放着大殿里的佛菩萨不拜，神经兮兮地拜一棵树干什么？"

婴行充耳不闻，自顾自三跪顶礼，嘴里似乎还喃喃祈祷着什么。

青年禅僧法空口中说个不休："难怪印宗大师给你取法号'婴行'呢，看来，你永远长不大，还像个三岁的婴儿，拿着土块当馍馍。"

婴行顶礼已毕，斜了青年僧人一眼："你懂什么！"

法空说："我是你的师兄，比你入门早，比你岁数大，比你听经多，自然比你懂得多。"

婴行一撇嘴："大殿里的木鱼儿，比你入门早，比你岁数大，听经比你多，是不是比你懂得更多？一会儿课诵时，我们就别敲它啦，敲你的脑壳好了。"

年轻的法空张口结舌，吭哧了半天才说："那，你放着佛菩萨像不拜，拜一棵树干什么？"

"师父说过，金菩萨不度炉，木菩萨不度火，泥菩萨不度水，我婴行是个大活人，所以我拜的是活菩萨。"婴行双手叉腰，说得理直气壮。

法空一脸的嘲弄："这棵树，是活菩萨？"

婴行不答反问："我来问你，这是一棵什么树？"

"菩提树。"

"你既然知道是圣树，为什么不让我礼拜？"

法空大笑道："佛祖释迦牟尼是在菩提树下悟道成佛的，但他人家是在印度尼连禅河之畔的那棵菩提树下，而不是在这棵树下。你拜它又有何用！"

婴行装傻充愣，故意问道："此树系何人所植？"

青年禅僧法空的嘴角，差点撇到耳根上："哼，你连这都不知道！"

"请法空师兄赐教！"

法空得意地说："要说咱们这法性寺，不但是岭南第一名刹，而且天下闻名。早在三国时期，这里就辟为寺庙了，名为王园寺。凡是从印度航海而来的法师，或者从海路到印度求法的中国僧人，大都从这里落脚。多年以前，一位名叫求那跋陀罗的印度高僧飞锡驾临广州，在寺里建立了现在的这个戒坛。他预言说，两百五十年之后，有一位肉身菩萨将在这里受戒出家。而这棵菩提树，是另一个高僧智药三藏从印度带来的树苗，栽到了寺里的戒坛前。”

婴行指指一旁的石碑：“智药大和尚栽菩提树的同时，是不是立了这块石碑？”

法空点点头。

婴行说：“你自己细细看看，他在碑文中预言，170年之后，将有肉身菩萨在此菩提树下大开普度，弘扬无上佛法。你再看立碑的时期，仔细算一算，今年正是两位大师预言的活菩萨出现的时刻……”

婴行忽然停住话头，双眼死死盯着什么。

法空顺着他的目光看去，只见慧能从容不迫地走进法性寺来。他似乎别有意味地对着婴行神秘地笑了笑。婴行的魂魄似乎被慧能的神态摄去了，痴痴的，呆呆的，直到慧能的背影消失，他仍在发愣。

二百五十年的戒坛依旧庄严，一百七十岁的菩提树枝繁叶茂，绿荫匝地，高大参天。它们还在企盼着肉身菩萨的到来吗？

法空捅了婴行一下，说：“婴行，你又发什么呆？印宗大师今天要讲《涅槃经》，咱们快去听吧！”

法性寺大雄宝殿，红墙黄瓦，高大庄严。凌空翘起的飞檐，又显得格外轻灵飘逸。大殿外高高的旗杆上，五色幡旗迎风飘扬，把湛蓝的天空装点得格外生动。

小婴行与法空来到大殿的时候，一些僧众与居士已经来到，静静地坐在蒲团上等待着印宗大师讲经。好像是冥冥中受到了什么启示，小婴行下意识地向大殿东南角望去——那里，是男居士们应在的位置。果然，他在一个最不显眼的角落，看到了那个平平常常却又十分神秘的人物——慧能。

婴行和法空按照僧腊，坐到了僧人们的最后一排——他们出家最晚。

印宗大师安坐在佛坛上闭目冥思。

这时，大殿内一片宁静，似乎有一根针落在地上，都能清晰地听到声响。忽然，外面一阵强风吹过，大殿前的旗幡剧烈抖动，猎猎作响。人们的目光自然而然追逐着声音向外望去。

殿外，五彩缤纷的幡旗在灿烂的阳光照耀下，在和煦的春风吹拂中，尽情地招展，自由地飘舞，煞是好看。蔚蓝的天空，因它绚丽的色彩而生机勃勃；古老的寺庙，有它的曼妙飘扬而意趣盎然。

许多人都被这奇妙的景象所感动，心中油然生出许多感慨来。年轻的法空大概过分投入、过分陶醉了，不知不觉中，喃喃自语道："春风吹得幢幡动，赤橙尽染艳阳天……"

一个老年和尚不客气地打断他的沉吟，呵斥道："年轻人，一天到晚心随境转，只知吟诗作赋，禅机却一窍不通。什么风吹幡动，应该说是幡自己在动。"

法空倒吸了一可凉气，一脸的茫然："你，你是说，幡自己在动？"

"那当然。因为幢幡高挂，就有了飘动的可能性。所以，佛门之人不要被色彩和表面现象迷住慧眼。要知道，那不是风动，而是旗幡动。因为动性在旗幡上，而不在风上。"

年轻的法空觉得老和尚讲得不在理，却又一时想不出反驳的理由，憋得脸通红，也没说出个所以然来。

老和尚接着说："动性就是能够活动的可能性。这动性有的东西有，有的东西没有。因为幡挂在旗杆上，有动的可能性，所以是幡动而不是风动。"

婴行冷不防使劲推了老和尚一把，老和尚踉踉跄跄，差点摔倒，样子狼狈极了，逗得大殿里所有的人哈哈大笑。

老和尚忍不住破口大骂："你个小杂种……"

婴行叉着腰站立在他面前，装出大人的模样，呵斥道："佛说，不恶口！一念嗔心起，火烧功德林。你修行多年，连这也不知道？怎么能开口骂人！嗯？"

婴行一本正经，装腔作势教训老和尚。

老和尚吃了亏，反而输了理，气得七窍生烟，但又不好发作，只好加重口气说：“你一个小沙弥，竟敢推搡老衲，是何道理？”

婴行嘻嘻一笑，说：“我想试试你，有没有动性。”

老和尚说：“人，当然有动性了。你看，人走路，他脚下的大地并没有动，动的是人。”

婴行指着他的额头说：“那么，刚才是你自己在动，而不是我推了你，你为什么骂我？”

老和尚语塞，悻悻地走远了一些，生怕不知深浅的婴行再次冷不防出手，再让他“自己动”一次。

婴行越发得意忘形：“无话可说了吧？如果没有风，旗幡自己怎么能飘动呢？”

“……”

法空像是受到了婴行的启发，扭头向外看去。这时，恰恰风停了，漫天飘舞的旗幡静静地悬垂下来，一动不动。法空对着老和尚说：“不动了，不动了！你看，你们大家看，幢幡真的一动不动啦！因为眼下没有了风！有风则动，无风则停。可见我说得没错，是风吹幡动。”

老和尚漫不经心地望了望高高的旗杆之上死蛇一样纹丝不动的幢幡，不慌不忙说：“照你这样说，动性在风而不在幡啦？”

“那当然，你自己不是都看见了嘛！”

老和尚问：“照你这么说，动性应该在风啦？”

婴行当仁不让，抢着说：“那当然。”

老和尚成竹在胸：“那好，我来问你，刚才那阵风，是不是也吹拂了白云山？”

白云山，是广州城外的一座风景秀丽的高山。在法性寺，抬头就可以看见它的直插天际的峰峦。

婴行说：“白云山离这里不远，吹动幢幡的风，应该也能吹到它。”

“那么，白云山刚才是不是也像幢幡那样摇摆不止呢？”老和尚咄咄逼人的目光紧紧盯着婴行与法空，“说呀，你们倒是说呀！风是不是能吹动白云山？”

法空无言以对，婴行也张口结舌："这……这……"

老和尚紧紧盯着他不放，追问道："这什么，你回答我，风吹青山，青山是不是摇动？"

婴行无可奈何，只好小声回答："不动。风，吹不动大山。"

老和尚脸上露出胜利的微笑："这不就得啦？因为青山没有动性，而幡却有，所以，风吹得动旗幡却吹不动青山。可见动性在幡不在风。"

婴行心里明明感到老和尚的理论似是而非，但他有口难言，无论如何也说不清楚，急得他抓耳挠腮……

大殿中僧俗们交头接耳，有的认为老和尚说的有理，有的觉得是风吹幡动，乱哄哄像飞着一群马蜂。

忽然，角落里，一个非常自信又非常洪亮的嗓门说："我认为，既不是风动，也不是幡动，而是两位法师的心在动！"

宛若巨石落入深潭，层层涟漪在所有人心中荡漾。

一直闭目倾听辩论的印宗法师眼睛倏地睁得老大，于是，他敏锐的目光就将一个四十来岁、衣衫褴褛、相貌平常的汉子捕捉在了眸子中。

是慧能！

与此同时，全场的目光唰的一下全都集中到了他身上。他不慌不忙地站起来说："如果一个不能看、不能听、不能说、不能想的人，他知道风幡或山河大地的存在吗？风也好，幡也罢，它们动与不动对他都没有任何意义。没有内心的活动，万物的存在对人来说就成了没有意义的事情。因此，我说不是风动，也不是幡动，而是二位师父的自心在动。"

印宗也是亲见过五祖弘忍的高僧，道眼明白，单单听这些话，他就知道，眼前这位说话的男居士非同一般。

所谓风动、幡动，本质上是心与境的关系。风是境，幡是客尘，所以释迦牟尼说："有因有缘世间生，有因有缘世间灭。"佛法是缘起法，它的最高明之处，就在于它揭示了宇宙人生的真谛——缘起性空。佛陀还说过：此有故彼有，此生故彼生；此无故彼无，此灭故彼灭。宇宙中的万事万物，都是因缘所生，并且互为缘起，互为依存，互为条件，互为前提，也就是互为因果。

例如风与幡，如果只有风，或者只有幡，就不会有风幡舞动的现象；或者幡虽然有，但它没有高高挂在旗杆上，无论再大的风，也无法将它吹动；或者幡升了起来，但风没有吹在这里，而是刮在了其他地方，这样，都没有风幡飘动景象出现。

所以说，不是风动，不是幡动。为什么是心在动呢？三界唯心，万法唯识。心生则种种法生，心灭则种种法灭。动静、善恶、美丑、好坏……世界上的一切矛盾对立，都是我们这些人各自依据自己的好恶、利害……强行分别而产生的。所有争端的升起，一切矛盾的产生，也都是源自我们以不同的价值、取此舍彼的结果呀！

究竟谁对，谁错？世上本无事，庸人自扰之。慧能早已在现实生活里领悟到：境由心造，法从心生，一切都是我们人心的作用。所以，今天他说：不是风动，不是幡动，而是心动。

无处不在的婴行，早已来到了慧能身旁，他愣愣怔怔地说："我认识你。我很早以前就认识你。"

慧能亲切地笑着问："你何时见过我？"

众人都盼着婴行能说出这个看着不起眼，却出言不凡的人是什么来历。

婴行却说道："我在梦中见过你。"

众人失望地叹了一口气。

这时，老和尚突然说："你怎么知道是我们心动？你不是我，我的心动不动你怎么知道？"

老和尚巧妙地将庄子的千古机智用到了此地。众人觉得有热闹瞧了，看慧能如何回答。

慧能从容答道："因为，你和这位小师父本具觉心，本具佛性，众生都有佛性……"

婴行打断慧能的话："错了，错了！人有人性，只有佛才有佛性。"

慧能问他："你不相信你有佛性？"

婴行大摇其头："当然不信。我要有佛性，我早成佛啦，还用在这里与你们磨牙！”

慧能突然扬起巴掌，作势欲打婴行。小婴行慌忙逃避，被蒲团绊了个跟头，样子比真挨了打还狼狈。众人大笑，老和尚更是乐不可支。

婴行哭丧着脸坐在地上，指着慧能说：“你这人看着面善，心里真坏！我、我，我本来以为你是……”

“我是谁？”

“算啦，反正你也不是。”

人们都被他没头没脑、颠三倒四的话语弄糊涂了。慧能拉起婴行，笑着问：“你刚才为什么躲避？”

“你要打我，我能不躲开吗？”

“可是，我打着你了吗？你怎么知道我要打你？”

“我、我……”

慧能这才认真说道：“因为你怕疼，能预知我要打你，所以下意识地躲避。就证明你有自性。这种避苦趋乐、寻求解脱、渴望平安幸福的心情，不正是我们本具的觉心，我们的佛性吗？”

一直悄悄打量慧能的印宗大师，这时也忍不住将眼睛睁大了一些，看了慧能一会儿，不知为什么又紧紧闭上了。

婴行高兴得手舞足蹈：“哇，我有佛性啦！我要成佛啦！我，我……我怎么没有成佛呀？”

“因为你心动。幡动而心不动，自净其意，自空其身，自然趣入大道。”

婴行围着慧能转了一圈儿，嘴里喃喃道：“我知道你是谁了，我知道了！你是……”

众人注意倾听婴行下面的话。谁知，他站到慧能面前，反而问人家：“你是不是呀？”

大家觉得婴行的话没头没脑，极不合情理，但慧能却笑着回答了，答得更莫名其妙：“你觉得我是，我自然就是。”

于是两个人莫名其妙地笑，很开心的样子。

老和尚不高兴了：“这位施主，众生本具佛性，《涅槃经》中早就说过，这是佛学常识，有什么可得意的！”

“那好，各位高僧大德，今天因缘难得，我索性多说几句。从佛法的角度来说，宇宙中的万事万物，都是有因有缘才产生的。旗幡的飘动也是这样，假如没有风，幡不会动；如果没有幡，再大的风也没有幡旗飘动的现象。所以，我说，不是风动，也不是幡动。”

此时，众人的喧闹声突然停止，因为印宗大师从高高的法座上下来，向慧能走去。他向慧能深深施礼，满脸堆笑地说：“行者谈吐不凡，句句切中禅理，一定不是普通人！据说，黄梅弘忍的衣钵已南传十几年了，莫非行者就是继承者？”

慧能也笑着还礼道：“不敢。慧能见过印宗和尚。”

印宗高声叫道：“我等有眼无珠，请受贫僧一拜！”

印宗跪在地下向慧能礼拜。慧能抢上前来，拉他起来，说道：“佛门规矩，只该在家人礼拜出家人，哪有和尚向我顶礼的道理！”

“大师何必过谦？世间礼法，先闻道者为师；佛门规矩，早得度者为尊。您是一代祖师，我等理当顶礼受教！”

婴行不管三七二十一，挤过来没头没脑地说：“你真是你呀？”

慧能一笑：“我自然是我。”

“你就是抢了人家袈裟而跑得没影没踪的南蛮子？”

印宗喝道：“婴行，不得无理！”

“无妨。从某种意义上说，的确是我抢了别人的袈裟。你们想，如果我不到东山禅寺，我师父弘忍大师的衣钵自然就传给别人了。”

印宗开心地笑着说：“大师请上坐，并请出示衣钵，好让我等焚香祷拜，以增福慧。”

慧能被推上宝座。他打开包袱，拿出袈裟，披在身上。

一件毫不起眼的袈裟，一个不起眼的人，然而，当二者有机结合时，慧能便不是刚才一副寒酸模样的慧能，变成了容光焕发的六祖；而袈裟一着慧能之身，立刻放射出灿烂夺目的光芒。

僧俗们纷纷跪下，瞻仰六祖的神采。

慧能垂目闭眼，在喧闹中一动不动地坐在宝座上，荣辱不惊，物我两忘。

在几千里之外的荆州当阳山，那山林中的茅屋依旧存在，而当年的小沙弥已成了一位风度翩翩的青年僧人。他正在屋外升炉烧水，忽然听窗内吟诵：

一切佛法，自心本有，
将心外求，舍父逃走。

随即，已经七旬高龄的神秀从室内走了出来。

青年僧人躬身施礼："恭喜上座，您闭关十五年，终于功德圆满了。"

神秀合十还礼说："水滴石穿，绳锯木断。十五年的功夫，终于打通了最后的禅关。这十五年，你一直为我护关，辛苦你了。"

青年僧人恭谦地说："能为您的大彻大悟奉献一些微薄之力，是我的荣幸。"

神秀庄严说道："从今日起，你算我的门下，法号志诚。"

"谢谢师父赐给我法名！"

志诚跪下行礼。

当时，广州法性寺住持是法才禅师，而印宗，是他请来的大法师。印宗以精通《涅槃经》而蜚声大江南北，被人们尊称为岭南第一法师。他原籍吴郡（江苏吴县），自幼出家。咸亨元年（670），他游历京洛。唐高宗被他的道德、修行所折服，亲自颁诏，恭请他住持大敬爱寺。谁知，他却对这极大的荣耀不屑一顾，扬长而去。他从京城南下，到黄梅拜见五祖弘忍大师，很是受了一番禅机锤炼、机锋熏陶。后来，他辗转来到了广州，在法性寺开讲《涅槃经》。机缘巧合，与慧能相遇了。

慧能在印宗、法才等高僧陪同下，向方丈走去。

路上，那个曾参与风幡之争的老和尚忽然感叹道："弘忍大师传下来的袈裟真是神奇，就像这扑面而来的春风，世界经它轻轻吹拂，就变得花花绿绿，格外好看了。”

慧能怎听不出他的弦外之音？浅浅一笑，道：“法师的意思是说，慧能靠了弘忍的衣钵，才受到了如此隆重的欢迎和接待吧？”

老和尚道：“自古传法，衣钵与佛法同时传授。衣钵是身外之物，法是内心密证。刚才我等虽然已礼拜了袈裟，但不知弘忍的旨意何人得到了。是你，是神秀大师？还是其他什么人？据说，弘忍大师有十大弟子呢。”

慧能停住脚步，注视着老和尚的眼睛。老和尚心头一惊，垂下了头。慧能见他额头渗出了冷汗，淡淡地说：“懂佛法的人得去了。”

老和尚不甘心地追问：“那么请问大师，你得到了吗？”

慧能出人意料地回答：“我不懂佛法！”

听到如此回答，老和尚反而不知如何是好了。所幸方丈室到了，印宗、法才礼请六祖慧能入室。

大家礼让一番，分宾主坐下。

婴行与法空忙着沏茶倒水。他特地往慧能的茶杯放了一勺白糖，兑成了一杯甜茶。

印宗端起茶杯抿了一口，轻咳一声，问慧能：“敢问大师，禅宗虽讲教外别传，不立文字。但不知您能否将弘忍大师把衣钵交给你时，所做的指示和传授，给我们透露一点？”

慧能心里明白，印宗是在勘验他。于是，他也呷了一口茶，从容说道：“师父他老人家只是讲了一些明心见性的问题，并没有谈禅定和解脱的道理。”

老和尚忍不住插话说：“这也叫传法？”

慧能严肃地说：“这是直接指出人的本心，让我们看到自己本具的佛性，随即成佛的法门！”

印宗不解，问道：“为什么不讲通过坐禅习定达到解脱的道理呢？”

慧能语不惊人誓不休，说道：“因为禅定和解脱是两种方法，而不是佛法。佛法是不二法门。”

“什么是佛法的不二之法呢？请大师详细开示。”

慧能对印宗说：“法师今天本来要讲《涅槃经》吧？前些年，我在曹溪与无尽藏尼师探讨过《涅槃经》，其中道理略知一二。我清楚记得，经文中反复说到过佛性。佛的本性，就是佛法的不二之法。例如，高贵德王菩萨请教佛祖问：有些人杀生、偷盗、奸淫、欺骗，无恶不作，还杀害父母，破坏三宝，而且不信因果，不知悔改，这种人是不是断绝了善根、佛性？佛祖回答说：'善根有两种，一种是永恒不变的，一种是转瞬即变的；可是佛性并没有永恒不变和转瞬即变之分，所以佛性不断，这就称为不二法门。五戒十善是善，五逆十恶是恶，但佛性并没有善恶之别。'"

爱抬杠的老和尚像是从慧能的话里发现了什么破绽，追问说："没有善恶之分，人岂不成了草木？"

慧能成竹在胸，笑着说："您说得对，学佛之人并不是要像草木一般，不去分辨善恶，而是不因善人善事就欢喜奉承，也不因恶人恶事就愤恨怨怒，更不能以自己的喜恶、利害为标准，来判断事物，观察事物。学佛之人应以平等无差别的本心来面对世间，让众生和事物的本来面目呈现出来。所以，《金刚经》说：'应无所住而生其心。'不知诸位以为然否？"

老和尚这次真诚地使劲点了点头。

慧能接着说："佛性是远离永恒与暂短、美与丑、善与恶的境界，完全超乎分别之上，就是不二之法。"

印宗大师喜不自禁，双手合十，高声说道："阿弥陀佛！大师的一席话，贫僧听来如饮甘泉，个中滋味唯有自知。是贫僧糊涂，其实这不二法门，《维摩诘经》已讲得非常清楚，只是一叶障目，不见泰山，经大师开示，豁然开朗啦。"

这时，一直旁听的婴行跳了出来，没头没脑地说道："你们怎么将二祖慧可给忘了？"

于是，大家立刻想起了一个久远的故事。

达摩祖师在嵩山少林寺传禅九年，主要弟子有四个：道副、道育、比丘尼总持以及为了求法而立雪断臂的慧可。达摩祖师为了测验他们的修行境界，让他们各自将自己这些年禅修的体会说一说。

道副首先发言:“在我看来，不立文字，不离文字，就是禅的妙用。”

达摩说:“你学到了我的皮。”

总持比丘尼说:“据我的理解，就像庆喜（Ananda）在禅定中看到东方无动佛国，只要一见就明白了，不需要再见。”

达摩祖师微微点头:“你学到了我的肉。”

道育禅师跟随师父多年，达摩的开示的禅要，比如《达摩四行观》等著作，都是他记录、整理出来，流传后世的。他说:“四大（地、水、火、风，佛教认为组成世界万物的基本元素）本空，五蕴（色、受、想、行、识，构成人身的五种要素）非有，因此，在我看来，无有一法可得。”

达摩一笑，说道:“不错，禅，是心灵与心灵的沟通，并没什么东西可得。你学到了我骨。”

这时，慧可站立起来，走到师父面前，双手合十，鞠了一躬，然后，默默回了自己的位置。

达摩大师却因此开怀大笑，频频颔首说道:“好啊，好啊!慧可，你总算没有辜负我从西天而来的意义。只有你真正体会到了禅的精髓!”

与慧能等人抬了一天杠的老和尚击掌道:“是呀是呀，禅宗第二代祖师慧可，也曾在达摩祖师面前演示过不二法门。若不是今日聆听了慧能大师的开示，恐怕一辈子也领会不到。大师请恕弟子大不敬之罪。”

说着老和尚想下跪道歉，慧能急忙拉住他:“老法师，你这是何苦呢?明镜不擦不亮，真理不辩不明。佛学是最平等的学问，愿我们今后多多探讨。”

印宗站立起来，走到慧能座前，双手合十道:“我印宗讲经，就是搬弄砖头瓦块，大师的说法却字字珠玑，比黄金还珍贵。我等前生有缘，得以聆听一代祖师的教诲!恳请大师长住本寺，指导众僧学法，修行。”

慧能诚惶诚恐地说:“你是岭南第一法师，法性寺更是南国第一名刹，慧能何德何才，怎敢雀占凤巢!”

“大师，你想在南方顺利弘法，没有障碍，一帆风顺，必须得有坚实的基础。而法性寺能为你做个奠基石，是我们的荣幸。”

说着，印宗大师和众僧长跪不起。

慧能也跪在印宗面前磕头说："佛门敬重僧宝。僧宝是佛道延绵不断的象征。弟子现在还是在家俗人，让大师礼拜，真是罪过！请大家快快起来，不要折杀弟子。"

印宗哪里肯起，跪在地上说："僧宝虽是佛门所重，却也只是一种形式。身出家重要，心出家更重要。内心念念不忘苦难众生，身体则不辞劳苦地度化他们，如此身心勤奋，才是真正出家。印宗比起大师，自愧弗如。"

说完，印宗又拜了下去。慧能也只好跟着下拜。

看他俩互称弟子，相互叩拜，来添茶水的婴行扑哧笑了。

慧能、印宗也相视一笑，互相搀扶而起，双双携手走到椅子旁坐下。

慧能接过婴行续过的茶，抿了一口，诚恳地说："十五年前，弟子虽蒙弘忍大师错爱，将衣钵托付给了我，却未来得及祝发为僧。现在，我自认为机缘已到，不知弟子有没有这份荣幸，请印宗大师为我剃度？"

印宗哈哈一笑："能为大师祝发，是贫僧的荣幸。但是，我印宗何德何能，敢做大师的剃度师父？"

慧能说："只有身出家、心出家，才是真出家。弟子追随大师出家，是为了弘扬佛法，请大师成全。"

印宗想了想说："这样吧，我作为你祝发仪式上的剃度师，是一个无法省略的形式。但我有一个小小的条件，请大师答应。"

"请讲。"

"您虽然执意要依律拜师，但是，您是一代宗师，德学都在贫僧之上。因此，剃度时，我是您师；您出家之后，即是我师。您得容我以弟子之礼服侍大师。"

"这……"

婴行说："你们这些佛门高僧大德，干脆去跟孔夫子学习《礼经》吧！哪儿来的这许多客套？看得我都倒牙啦！"

"婴行，你别太放肆，让大师笑话。"

慧能一笑道："婴行啊婴行，你的名字起得真好，你真不愧为婴行。"

“你也知道我名字的典故？”

慧能点点头：“佛陀在《涅槃经》中说，有五种菩萨行，其中就有天真无邪、正直磊落的婴儿行。愿你永保这份率直纯真。”

婴行很少受人赞扬，高兴得忘乎所以，说道：“你是我第一个发现的，因此，你必须让我给你做大弟子。”

印宗和他开玩笑：“你若是大弟子，我呢？”

婴行端上茶壶就跑了。

慧能转向印宗：“印宗大师，剃度的事……”

“好啦，这样决定吧，大师祝发的吉日，就定在正月十五上元节！”

“当、当、当……”

洪亮的钟声在天空中回荡，法性寺全体僧众从各个角落向菩提树下的戒坛集合。信众们从四面八方赶往法性寺，争相目睹一代祖师的祝发仪式。

寺院里张灯结彩，装饰一新。大路小径悬挂着大大小小各式各样的彩旗，一百七十年前，智药大师手植的菩提树，更是显得郁郁葱葱，生机盎然；树下的石碑碑文重新描过，智药大师170年前的预言文字，像黄金所铸，熠熠生辉。

东土耶，西土耶，菩提圣树灵根不二；风动焉，幡动焉，禅宗法要一脉相传。

夕阳西照，雄伟的大殿庄严、肃穆、神圣。阵阵清雅的梵唱之音在花木丛中萦绕，在天地之间徘徊。它是心中自然而然流出的天籁之音，它以极为广博的爱心，呼唤着迷失的游子回归……

大殿里百盏油灯齐燃，檀香氤氲里，佛坛上，金光灿灿的佛祖释迦牟尼，神态怡然地微笑着，圣洁而又亲切。

佛像前跪着虔诚的慧能。

印宗大师拿着一把剃刀，一刀又一刀剃下慧能的头发。

灯光下，长发纷纷而落下。慧能热泪盈眶，泪眼模糊中，母亲的慈容、父亲的痛苦，五祖大师的背影……一幕幕在他眼前掠过……

祝发完毕，在众人礼请之下，慧能坐上了镶金的宝座。他身披历代祖师传下来的袈裟，浑身散射着奇妙的光辉。

印宗大师激动地说："二百五十年前，求那跋摩大师的预言，一百七十年前智药三藏的祈盼，今天终于实现。这是南国佛界千百年来从未有的盛事，是普天下众生的洪福！"

众僧俗随印宗一起跪拜。

第十三章　三归曹溪

慧能剃度出家之后的第二十三天，即唐高宗仪凤元年（676）二月初八日，由印宗法师出面，邀请了诸方硕德，为慧能授具足戒。

不知是巧合，还是机缘不可思议，恰恰有一批中、外著名的律师齐集广州，于是，礼请西京（长安）总持寺智光律师为授戒师，苏州灵光寺慧静律师为羯摩师，荆州天皇寺通应律师为教授师，中天竺（中印度）耆多罗律师说戒，西国密多罗三藏为证戒。

如此，慧能正式成了一位僧人。一颗漂泊流浪的心灵终于有了归宿，十五年隐迹潜踪的生涯总算结束了，六祖，终于归于其位！

六祖在南国现身的消息迅速传遍全国，四方禅僧闻风而动，望影而趋。法性寺地处闹市，无法扩建，所以，无法容纳蜂拥而来的众多禅僧。于是，第二年春天，慧能告别了印宗，带着法空、婴行等几个青年弟子，第三次向魂牵梦萦的曹溪进发。

行行复行行，不一日，他们行进到了粤北广袤的大山里。

婴行走路一拐一拐的，像是脚上打了泡。在爬上一段陡坡之后，他一屁股坐在路旁的石头上，呼哧、呼哧喘粗气。

法空问他："你怎么啦？"

婴行不理他，索性躺了下来，闭上眼睛。一个青年禅僧悄悄给法空使个眼色，将一根山藤悄悄伸到婴行的脖领里。婴行怪叫一声：

"哎呀，蛇、蛇！"

婴行一骨碌爬了起来。众人哈哈大笑。婴行没好气地说："笑、笑，小心笑掉下巴，砸破你的脚面。"

慧能说："你如果累了，咱们到前面找个歇脚的地方，稍事休息。"

婴行哭丧着脸说："我何止是累，骨头都快散架啦！如果再像这样没明没夜地赶路，我干脆就把这个化缘的瓦钵换成个盘子算了！"

青年和尚未领会他的妙语，问道："换成盘子干什么？又小又浅，你能吃饱？"

婴行说："小也不要紧，因为我用不着再享用人间烟火了，我就捏着盘（涅槃）到西方极乐世界去了。"

法空笑道："你呀你！怕走路，谁让你跟来的？本来，我们这批人是到曹溪打前站的。等我们准备好了，你可以跟随后面的大批人马走啊。"

婴行撇着嘴说："你这家伙想得美！印宗没来，我就是大师兄啦！我若是也不跟来，你岂不就成师父的大弟子？"

法空哭笑不得："好好，师兄，要不要我这当师弟的背着你走哇？"

婴行挺起瘦瘦的小胸脯："去你的，世上只有师兄关照师弟的，哪有师弟关照师兄的？走！"

婴行咬牙走到了队伍最前头，慧能指着一峰连一峰的山峦说："过了这座山，就是曹侯村了。十几年前，我去黄梅东山禅寺求法，走的就是这条路。"

婴行说："师父，你十几年前走这条路，是为了学法，现在你在法性寺讲经讲得天花乱坠，广州一带禅风大开，善男信女都把你当活菩萨供养，干吗要自讨苦吃，到什么曹溪去？"

"正因为广州一带禅风已盛，佛法广播，我才要离开的。"

婴行大惑不解："这是为什么？莫非，和尚你只会受罪，不能享福？"

慧能居然点了点头："可以这样说吧。出家人学习佛法，以普度众生为己任。你看看佛祖释迦牟尼，他可有固定的道场？他老人家一生风尘仆仆，周游列国说法，不正是为了广种善根，普度有情吗？再说，法性寺在繁华热闹的大都市里，我不喜欢。"

婴行说："你呀，是不是逃难逃成习惯啦？光喜欢往深山老林里钻。"

法空说："高山出俊鸟，平原野兔多。你看，你婴行就整天没一个安静的时候，就像一只卧不住的野兔子！"

婴行如何肯吃亏，忘了腿酸脚痛，忘了浑身疲劳，扑过去追打他……

欢声笑语中，他们登上了最后一道山岗。山下飘带一样闪闪发亮的曹溪，遥遥在望。慧能喃喃自语：“十六年了，已经整整十六年了……”

慧能的眼泪朦胧了青山。

在曹侯村口，路旁一户人家门前，摆着一张方桌。桌上有半箩筐糍粑和凉好的茶水，却无人看管。

慧能一行又饥又渴。婴行眼尖，首先发现了桌上的糍粑和凉茶水，兴奋地叫道：“阿弥陀佛，还是菩萨心疼我这佛门弟子，知道婴行肚子咕咕叫，嗓子快冒烟了，就有人送吃的、喝的来了。”

法空说：“你想得美，没看见人家是做买卖哩。”

慧能看看馋涎欲滴的婴行，说：“法空，你去喊店家来。”

法空走到门口，喊：“店家，买糍粑！”

屋内有一个老太婆应声答道：“客官，自己拿吧，两个钱一个，茶水白喝。”

慧能等人走到方桌旁坐下。慧能说：“一个人一个就够了，马上就到宝林寺了。”

屋里的老太婆喊道：“客官是到宝林寺的吗？”

“是呀！”

老太婆说：“如果是到宝林寺准备迎接慧能大师的香客，不用给钱，随便吃吧。”

婴行好奇地问：“为什么是迎接慧能大师的，就可以白吃？”

“因为……”

老婆婆从屋内走了出来，见是几位老少僧人，连忙施礼道：“原来是几位法师，老太婆慢待了，罪过，罪过！这几天，不少人从这路过，我以为是到宝林寺的香客呢。”

慧能合十问讯道：“老婆婆，村中静悄悄的，人都到哪儿去啦？”

“都去宝林寺准备迎接慧能大师去了。”

婴行问：“你怎么没去？”

老婆婆故意逗婴行："如果连我老太婆也去了，谁给你糍粑吃呀？"

婴行不买账，想了想，说道："你是看这几天过路的人多，能多卖糍粑，怕耽误赚钱哪！"

老婆婆摇摇头，一笑道："小师父，这你可就说错了。老太婆是故意留在村口的。"

慧能似乎也有些好奇，问道："噢？为什么？"

老婆婆说："你们想啊，人家外地、外县的人们，大老远地来朝拜慧能大师，走到这人生地不熟的地方，肯定又渴又饿，所以，我老太婆就给人们布施点吃喝。不渴不饿的，我能给人家指指路也是好的。"

慧能高兴地说："您真是功德无量啊！"

老婆婆也很兴奋："我一把年纪了，要什么功德！如果有一点功德，我希望回向给天下苦难的众生。"

慧能站起来，向老婆婆施礼道："婆婆，你真懂佛法呀！"

"大和尚您说笑了，我一个老太婆家，懂什么佛法呢？"

慧能说道："佛法，就是教导人们远离贪爱、执著。哪怕是行善的功德，或成佛得道的渴望，都不可贪爱执著。你行善不为人知，不求回报，就是菩萨布施，就是最高的智慧呀！"

老婆婆打量了一眼慧能："大师，你这些话像慧能大师说的。"

婴行快人快嘴："他本来就是……哎约！"

法空在桌下面踢了他一脚。他只好改口道："老婆婆，你是曹侯村人，怎么不认识慧能大师？他在你们这儿住过九个月呢！"

老婆婆叹了口气，边给众僧续水边说："我没那福气。唉，说来，我这条老命还是慧能大师给的呢！"

婴行看看慧能，又看看老婆婆，好奇地说："他救过你的命，但你却不认识他……"

老婆婆说："小师父，十几年前，慧能大师在宝林寺弘法时，我老太婆正病得卧床不起。三分魂儿，有两分被阎王爷攥住了。是我的孩子们请大师给我做了一场大法事，大师又亲自替老身念了七七四十九天《地藏经》，老身这条小命才捡了回来。我还没来得及到寺里拜谢，慧能大师忽然就走了。一晃，十几年过去了……”

老婆婆眼中泛着盈盈泪光。

婴行又想表示什么，慧能看他一眼，站起来，向老婆婆施了一礼：“天不早了，我们该上路了。”

众僧都施礼说：“谢谢老婆婆的糍粑和茶。”

在宝林寺门前，曹叔良、刘志略、无尽藏师徒和众多信众翘首眺望。

已是黄昏时分，众人等得有些焦躁不安了。远方出现了几个人影。

刘志略喊：“你们看，来了，来了！”

曹叔良犹豫着说：“不会吧？慧能大师是南国佛教的掌门人，不坐八抬大轿，也得用二人小轿吧？怎么会像行脚和尚似的步行呢！再说，慧能大师的随侍少说也有几百人。而这才七八个人……”

慧能他们越走越近。刘志略终于认了出来，他狂叫一声：“慧能大师！”

刘志略跑到慧能跟前，刚要去拉他的手，忽然觉得不合适，连忙跪地叩起头来。曹叔良、无尽藏也领着信众们急忙跪下，锣鼓声震天响起，一串串鞭炮噼噼啪啪炸响……

慧能快步走来，一一搀扶起刘志略、曹叔良，对无尽藏师徒问讯回礼。

刘志略声音有些哽咽：“慧能……慧能大师，整整十六年没见了！”

“是啊！十六年来，我多少次梦回曹溪，今日终于真的回来了！”

慧能也十分动情，毫不掩饰自己的泪光。

曹叔良一挥手，寺门中挂起了八个大灯笼。他指着灯笼对慧能说：“大师，您看！”

灯笼上写着：“南无慧能大师”几个大字。灯下，四只南狮雄伟地蹲着。突然，哐的一声锣响，狮子们跳起了欢快、喜庆的舞蹈，锣鼓声一阵紧似一阵，雄师更起劲地舞着，众人忍不住拍手叫好，欢声雷动……

在荆州当阳山，两个禅僧快步奔到林中茅屋前，急速拍门，嘴里喊叫道：

“师伯，师伯。”

门开了。神秀见两个僧人眼生得很，便问：“两位是……”

两个禅僧齐声说：“我们是法如大师的弟子，参见师伯。”

两个禅僧跪地磕头。

神秀一边还礼，一边说：“噢，你们是法如的门人。法如师弟可好？”

两个和尚再次扑通跪地：“师父他老人家魂归西天了！”

神秀一怔，两行清泪缓缓流下。

志诚从屋里出来，将远道而来的两位禅僧让进室内。

神秀和两个师侄分宾主坐下，志诚倒茶。

年长的禅僧说道：“师父临终嘱咐我们二人，一定找到您，请您出山，照顾他的门生，领导江北禅学。”

神秀道：“慧能师弟正在韶州宝林寺弘法，你们怎么不去找他？”

另一个禅僧道：“他？他目不识丁，有什么本事？”

神秀正色道：“慧能师弟慧根天成，放眼天下，谁能相比？遗憾的是，南北两地路途遥远，我又年岁已高，不能前去向他请教。你们这些年轻弟子，何不快快前去恭听教导！”

年长的和尚道：“师伯隐居多年，有所不知。江北禅林，对慧能……师……师叔，成见很深。请他来领导江北僧众，恐怕是油锅中放盐，非炸窝不可。”

另一个禅僧跪到神秀面前央求：“师伯，除您之外，没有一个人适合领导江北禅林的。您就看在我们过世的师父分上，出山关照弟子们吧。”

神秀摇摇头：“我在多年以前就已经发誓，不留徒，不传法，不著书立说，省得误导他人。所以……”

年长禅僧也跪了下来，哭诉道：“自从师父入灭之后，我们群龙无首。师伯，您就可怜、可怜弟子们吧，师伯！”

二禅僧泪如雨下，不停地叩头。志诚感动得泪流满面，也跪了下来：“师父，您老人家慈悲为怀，答应师兄们吧！”

神秀热泪盈眶，无奈地点了点头。

宝林寺大殿内，正在举行盛大的讲经开示仪式，伴着悦耳的佛乐，僧俗们一起唱道：

自皈依佛，当愿众生，体解大道，发无上心；
自皈依法，当愿众生，深入经藏，智慧如海；
自皈依僧，当愿众生，统理大众，一切无碍，
和南圣众。

慧能坐在法坛上，鸣尺云：

“善知识，你等刚刚念诵过三皈依。我要奉劝诸位的是，希望你们皈依自己本性的佛、法、僧。其中，佛是觉悟，法是正确的佛法，僧是清净。用自己的心去皈依觉，便不生邪恶，寡欲知足，能摆脱对财色的执著，这就叫福慧充足。自己的心皈依了正法，就没有了邪见。没有邪见，也就没有人我的区别、傲慢自大、贪欲爱憎的执著，这就叫远离贪欲。自己的心皈依了清净，一切的烦恼爱欲等外界环境都不沾染自己的清净心，这样众生就变为了尊贵的觉者。”

“如此修行，便是自己皈依自己，皈依自己的佛性。佛性像天色常清，日月常明；因有浮云的一时遮挡，才变得阴沉昏暗。忽然一阵轻风吹散了浮云，就会立刻明朗起来。世人的心性常常变化就像天上的云一样。”

“有智慧的人们，智如太阳，慧如月亮，智慧如日月一样永远明亮。如果执著于外界事物，就会被自己的妄念浮云所覆盖，使自己的佛性不能明澈清晰。如果遇到有修行的高僧大德，听到真正的佛法，自己铲除迷妄，就会内外清澈，明心见性……”

正是春深时节，宝林寺方丈的廊沿下，支着一张小茶几，古雅的茶具中散发着沁人心醉的清香。慧能和曹叔良品茗论道，其乐融融。

曹叔良问：“大师，你昨天给人们讲了菩提与顿悟。菩提智慧，除了出世修行以外，在我们老百姓的日常生活中，还有什么用处吗？”

慧能说：“事实上，佛法无处不在，禅要无时不有。它与我们日常生活的

每一件事都有关联，就存在于行、住、坐、卧当中，在砍柴挑水、种地做工当中。我们生活中的那些真知灼见，那些规律性的东西，就是佛法呀！全心全意、专心致志劳动，就是修行；领会到了生活的真理，感悟到了真、善、美，那就是觉悟。"

曹叔良说："前些时日，我到韶州城办事，遇到了一个书生，他说我们佛教修行，修来修去修到了空，太悲观消极了。"

"空有什么不好？简单说吧，假如路上的车辆之间不保持一定的空当，假如房间里全实的；假如一天十二个时辰都在干活……那么，结果会如何？"

曹叔良笑了。慧能继续说："空的洼地才能汇成浩瀚的湖泊，空的唢呐才能发出美妙的音响，空的宇宙才能容纳太阳月亮星星，空的心灵才能闪烁智慧的火花……我们佛教所说的般若，就是空慧，也就是体悟空的智慧。若能修得心灵空荡荡、磊落落，连生命都不执著，无私地奉献给众生，才真正是积极救世的大无畏精神哩！有些世间的学者，只理论上讲什么公而忘私，却不能从本质上看透自我，又如何能够做到完全忘我呢？"

这时，婴行蹦蹦跳跳走来，嘴中念着：

卧轮有伎俩，能断百思想，
对境心不起，菩提日日长！

慧能招招手，将婴行叫到跟前问："这偈子是你想出来的吗？"

婴行不客气地抢白慧能说："偈子中说'卧轮有伎俩'，自然是卧轮想的啦。若是我写的，不就成了'婴行有伎俩'了吗？你简直笨蛋一个！"

法空狠狠瞪了他一眼，慧能却笑道："好，我是笨蛋。可是，这偈子也没见到自性。我来和他一个笨偈。"

慧能想都没想，随口吟道：

慧能没伎俩，不断百思想，
对境心数起，菩提作么长！

婴行大叫道："果然是笨蛋作笨偈子！我拜你为师，算是上了当了！"

慧能一点也不恼，笑眯眯看着婴行说："那么，你给我当一回师父，看我笨在哪儿？"

婴行一副教师爷的样子说道："般若是空的智慧，应该是不思善，不思恶，心中空空，空空，一片空空荡荡，一片虚虚无无，什么也没有。而你却说，不断百思想，而且还对境心数起，这能是般若吗？"

慧能故意逗婴行："小婴行，那就请你说说，什么是真正的般若'空'？"

婴行开始贩卖他日常东一句、西一句所听来的、一知半解的"空"论："般若空就是心空，佛空，众生空，三重皆空；现象空，本质空，自性真空。因为一切皆空，所以无烦恼可断，无菩提可证，无迷无悟，无凡无圣，无施亦无受……"

慧能只有静静倾听着。正当婴行的"空"论正如高山瀑布，源源下泄之时，慧能拿起拂尘，在他额头敲了一下。婴行自然十分恼怒："你这老和尚，辩不过人家，就动手打人，这是什么道理？！"

慧能一笑，徐徐说道："既然一切皆空，请问，婴行，你的怒气从何而来？因何而发？既然无施无受，那就是我没打你，你也没挨打，你叫唤什么？"

婴行一下愣在了当场。

慧能哈哈一笑："你呀你，小婴行，般若所证的'空'，并不是什么都虚无的'顽空'！再说，一个人，只要活着，不可能心里什么都不想！因此，不思善，不思恶，也并不是断掉思想，弄得善恶不分，是非不明，而是在分辨善恶当中，不起任何贪爱、执著。"

婴行拍拍脑门："噢，对了，你讲过，要以平等无有差别之心，空荡荡、磊落落地观察事物的本来面目。对吧？"

慧能点点头："对，很对。菩提不在遥不可及的天堂，而在我们生活的世间，是最平凡的东西。"

一轮明月挂在天边，淙淙曹溪在月光下叮叮咚咚，载着粼粼月光，琴弦一样缠绕在寺前。

宝林寺大殿灯火通明，干了一天活的众僧在聚精会神听师父慧能开示。

慧能轻咳一声说："诸位，贫僧所传的法门，是直截了当，直指佛性，没有阶段，没有迂回的法门！在这个顿教的法门中，只要以平等无有差别的般若空慧，即可当下见到本具的佛性，立地成佛！"

说到此，身披祖衣（袈裟）的慧能，在灯光辉映下，周身闪闪发光，宛若一尊庄严神圣的雕像。

这时，坐在前排的一位禅僧似乎心有灵犀，脸上洋溢着神圣的光泽。

他是一位从江西庐陵（今江西吉安）远道而来的禅僧。据说，因为他连走路都在思考了生脱死的问题，所以名叫行思。

行思心有所悟，跪到慧能面前，说："大师，您刚才说，您所开示的法门，直指佛性。那么，要怎样修行才能契入这个法门？"

慧能微笑着伸出右手，摩着行思的头顶说："行思，你先说说，你来宝林寺之前，一向是怎么修行的？"

一股神奇的暖流，从慧能的掌心流入行思的心田。他极为舒服地闭上眼，脸上露出幸福的微笑。片刻之后，他才想起回答师父的问题，双手合十答道：

"师父，我一向最讨厌烦琐的名相、玄奥的理论，所以连四圣谛都没有修习，对那些经典教义更是不屑一顾。"

慧能破例笑了起来："你呀，那么你想想看，这样修行，要经过什么阶段呢？"

行思从师父平淡的问话里，却感受到了滚滚而来的禅机：既然连经典教义都不屑一顾，如何还有阶段呢！于是，他回答："我连四圣谛都没去修，又哪里谈得上经过什么阶段哩！"

慧能进一步激扬他："既然如此，还怕落入阶段的、迂回的法门中吗？"

行思心领神会地大笑起来："哈哈……是了、是了，连四圣谛都不修习，当然不怕落入迂回的法门中了！"

慧能击掌道："太好啦，太好啦！从今往后，你为众僧之首，帮我教化在座的师弟们吧。"

婴行突然从蒲团上跳了起来，绕着行思转了三圈儿，说："你吃了狗欢喜啦？笑什么笑？”

慧能严肃地说：“婴行，你不得无礼！行思从现在起已是首座，你要多听他的指导。”

婴行很委屈地说：“他比我入门晚，反而……哦，对了，你们刚才说了一大套什么呀，我怎么一句也听不懂？”

法空说：“所以，你就由师兄变成师弟啦！据我揣测，行思师兄是告诉我们，应该以般若空慧去追求觉悟，舍弃法执，而不是真的对经典不屑一顾。”

慧能笑着说：“不错、不错，法空说得很对。法空、法空，诸法皆空；法空、法空、法空，法亦应空。一个勤奋修行的出家人，也许能够不贪爱世间的财、色，但很难断除对佛法、经典的执著。这也是贪欲，必须铲除！菩萨应以空荡荡、无所得的本心，来领悟佛学的大道和宇宙人生的真谛。”

中午，宝林寺四处静悄悄。婴行正在客堂里打瞌睡。一个行色匆匆的中年僧人走了进来，对婴行说：“师兄，我……”

婴行瞌睡得迷迷糊糊，不耐烦地摆摆手，眼也不睁地说：“去、去，我已经不是大师兄了，有事去找行思。”

“行思是谁？”

“行思当然就是行思了，你跟我参禅啊？”

“师兄，我真的不知道行思是哪一位。”

婴行边打哈欠边说：“你怎么连行思是谁都不知道？”

他睁开眼睛，发现是一个陌生僧人，便连忙坐正，问道：“你是从哪里来挂单的？”

“弟子法海，从曲江来。想参见慧能大师。”

婴行装腔作势说：“我师父忙得很，你……”

恰好，慧能与行思从门前经过，看到这种情景，慧能说道：“婴行，你又替我做主啦？”

婴行赶紧从座位上溜了下来，说：“师父，您请。”

法海知是六祖，赶紧磕头顶礼，说道：“弟子法海，参见大师。”

慧能请他起来，坐在一旁的禅凳上。法海屁股尚未落座，就急切地问道：“请问大师，什么是即心即佛？”

慧能说：“前念不生即心，后念不灭即佛；成一切相即心，离一切相即佛。”

法海眉头皱了皱，虔诚地说：“弟子愚昧，不能领悟大师的高妙意境，还望大师详加解释。”

慧能详细解释说：“一切众生都有佛性，因此，一切众生的本性都是光明、善良的清净心。只因贪爱、嗔恚、愚痴等烦恼覆盖，使这本心无法显现其真善美的一面。若能直接见到本心，即可成佛！这样吧，你听我说一首偈子。”

慧能大师吟诵道：

即心名慧，即佛乃定。
定慧等持，意中清净。
悟此法门，由汝习性。
用本无生，双修是正。

法海如闻惊雷，一声震醒梦中人。他身心豁然明悟，心头的谜团突然消散。他不禁欣喜若狂，五体投地匍匐在地上说：“谢谢大师，谢谢大师！”随后，他也说偈曰：

即心原是佛，不悟而自屈。
我知定慧因，双修离诸物。

慧能微笑道：“如是，如是，即心即佛，佛即是本心。因为，本心清净无染，本心能生万物。宇宙的一草一木，一山一水，或一个人，一只蚂蚁，都是清净本心的显露！本心是清净的，善良的，是佛。因此，草木、山水、人类、动物，也都是善良的，自然的，也都是佛！”

一旁的婴行跳了起来，喊叫道："师父，你蒙人呢！照你这样说，那么，连小蚂蚁、小虫子也是佛啦？"

慧能斩钉截铁地说："不错，佛眼看世界，一切众生都是佛，不管茅草香花，都是清净佛身的显现！山河大地处处都是美妙的道场。"

行思说："庄子说：'道在矢（屎）溺'，就是这个道理。"

"不错。"六祖慧能说，"差别，仅仅是人心的取舍。大路上有一摊牛屎，路人都捂着鼻子、皱着眉头远远避开，生怕沾染到自己身上；而拾粪的老农看到牛屎之后，反而会眼睛发亮，生怕被别人抢去。所以，高峰有高峰的峻峭，土丘有土丘的平易，何处青山不道场？小溪清泠，大江奔涌，碧潭幽深，海洋辽阔，哪方水波无禅机！"

婴行牵着一头小毛驴出了寺门，骑上去顺着山路嘚嘚而行，不一会儿，来到了曹侯村口。小吃摊上的老婆婆看到他，喊道："婴行小师父，下来，吃个糍粑。"

婴行居然有些不好意思："婆婆，我每次下山，都要吃您的糍粑，我……"

"你客气什么？供养出家人，是我们的福。春种一粒粟，秋收万担粮。所以，你吃糍粑，还是我老太婆划算。"

婴行被老婆婆逗乐了，走到一旁的树上去拴毛驴。

这时，一个青年禅僧风尘仆仆走来，向老婆婆问讯道："老婆婆，借问到宝林寺怎么走呢？"

老婆婆见是一位僧人，双手合十道："法师从外地来？"

"学僧从荆州到嵩山，又从中岳一路风尘赶来，想投到慧能大师门下学法。不知……"

老婆婆高兴地说："好哇，你算是选对路啦。慧能大师，可是千载难逢的活菩萨。你穿过村子向左拐，沿着溪水向上游走就到了。"

"谢谢老婆婆。"

他刚走开几步，老婆婆从身后喊："回来，法师请回来。"

青年僧人转过身来。

“你赶了老远的路，一定饿了，坐下吃几个糍粑，喝点茶水，还有几里山路要走呢。”

青年禅僧不好意思地去摸口袋。老婆婆道：“你还呆着干什么？我这糍粑，慧能大师入山时也吃过呢。每个入山的法师，我都送几个给他哩。”

老婆婆又指着已经走到小吃摊前的婴行说：“这个小师父，就是宝林寺的僧人，你们可以一块上山。”

婴行与青年禅僧相互合十问讯，一同坐下吃糍粑。

恰巧，又有一位挑着两大捆书的中年法师走了过来，他看见小吃摊，眼睛一亮，卸下肩上的担子，对老婆婆说：“老婆婆，请卖给我几个糍粑。”

老婆婆兴奋地说：“哟，法师，你这是给宝林寺送经书哇？”

中年法师一怔：“送经书？”他发现老婆婆的眼睛盯着他的书担，忽然哈哈一笑：“妙，妙极了！可以说，我是给慧能送真正的经书来啦！这些金刚经疏抄，是我半生专门研究金刚经的心得。让慧能他们所谓的不立文字、直见本心的法门好好拜读拜读，省得他们再离经叛道地胡说八道。”

老婆婆眯着眼睛说：“这么说，你是来向禅宗、向慧能大师挑战的？”

中年法师自负地说：“说挑战，是抬举他们。他们不是以《金刚经》印心吗？我是来让他们受教的！”

老婆婆说：“喔？这么说你对《金刚经》很有心得了？我倒要请教你几个问题。”

中年法师不耐烦了：“要问快问，我还要赶路呢！”

他不请自坐，端起一碗茶喝着。

老婆婆却不紧不慢地说：“我的问题你答得出来，我就免费奉送糍粑；答不出来，对不起，不但糍粑不卖，我看你也该马上打道回府了。”

一个看来大字不识的农村老太婆，能懂什么佛法？所以，中年和尚不屑地撇撇嘴：“哼，你能问出什么深奥的难题！”

老婆婆问道：“请问法师，你挑着的书卷，是不是有相？你要的糍粑，是有相还是无相？”

“这、这……这，自然是有相的了。”

老婆婆逼拶道："佛在《金刚经》中说：'凡所有相，皆是虚妄，若见诸相非相，即见如来。'既然凡所有相，皆是虚妄。那么，你这破书有何用？你还吃什么糍粑！"

中年法师一听大惊，大颗的汗珠从额角流下。经中明明说了，凡所有相，皆是虚妄，他还要虚妄的东西干什么？

与婴行坐在一起的青年禅僧也吃惊不小：这个看似一字不识的老婆婆竟然精通禅要、深契禅机。

老婆婆一笑，淡淡地说："我老太婆没文化，也不懂什么禅，只不过听慧能大师讲了一次《金刚经》。提的问题太简单了，让你这专门研究《金刚经》的大法师见笑了。"

中年和尚哪里还笑得出，他越听越惊，一句话也说不出，只有冷汗往下掉。

几只马蜂，大概想做窝，嗅到书卷中的纸味，便落到上面啃纸。

青年禅僧叹了一口气，一语双关地说："唉，你们这几只蜂儿，世界如许广阔，你不去花丛采蜜，偏偏要啃古纸。啃得古纸能消化掉也好，却偏偏用它做窝，把自己困到一个更狭隘的小天地里。可惜呀，可惜！"

中年和尚如雷贯耳，呆呆地望着青年禅僧。

青年禅僧腼腆地红着脸自语道："我怀让还不如老婆婆，刚刚从中原来，尚未拜见慧能大师。不知是否有资格列入他老人家的门墙。"

这时，婴行却走到法师的书捆前，从那些发黄的古纸中捉到了一只小小的虫子——蠹鱼——书蠹。他笑着对它说："呀，你这小家伙，也吃得满腹经书，是不是也可以称作'小小法师'啦？"

中年法师自然满脸的尴尬与不满。婴行我行我素，继续对着小小的蠹鱼说道："你的运气真好，吃到肚子里的是佛经，所以你整天趾高气扬，夸夸其谈，反而受到人们的尊重。而另一条书虫，就没你幸运了。它蚀得满腹武功秘籍，就不可一世，以为自己功夫天下第一。它外出行走江湖，遇到苍蝇，苍蝇欺负它，碰到臭虫，臭虫压迫它，就连黑乎乎的屎壳郎，也用四不像的螳螂拳揍得它鼻青脸肿。它气愤至极，找到武功秘籍的主人，抱怨说：'我腹中装满了武功招数，招招天下无敌；而那些破虫们使出的招数都很普通，可是，为什么我反而总是被它们揍得找不到北？’主人笑着说的：‘你食而不化，招数再多、再妙，又有什么用？’”

尽管婴行一句也没说中年法师，可他的灵魂都在发颤。是啊，如同那蠹鱼一样，你也学得满腹经纶，可是，每当烦恼升起的时候，却一点也用不上；佛学的每一条道理你也都懂，但每当顺境、逆境来临，你的心都会不由自主地随之漂流。等到有所察觉，百般悔恨之时，正月十五贴门神——已经太晚了！

这个时候，婴行拴在树上的毛驴大概感到不自由，使劲想挣脱缰绳的束缚。青年禅僧借题发挥：“一句合头语，万世系驴橛。经书，本来是指示真理的工具，若是将它当作了真理本身，不啻将自己固定在了拴驴的桩子上。若想再挣脱，可就难上加难了！”

中年法师再也不感到饥肠辘辘，反而腹中满满——他羞愧交加，被自己的无能气饱了。他恨不得找一条地缝钻进去，省得尴尴尬尬，在一位老太婆与两个年轻后生面前丢人现眼……

地缝自然没找到，就是找得到他也钻不进去。于是，他只好挑起担子，惶惶如被人发现的小偷，落荒而逃！

法师走后，婴行伸出双臂，发出胜利的欢呼。高兴够了，他转身对青年禅僧说：“你很不错。你叫什么？”

“怀让。”

“你在这里坐一会儿，等我去装上盐巴，我带你上山。”

怀让却说：“谢谢师兄的好意。我想，我自己能摸到地方。”

“有我领路，你不会绕弯。再说，有我介绍，我师父收留你做徒弟的可能性更大。”

怀让严肃地说：“师兄，我肚子饿了，你能代替我吃饭吗？所以，自己的路还是自己走。这样，虽然可能绕弯，但体验得更深切。起码，锻炼了脚力。”

说着，怀让起身向宝林寺的方向走去。

婴行不由得愣住了。他望着怀让的背影，喃喃说道：“这家伙，与行思一样，像是很有来历……”

这个怀让，果然很有来历。

唐高宗仪凤二年四月初八，佛祖释迦牟尼圣诞日，一道白色祥光从金州安康（今陕西汉阴）直冲云天，并且斜射到京城长安上空，熠熠生辉，久久不散。执掌天象的太史令非常兴奋地将这一瑞象禀告了高宗皇帝。高宗问他这到底是什么吉祥的预兆？太史说：“是一个不贪世荣、堪为国之法器的伟大僧人诞生了。”高宗深信佛法，传令金州太守韩偕，要他亲自到婴儿出生的家庭去慰问，道贺。

这个与佛祖释迦牟尼同月同日出生，地涌瑞气、天绕祥云的人，便是怀让。

怀让 15 岁到荆州玉泉寺出家。玉泉寺当时系天下名寺，学僧云集，学习教理、研修戒律蔚然成风。怀让在这里学教、修律七八年，心中仍像罩着一个黑漆桶，心地未明，性光未现。他心知，目前的修行方法没有切入佛学的根本，不是契入禅机的最佳途径。对于禅之领悟，可说是不得要领，对自己不适合。于是，他毅然舍弃了名山大寺按部就班的生活，与一位同参——坦然禅师结伴来到了中岳。当时，在嵩山住持法席的是与神秀、慧能齐名的、五祖弘忍十大弟子之一的老安禅师。

老安禅师将坦然留了下来，而仅仅看了怀让一眼，便说道：“我不是你师父，你的师父在曹溪。”

在送他前往曹溪的时候，老安禅师莫名其妙地说：“当年，我因慧能师弟吃了一粒道（稻）种，今日还他一个佛种！”

在老安禅师的鼓励下，怀让辗转数千里，从繁华的中原来到了遥远、偏僻、在那时尚属于荒蛮之地的岭南。当他沿着清泠泠的曹溪走到宝林寺山门前，正是日暮时分。六祖慧能似乎早就知道了他要到来似的，恰巧站立在寺门之外高高的台阶上。夕阳撒金，为宝林寺长长的石阶铺上了一层金屑，宛若一条金碧辉煌的上天之路。的确，在怀让看来，这不啻是通向极乐的金光大道。

不知是六祖的身体真的在熠熠放光，还是夕照余晖从侧面的映照，慧能的身体轮廓四周有一圈金色光晕，使他显得有几许神秘，几许神圣；几分亲切，几分威慑；几多清凉，几多慈祥……

“你从哪里来？”

一句普普通通的话语，因了是从禅宗第六代祖师口中说出来的，便充满了无限的禅机。怀让若有所感，若有所觉，若有所得，若有所悟，可是，却又无从下手，无法契入。他有几分羞涩，有些难为情，脸上隐隐泛起一层红潮。他低下头，喃喃说：“弟子怀让，从嵩山而来。”

“什么样的一种东西来呢？”六祖怪怪地问道。

怀让不禁汗如雨下——他胸中似乎有团团块垒的东西，可就是不能痛快淋漓地一下子全都倒出来。他愧疚难当，深深垂下了头。

六祖慧能慈祥地拍拍他的肩：“你暂时留下来吧。”

六祖飘然而去。宽大的僧衣在风中摆动，仿佛要飞升进那轮红红的夕阳。

怀让自言自语：“什么样的东西来了呢……”

第十四章　弟子机缘

一位衣着华美、风度不凡的年轻僧人，仰着头走进宝林寺的山门。他的禅杖戳得地面咚咚作响，似乎是在告诉旁人，我来了，你们统统给我让开！

做了六祖书记（文书）的法海，热情地迎上去，施礼问道："师兄从何而来，有什么事情需要我帮忙吗？"

年轻僧人并没有还礼，傲气十足地说："听说，你们弄了个不识字的流浪汉，来冒充慧能大师。带我去看看，他的须弥山有多高！"

法海并不动气，不焦不躁地说道："慧能大师的确不识字，但绝对不是冒充的。师兄若是愿意参见师父，我可以先去通报。"

年轻僧人不置可否，不屑地哼了一声。

法海来到方丈所在的小院中，师父慧能坐在树荫下的藤椅上，正在与大师兄行思商量什么事情。法海刚对师父耳语了几句，年轻僧人禅杖捣地的音声已笃笃地传了进来，震得方丈院里的空气也紧张起来。

慧能与行思相视一笑，仿佛对这种行为司空见惯似的。

廊沿下，婴行正在火炉上烧水。壶中水咕咕开着，热气四溢。

行思指着水壶，别有意味地说："煮茶之水，开到二分是为茶，开到十分则为汤。"

婴行问："那怎么办？"

行思果断地说："它热得过分了，你给它兜头浇一瓢凉水！"

慧能亦话中有话说："与其扬汤止沸，不如釜底抽薪！"

他们说话时，年轻僧人早已走到跟前。慧能等人对他视而不见，言谈话语中还有影射他的意思，他便重重将禅杖往地上捣了一下，想引起他们的注意。

许是禅杖的震动，一片因病变而枯黄的树叶，飘飘而落。慧能捡起来，对着树叶感叹："大好时光，你不好好生长，反而染病枯黄，可惜，可惜！"

法海看了年轻僧人一眼，说："谁叫他自己招惹虫害呢，活该！"

慧能一笑："那么，法海你说，这一树上的枝叶，有的欣欣向荣，有的枯黄萎缩，是向荣的好，还是枯萎的好？"

"当然是生机勃勃、欣欣向荣的树叶好。"

六祖慧能点点头说："如是，如是，那就向荣去。"

六祖又问行思："向荣的好，还是枯萎的好？"

——这绝对不是多此一举的重复，因为，行思居然回答："枯萎的好。"

六祖竟然还是点点头："如是，如是，那就顺其自然枯黄去。"

六祖再问婴行。婴行聪明绝顶，自认为一定能答得更好，不假思索地说："枯萎的让他枯萎，向荣的让他向荣。"

婴行自以为回答得多么圆满、多么潇洒！连那个高傲的年轻僧人，目光里都流露出了敬佩之色。

然而，慧能大师却将脑袋摇了摇，说道："不是，不是。顺其自然，在大自然中契悟禅机，几乎是每一代祖师所倡导的。然而，禅，不是纯自然主义，禅者反对放任自流，更强调人的主动性与能动性。我们人，作为自然之子，弃恶扬善，改造自己，就是自然；自己掌握自己的命运，使之更加契合宇宙人生的规律，才是真正的顺其自然。禅者之所以是真正的智者，原因也就在于此！"

说着，慧能的目光像温暖的手指，爱抚着年轻僧人的面庞。

年轻僧人忽然对慧能的话有所领悟了，但他放不下高傲的架子，勉强给慧能下跪，说道："云游僧法达，前来拜山。"

他之所以说"拜山"而不说拜祖，说明他心里还是看不起慧能。正是因为如此，他磕头时，前额并未触地。

婴行跳过来，指着他的脑门说："你年纪轻轻，拜见长者倨傲无礼，就已是大错特错；而后又叩头不触地，更是错上加错。你心无敬意，还不如不行叩头之礼呢！”

法达凭着自己的小聪明，不以为然地说：“出家人四大皆空，何必拘泥形式？再说，我磕头不触地顶礼，就等于触地顶礼，你又何必分得那么清楚？”

行思笑道：“你倒是有几分辩才。超越世间的一切形式，不为形式所困，这确实是禅。”

法达越发得意扬扬，斜了慧能一眼。谁知，婴行冷不防蹿了上来，狠狠打了他一巴掌：

“啪！”

法达大怒，吼道：“你是出家人，怎么这样无礼？竟然动手打人！”

婴行针锋相对：“我打你等于没打你，你又何必如此认真分别呢？”

以其之矛，刺其之盾，法达愣住了。

婴行曾经为此挨过六祖一拂尘，这回总算在法达身上捞回了本钱。但他不依不饶：“再说，出家人四大皆空，你的肉体属于地大，早该空掉了，我是打空呢，你叫唤什么？你若是觉得疼了，证明你尚未修到四大皆空，我是帮你修行呢！”

法达一脸的尴尬，大家忍不住笑了起来。婴行又说：“如果你现在挨打时心生分别，能感受到挨打与没挨打不一样；那么，证明你刚才磕头时前额不触地，是故意无礼。无礼之人，不该挨打吗？”

法达哑口无言，狂妄之态为之尽退。

这时慧能开口说话了：“你从什么地方来？你心里一定藏着什么东西！”

“我是江西洪州人。七岁出家，曾经闭关阅藏（阅读大藏经），胸中装有万卷经书。仅《法华经》一部，我至今已持诵三千多遍了！”

说着，法达的头不自觉地又仰了起来，很为自己的用功精进而骄傲。

六祖慧能说：“你倒是精进用功。如果你念了上万部经，并且领会了佛经的义理，那你可以为我之师。但是，你却因为念了三千遍《法华经》而骄傲自大，似乎太天真了，天真得竟然不知道自己的过错！”

慧能在一个空碗里倒满茶水说：“唉，这只茶碗，不知盛过几百几千几万次茶水，它可曾品出茶的滋味？印《法华经》的毛刷子，看经的遍数又何能以万数记，却未曾见它成佛！同样，像你这般傲慢的模样，再念一百万次也没有用！”

法达不由得垂下了头。

慧能继续说道：“僧人顶礼，不仅仅是为了表达对他人的尊重，更是为了折服自己的‘我慢’之心。因为，出家人心中一旦存留傲慢的习气，我执不去除，便无法体悟到宇宙人生的真理。你只是口头上念诵佛经，而不明了经典的意义。”

六祖慧能品了一口茶说：“你叫法达，却何曾达法！”

于是他手在石桌上轻轻叩着，合着节拍说了一偈：

礼本折慢幢，头奚不至地，
有我罪即生，忘功福无比。
汝今名法达，谨诵未休歇，
空诵但循声，明心是菩萨。
汝今有缘故，吾今为汝说，
但信佛无言，莲花从口发。

法达静静听着，脸上出现了犹豫不定的神色。虽然依旧呆立着，却也不得不故意左顾右盼，以掩饰心中的羞臊和烦躁。

六祖大师缓缓说：“慧能家境贫寒而且父亲早亡，未曾念书识字，蒙弘忍大师垂爱，一生中只是跟着他老人家念过一次《金刚经》，因一句经文而明心见性。据我所知，一切经典都在启发我们本来就有的觉心、佛性或般若智慧。”

法达低着头，脸上一阵喜一阵忧，一阵羞愧，一阵悔恨。他合十忏悔说：“法达年轻无知，从今后一定谦虚、恭敬待人。”

婴行充大人吃瓜，说：“知错就改，这才是好孩子！来，乖，坐下吧！”

众人不由得又笑了起来。法达半个屁股坐在婴行搬来的凳子上，扭捏地问慧能：“弟子诵读《法华经》，并没有理解经文的义理，常有疑惑。大师富有智慧，请为我解说、解说。”

“法达，佛法本来是通达的，只是你的心念不通达，佛经本来没有疑惑，只是你心里有疑惑。你诵读《法华经》一定知道经中所说的开佛知见、示佛知见、悟佛知见和入佛知见吧？”

“惭愧，弟子仅知字面意思。”

慧能大师详细开示说：“佛的知见，也就是觉悟的知见。佛就是觉。觉分为四种，开启觉的智慧，显示觉的智慧，领悟觉的智慧和深入觉的智慧。如果听到开导启示就能深入到觉的智慧中，这就是觉悟的智慧，自己的觉心、本性也因此得以显现出来。所谓佛的智慧，实际上就是你自己的心，此外再没有其他的佛。人们往往是自己遮盖了本性的光明，迷恋于各种表面现象，受自己情欲的干扰，心甘情愿地受物欲的驱使。所以我佛释迦牟尼才假借种种方法苦口婆心地讲说，规劝人们安定收心，不要向心外去妄求，如果你具有正确的认知和见解，就会常生智慧，观照自心，止恶行善，这就开启了佛的智慧。”

“惭愧，我法达从来只是依照经书的文字念诵，死读经，读死经。听师一席话，胜读十年书。”

六祖慧能一笑，递给法达一碗茶。法达像是真的渴了，咕咚、咕咚一口气喝了个精光。

慧能问道：“法达，你已将茶喝了，请你以极简洁的语言将你的感受准确无误地表达出来，让别人一听就知你喝的是这一碗茶，而不是早上喝的茶。”

法达十分为难，吭吭哧哧：“这、这……大师，喝这一碗茶的感受的确与日常喝茶不一样，但这种细微的差别只能体味，不能言传。”

六祖哈哈一笑，说：“禅，不可言说，如人饮水，冷暖自知。佛法的奥妙，也无法用文字来表达。一切经书，包括《法华经》，都是佛陀教导我们开悟的工具。它如同指向月亮的手指，目的是为了让我们顺利、快捷地找到月亮。而手指本身，并非明月。你若是仅仅研究手指的粗细、长短、颜色，永远都找不到天空中的月亮。所以，学佛之人要直接探求佛法的本意，而不是执著于经典。你如果用这样的心态持诵《法华经》，那么，一切妙法就会像莲花一样，自然而然地从你的口中生出来！”

法达听了六祖的教导，豁然有醒，不过，他心中仍然存有一缕疑惑，犹犹豫豫地说道：“谢大师开示，不过……”

“你心中还有什么疑惑，就说出来吧。”

法达问：“如果这样的话，只要领悟了佛经的义理，就用不着念诵经文了吗？”

六祖慧能说：“你这种‘非此即彼’的机械理解，又陷入了另一种教条。经典有什么过错，岂能妨碍你持诵？若是口中持诵经文，心中也能实践修行，就是‘转经’；若口里念着经文，而心中另有所念，那就是被经所转。”

六祖又对法达吟诵了一首偈子：

心迷《法华》转，心悟转《法华》。
诵经久不明，与义作仇家。
无念念即正，有念念成邪。
有无俱不计，长御白牛车。

白牛车，是《法华经》中的一个譬喻，代表着我们人类自性的本源。法达闻偈，恍然大悟。他悲喜交集，痛哭流涕地跪倒在慧能面前，真诚地恳求：“大师，法达痴迷不悟，对大师无礼，请您原谅。但愿今生今世随侍在您身旁，还请大师恩允！”

法达说着，以头咚咚触地不止。

六祖慧能说：“人非贤圣，孰能无过？好吧，你就留下吧。”

法达仍磕头不止：“谢谢大师，谢谢师父……”

婴行拍拍他的后脑勺，说：“起来吧，师弟。你是磕头虫变的吗？”

法海说：“婴行，你又胡说什么？”

婴行一脸的委屈：“我怎么胡说呢，我比他入门早，自然是师兄啦！你们仗着师父偏心眼，一个个入门都比我晚，却反过来都成了我的师兄。这个法达，我可不会再礼让啦，一定让他给我当师弟。”

他转向法达："对不对呀，师弟？"

法达笑着说："你一口一个师弟地叫了半天，这师弟我不当行吗？"

众人哈哈大笑。

那两个从中岳嵩山来的禅僧，将神秀大师从隐居状态中强行拉了出来。

本来，闭关苦修十五年而大彻大悟的神秀，早已淡泊了名利。他离群索居，在玉泉寺东边七里远的山上搭了一间茅草房，栖松荫，饮清风，悠然自得。若不是这突然的变故，那么，他会一直默默无闻地隐逸下去，直到终老山林。

五祖弘忍过世后，他的东山的法统（北禅渐门），由另一位大弟子——法如继承了下来。然而，天有不测风云，在中原竖立起东山法门大旗仅仅三年之后，唐永昌元年（689），年仅五十二岁的法如溘然而逝。他的英年早逝，不仅使得传统的法脉难以为继，而且他遗留在中岳嵩山的众多弟子顿时成了嗷嗷待哺的孤儿。为了延续东山法门，也为了弟子们有一个好的归宿，法如临终遗嘱："以后当往荆州玉泉神秀禅师下咨禀。"

于是，数百名禅僧不远万里前来投靠，神秀不得不开门接纳他们，传禅授法。由于他年高德昭，功深悟透，举重若轻，深奥艰涩的禅，到了他的口中，就像常见的花草一样简单明了。宋之问在《迎秀禅师表》中说："……形彩日茂，弘益愈深。两京学徒，群方信众，不远千里，同赴五门。……九江之道俗恋之如父母，三河之士女仰之犹山岳。"

神秀禅师的声势如此浩大，他所住持的玉泉寺自然而然成了全国的禅学中心。比起地处偏僻的岭南曹溪的慧能来，他的声望更加响亮。

有一天，玉泉寺来了八九个云游僧，领头的，居然是影隐！他们这几个当年因放火烧山而被人们所唾弃的僧人，在潜隐多年之后，再次出现了。

神秀大师对他们避而不见，并且严令客堂，不准他们挂单。

影隐带领着他的弟兄们一起跪倒在了神秀的方丈门外，苦苦哀求道："大师，我们知错啦！当年，我们因一念之差，做出了有违道义的事情。可是，我们已经为之付出了沉重的代价。不但东山寺不允许我们回去，而且其他寺院也都不欢迎我们。天下之大，竟然没有我们的容身之地。这些年来，我们就像丧家之犬，浪迹天涯，吃尽了苦头……幸好，慧能并没有葬身火海，他现在不是出山了吗？所以，我们并没有伤害到他，造成不可弥补的后果。佛说，放下屠刀，立地成佛；苦海无边，回头是岸。我们已经放下屠刀了啊，我们已经回头了啊！再说，神秀大师，当初，我们也是一片赤诚，一心为您打抱不平，所以才……"

他们痛哭流涕地哭诉，终于打动了神秀大师的慈悲心肠，允许他们留在山上，改过自新。

婴行虽然在读佛经，但他的小眼睛却不断向四周瞟。他惊奇地发现，师父慧能正在整理那件象征着禅宗法脉的木棉袈裟！

六祖将那袈裟包裹起来，向方丈外走去。一直在旁边悄悄观察的婴行好奇地问道："师父，您要干什么去？"

"我去将弘忍大师所传的袈裟洗一洗。"

婴行松了一口气，说："我去打水，我给您在这儿洗吧。"

六祖慧能摇摇头："我的事，还是我自己做。"

慧能手持禅杖，步出方丈室。

他拿着袈裟出了山门，计划到曹溪浣洗。

曹溪之水弯弯曲曲，曲曲弯弯，飘着烂漫山花，映着蓝天白云，在宝林寺前潇洒地画出一条弧线，然后撒着欢儿、唱着歌儿奔向了远方。

溪水边，有几个小沙弥正在洗衣服。他们也太勤快了，甚至连穿在身上的衣服都洗了——你撩一下，我泼一盆，结果，大家浑身上下都水漉漉，湿淋淋的。他们无忧无虑，似乎比清冷冷的曹溪水还要欢乐，还要活泼，河滩上大大小小的鹅卵石，仿佛都是他们咯咯的笑声凝结而成的：

曹溪水，如弦还如钩。
如弦轻吟菩提曲，
如钩不牵白云头，

禅韵清幽幽。

六祖慧能悄然离开了。一则，他不想因为自己的到来而使得弟子们的欢声笑语戛然而止；二来，他想，这袈裟是由达摩祖师从印度传来的神圣之物，万一溪水上游也有人浣衣洗物，污垢顺流而下，岂不将袈裟亵渎啦？

慧能转身，手持禅杖——也称锡杖，向寺院后面的深山之中走去。

行行复停停，寻寻且觅觅，慧能大师边走边观察，不知不觉已经走了四五里路程，来到了一片茂密、幽静的山林之中。

这里，古木参天，绿荫匝地，芳草茵茵，瑞气缭绕。不知为了什么，六祖慧能嘴角泛起一缕淡淡的微笑。他神色庄重，站在一块空地中央，闭目沉静片刻，然后，将手中的锡杖一振，往地下戳去——

咚——

他似乎并未用力，一条锡杖竟然全部扎入了大地深处。更不可思议的是，随着禅杖的拔出，一股清泉汩汩喷涌，片刻之间便汇聚成了一个清澈的小水潭——这，便是著名的“卓锡泉”。

几百年之后，宋朝大文学家苏轼两次来参拜六祖真身。在卓锡泉畔，他的文思如同这不竭的泉涌，挥毫写下了《卓锡泉铭》——这是后话。

六祖掬一捧泉水尝尝，其甘醇清冽，令人精神为之一振。他蹲了下来，仔细漂洗着袈裟……

“阿弥陀佛。”身后忽然传来了一声佛号。六祖回转身，一位年轻比丘合十鞠躬，问道：“请问老法师，到宝林寺怎么走？”

六祖看他风尘仆仆、一副长途跋涉的样子，手里提着湿漉漉的袈裟，站立起来问道：“你从哪里来？”

谁知，那僧人一见慧能手中的袈裟，惊呼一声，扑通一下跪倒在地，激动地喊道：“弟子方辩，拜见大师！”

慧能有些疑惑了：“方辩？你叫方辩？我们俩见过面吗？”

“没有，从来没有，弟子这是第一次亲近和尚。”

“那，你怎么认识贫僧呢？”慧能问。

方辩说道：“弟子是西蜀人氏，为了求得最神奇的佛法，前些年游历到了佛陀的故乡印度。在那里，我得遇一位神奇的高僧。弟子请求他传授佛法。他说，佛祖释迦牟尼一脉相承的正法眼藏，以及历代祖师嫡代相传的袈裟，早已到了中国。而今，已经传至第六代，六祖慧能目前正在岭南曹溪弘扬禅法。他老人家点化弟子回国，前来曹溪求法。所以，我刚才看到这庄严圣洁的木棉袈裟，便猜到了您就是慧能大师。大师，您能让我仔细瞻仰一下袈裟吗？”

“当然可以。”慧能大师一抖袈裟，纷纷而落的水滴，宛若晶莹的珍珠，恰似袈裟放射出的神奇的光芒……

方辩哪里还顾得上什么瞻仰，只是五体投地，磕头如捣蒜……

六祖慧能微微一笑，说：“方辩，地上有稻谷吗？”

方辩一愣，看了看地面，说：“没有啊！”

慧能说：“没有稻谷，你怎么像小鸡吃米似的？”

方辩明白六祖大师在开玩笑，不好意思地站立起来。慧能若有所思，问道：“方辩，你如此看重这件袈裟，那么，你一向是干什么的呢？”

方辩不明白六祖的用意，照实回答：“弟子祖辈传有塑像的技艺。我未出家以前，以塑造神像为生。出家之后，也经常为善信们塑佛菩萨像。”

“难怪你会对一件表法的袈裟礼拜不停呢！”慧能说，“那么，方辩，就请你塑一尊给我看看。”

其实，六祖的本意是说，真佛无形，实相无相，一个人，怎么可能塑造出佛的真像呢！方辩不解其中的禅机，激动万分地说道：“弟子何世修来的福分，竟然有幸为大师造像！谢谢大师的信任！”

六祖带着方辩回到宝林寺的时候，客堂里面，早有一位名叫智常的云游僧正在等他。

原来，这位智常是信州贵溪（今江西贵溪县）人。他童贞出家，立志明心见性，转凡成圣。然而，尽管他奋勇精进，每天昼夜打坐，修行不止。但是，整整十年过去，原来心中一团漆黑，现在仍然是漆黑一团；未修行以前，脑子里是一盆糨糊，修行之后还是糨糊一盆。开悟见道，那只是梦中之事。随着年龄的增长，他的烦恼也与日俱增，天天烦躁不安，恨不得将自己一颗蒙昧的心掏出来，在清清的山溪中清洗一番。

心，自然无法掏出来，那就历练肉身吧。他一杖一钵，飘然出游。

片石孤云映慧日，清泉弯月照禅心；山色天然观自在，溪声随意了圆通。壮丽的山川大地，空灵的清风明月，更激发出他彻悟宇宙人生大道的豪情。他听说，洪州白峰山大通和尚禅法高明，便专程前去参拜。但是，他满怀热望而来，白峰大通禅师却冷冰冰的，三个多月，没有为他传授过一次禅法，只是让他跟随大众打坐念佛而已。智常若是为了重复这些日常功课，还用策杖云游、千里寻师吗？于是，在一个伸手不见五指的黑夜，求法心切的他不管三七二十一，直接闯进方丈，问大通禅师道：“学僧我自从来到和尚的法席，已经三个多月了，不蒙教诲一法。大和尚的意思是什么？”

“有疑即问，无疑自修。山僧垂丝，愿者上钩。”大通禅师欲擒故纵。

智常急不可耐地问道：“请问大和尚，如何是我的本心本性？”

大通禅师向上指着说：“你能看见虚空吗？”

“能，能看见。”

大通禅师又问：“你看到的虚空有形状、相貌吗？”

智常回答：“虚空没有形状，哪里有什么相貌呢！”

大通禅师这才详细开示说：“你的本性就犹如虚空一般，空无一物可见，这就叫正见；了无一物可知，就是真知。它没有什么青黄颜色，也没有大小长短，但见空空灵灵，清清净净，觉体圆明，即是见性成佛，也就是如来知见。”

智常听了大通禅师的这一番说教，好像是雾里看花，水中望月，朦朦胧胧，缥缥缈缈，美则美矣，妙亦妙哉，只是模模糊糊，虚虚幻幻，无论如何也看不真切，所以，他不知其所云，更无法契入禅机。

无可奈何，他溯赣江逆流而上，翻越高高的大庾岭，不远千里来曹溪参谒六祖大师。慧能听了他的讲述，说道：“难怪你不明白呢，大通禅师所说的那些，仍然存在着知见的弊端。现在，我给你说一首偈子，你可以从中悟。”

慧能大师的声音像二月的春风，滋润着智常灵魂的荒芜：

不见一法存无见，大似浮云遮日面。
不知一法守空知，还如太虚生闪电。
此之知见瞥然兴，错认何曾解方便。
汝当一念自知非，自己灵光常显现。

慧灯一盏，照破千劫黑暗；春水数滴，融穿万年坚冰。智常心中慧日迸发，灵光万丈，豁然大悟了。他喜极而啼，边哭边说偈曰：

无端起知见，著相求菩提。
情存一念悟，宁越习时迷。
自性觉源体，随照枉迁流。
不入祖师室，茫然趣两头。

半月之后的一天晚上，六祖慧能在大殿里勘验弟子们的修行体会。小婴行发现师父今天十分严厉，不好蒙混过关，就施展他的另一项绝技——溜之大吉！

婴行躲在大人们的身影里，悄悄向大殿门口挪去，接近门口时，他猛然转身，向门外蹿去，差点与刚要进门的方辩撞个满怀。

方辩小心翼翼护住怀中用布罩着的东西，骂道：“你这个冒失鬼，差点让我半个月的心血化为乌有！”

婴行的好奇心被挑逗了起来，忘记了溜出来的目的，追在方辩身后问道：“你护着的是什么宝贝，值得这样大惊小怪的？”

方辩不理他，径直走到慧能跟前，说：“师父，弟子遵嘱完成了塑像，不知可入您法眼与否？”

婴行抢上前来，掀开苫布。托在方辩双手中的，是一尊七寸高的惟妙惟肖的慧能塑像。

婴行惊奇地大喊大叫："哇！好像啊！鼻子是鼻子，眼睛是眼睛，简直一模一样！师父哎，是你缩小成了它呢，还是它放大成了你呢？"

他不管三七二十一，抢过塑像，上看、下看，左看、右看，如果有可能，他直想掰开里边看一看，是不是也有血肉骨头。看够了，他才将塑像递给慧能。

六祖不接，奇怪地问道："婴行，这是谁呀？"

"师父，这是你呀。"

慧能指着这个与自己神形俱同、一模一样的塑像说："这如果是我，你又是献给谁呢？"

说着，他的敏锐的目光在弟子群中捕捉住了怀让。怀让凛然一颤，感受到了扑面而来的禅意……

慧能追问："这若是我，哪个呢？"

行思等开了悟的弟子心里明白，六祖慧能是在借机指示禅僧们领悟自性：所谓哪个，就是在问佛性。

懵懵懂懂的婴行稀里糊涂地说道："师父，它就是你，你就是它，难道可以分开吗？"

慧能意味深长地说："如果不能分开，你就把它收回去吧。"

婴行拿着塑像的手刚想缩回来，慧能轻轻打了他一下，然后笑着说道："这正是勉强分开。"

一个能打你，一个在你手里，不就是分开了吗？能打你的，不就是"哪个"的作用嘛！

不知为什么，怀让感到，师父的手，是打在自己的心灵上，他不由得浑身毛发竖立，大汗淋漓……

方辩是个伶俐汉，闻听师父如此言说，马上心有灵犀，道："若是这样，就必须把塑像献给师父。"

一而二，二而一；不一不异，不异不一。

慧能说："我收下了，收下了。"

慧能拿着自己的塑像，与它相视一笑。接着，他对方辩说道："方辩，你虽然掌握了活灵活现的塑像技巧，却不了解真正的佛性。”六祖看到他茫然无措，启发他说：“佛祖释迦牟尼在《金刚经》中说，凡所有相，皆是虚妄。这就是说，真正的佛是无相的，学佛之人不可执著于外在的形象而迷失了自心，我们礼拜的应该是自性本具的天真佛，而不是这些泥塑、木雕的偶像。”

方辩似乎明白了什么。六祖的大手抚摩着他的头顶，说道：“方辩，你出家为僧，愿你永为人天楷模，永为世人的福田。”

宛若醍醐灌顶，一股从未体验过的感觉，从头顶徐徐流入方辩的心田，像是菩提种子，在他的心里开着清凉、灵明的莲花……

六祖慧能将自己身上披着的袈裟解了下来，郑重地赠给了方辩。方辩手捧袈裟，激动得不知如何是好，两行热泪活像决堤的小溪，尽情地、欢快地流淌着。他从大雄宝殿走了出来，来到大殿一侧，用戒刀（僧人随身携带的小刀）将六祖赠给他的袈裟分成了三份，一份披在了六祖慧能的塑像上，一份揣进了自己怀里，而另一份，他用棕树皮仔仔细细、小心翼翼包裹起来，深深埋在了地下。然后，他跪在那个地方，双手合十，对天发誓说：“以后，若是有人掘土挖到此袈裟，那即是我再生于世。我将住持在这宝林寺，重建殿宇，弘传佛法。”

多年之后，有一位名叫惟光的禅僧，住持宝林寺。为了重修大殿，掘地基时，挖出了这件依然如新的祖衣……

那天一整夜，怀让未曾合眼。因为，他一直在思维“哪个”。

记得他刚刚来宝林寺的时候。师父慧能问他：“什么样的一种东西来呢？”也正是从那一刻起，这个疑团就一片云彩一样飘浮在怀让的心灵里，不召自来、挥之不去；它又像是囫囵吞枣一样吞进了一个什么东西，当然，它不是一枚枣子，所以也就无法排解，不能消化，还吐不出来，就那样长久沉闷在了他的心胸之中——

什么样的一种东西来呢？

天长日久，这个疑惑不但没有消融，反而与日俱增。他食不甘，寐不宁，行不知行，卧不知卧，每日里与心中的疑团叫阵，极力想打破这漆黑一团，找到自己的本来面目……

——这就是参禅。不疑不悟，小疑小悟，大疑大悟；若是心身疑成一团，机缘成熟，必然会砰的一声爆裂——大彻大悟！

昨天晚上，师父那摄人魂魄的一瞥，怀让直觉得自己的身心顿时空空落落，只剩下了那个疑团。他所有的心神，所有的思维，所有的精力，都扑到了那个纠缠了他许多年的疑问上，直疑得东西不辩，南北不分，寐食俱忘，昼夜不停……

天亮之后，怀让依旧懵懵懂懂。早晨，大师兄行思在分配一天的劳作时，说是让他依旧打柴去。于是，他就迷迷糊糊来到了山上，在山上待了整整一天，连中午都没想到回寺里吃饭。傍晚，他挑着柴担往回走的时候，偶然一抬头，忽然察觉到，现在又是稻谷成熟的季节，又是夕阳撒金的时刻，一如他刚来到曹溪的那个时刻一样。八年时光倏然而过，留在他心里的是一种莫名其妙的感动。他目睹蓝天上的彩云悠然，耳闻小溪中的泉声亲切，鼻嗅山径边的花香清新，身感金秋里的收获陶醉，心……忽然，他心底深处萌生了一种灵魂归家的感觉——

原来如此！

于是，他心中豁然开朗，疑团爆裂，漆桶打破，绝后再生，宛若放下千钧重担——他真的忘情地抛下肩上的柴担，一边开心地呼喊，一边飞快地向宝林寺跑去……

六祖慧能竟然就站在山门外！

好像，八年来他从未动过地方；好像，八年时光对他说来根本就不存在；好像，他一直在等待着怀让一样！他发出一声石破天惊的大喊：

“什么样的一种东西来呢？”

“说似一物即不中！”

怀让狂吼如雄狮，呼啸山林；咆哮似猛虎，声振山岳。

宛若巨石投入储满蜜水的深潭，甜蜜的喜悦像层层涟漪，连绵不断地从怀让心中涌出，充满了他身上的每一个细胞，每一个毛孔……不知过了多久，他才从开悟的巨大愉悦中平静下来，羞涩地一笑，向师父解释说：“人人本有的佛性，无形无相，是不能用语言来描述，也不能用东西来比喻的，所以，如果说它像个什么东西就不对了。”

慧能使劲点点头，与怀让把臂大笑，同归宝林寺。

自从六祖慧能在曹溪竖起顿悟成佛的大旗，许多弟子在他的启发下，当下开悟，犹如越过龙门的鲤鱼，马上就遨游天海，喷云播雾，好不潇洒。因此，曹溪名声大噪，成了天下禅僧心目中的圣地，大江南北的学僧望风披靡，争相来投，不绝于途。这样一来，宝林寺原来的殿堂、寮房就显得局促狭窄，不足容众了。

有一天，首座行思对六祖慧能说：“师父，近来从各地来的学僧超过了千人，再过几日，远在数千里的荆州通应大和尚，也将率领他的数百名徒弟来皈依您，寺中的房屋已不够居住了。”

慧能说：“那就找几处山水清幽之处，再建几处寺院吧。应通律师是我受戒的师父之一。他反而来皈依我，无论如何也不能太委屈了他们。”

“是。不过……”

行思欲言又止。慧能大师的心像天空一样空明、灵透，马上问道：“有什么难以解决的问题吗？”

行思说：“整个曹溪几乎每一座山、每一块地，都是大财主陈亚仙的。他为人极为精明，从来不肯施舍一文钱，恐怕……”

慧能笑着说：“他若不精明、吝啬，如何能攒下如此大的家业？这种人，甭想向他化缘，他连一粒米都不会布施，怎舍得大片土地？你去请曹善人通融一下，我们花钱置买他的山场好啦。”

“可是，寺中集聚了上千名僧人，尽管大家遵照您的指示，开荒种田，力争自给，但每年增收的粮食远远不如新增加的人多，大家的伙食钱都很紧张……”

慧能从铺下拎出一个小包，说：“这是前几天印宗捎来的几十两黄金，正好派上用场。”

然而，千金难买人家愿意。行思、刘志略与曹叔良那几天省了饭菜——在陈亚仙家饱尝闭门羹——一说来买地皮，人家连门都不让进！

于是，这一天，慧能带着婴行，沿着山野道路，向陈亚仙家走去。

路上，婴行蹦蹦跳跳，他一会儿嗅野花，一会儿追蝴蝶，极为快乐。连慧能都被他的天真所染，也显得年轻了许多。

婴行吹散了一支蒲公英的种子，种子们带着小伞随风飘荡。

慧能见状，不由自主地吟起四祖道信的偈子：

花种有生性，得地就能生。

因缘如不合，全都不能生。

婴行说："师父，你吟的是你的太师父、四祖的偈子吧？"

慧能点点头，称赞道："小婴行现在不光贪玩，也知道用功啦！"

"师父，你老人家今天的兴致真好，肯带着我游山啦。"

"谁说这是游山玩水？咱们是去化缘。"

"化缘，有师兄弟们，用得着老和尚您？"

慧能说："今天咱们化的缘很大，非得我这个老头子出面不可。"

婴行兴奋地问："化多大的缘？"

"整个曹溪。我们得让陈亚仙把曹溪的山水林木，土地房舍都布施给宝林寺。"

婴行突然捂住肚子，哎哟哎哟叫唤起来，像是肚子很痛。

慧能不理他，自顾自向前走。

婴行蹲到地上喊："师父、师父！"

慧能脚不停，头不回，说："婴行，你是不是想说，师父，我肚子疼，先回寺里啦，你自己去化缘吧！啊？"

婴行见露了馅儿，便不再装傻，问："师父，我的心思，你怎么知道？"

"你呀你，这些年来，啥时候骗得了我？"

婴行将衣袖捋起来，一边往手上唾唾液，一边说："师父，咱们是不是找上几十个人一块去？"

"干啥？咱们去化缘，又不是去打架。"

“可是、可是……陈亚仙这个大财主，最最可恨了。他经常放恶狗去咬到他家讨饭的叫花子，僧人去化缘，他甭说施舍，连个好脸都不给。真真是铁公鸡，一毛不拔！所以，您老人家想要抢走他的全部家业，他还不跟咱们拼老命！”

慧能笑道：“什么抢啊，夺啊的，多难听！出家人化缘，是让人家自愿布施。”

“他能自愿？行思师兄和曹善人为买他的地，不知跑了多少趟，说好话快把嘴皮子磨破了，他也没答应。他卖都不肯，舍得白送人？”

“我去给他治病，他总得给我一些出诊费吧？”

婴行来了劲：“噢？陈亚仙病啦？活该！师父，你咋不早说是去治病，白让婴行肚子疼了。”

慧能神秘地一笑。

说话之间，慧能师徒已经走到了陈亚仙家的大门前。

既然宝林寺的老和尚亲自出了面，尽管一百个不情愿，陈亚仙也不得不将他们让到了客厅。

丫鬟上过茶后，陈亚仙开门见山地说：“方丈亲登寒舍，一定也是为置地而来。不瞒你说，我们陈家，只有置买别人家土地的习惯，从未有过典当房屋、出卖土地之类的败家事情。所以……”

婴行不客气地打断他的话：“你狗眼看人低，我师父是来给你看病的！”

陈亚仙大笑：“哈哈……我有病？哈……小师父，你没发高烧吧？”

“你才发高烧呢！”

“没有发高烧，你怎么说胡话？我有病！你看我像有病的样子吗？”

婴行望望红光满面、中气十足的陈亚仙，确实不像有病的样子。他不解地看着慧能。

慧能十分肯定地说：“陈施主，你确确实实病了，而且，病得极为严重，可说是已病入膏肓。放眼天下，也只有贫僧可以救得了你。”

陈亚仙不高兴了：“大师，你是佛门弟子，怎么乱打诳语？有病没病我自己不知道？”

慧能严肃地说："有一些病症，病人自己能感觉得到；还有一些病症，不到命终，病人很难察觉到。而一旦能感觉到时，什么都晚了。"

陈亚仙将信将疑："哪，你说说，我得的是什么病？"

"医者诊病，望、问、闻、切。未诊脉之前，贫僧不敢妄下定论。"

陈亚仙早就知道慧能是得道高僧，有种种不可思议的神通，现在又见他一本正经，不由得心里有些发毛。

慧能却不着急。他打量着陈亚仙家豪华非凡的客厅，观看博古架上陈列着的琳琅满目的珍宝，像是漫不经心似的说："陈施主真是家大业大，富可敌国呀！"

陈亚仙得意地说："苍天不负老夫一番苦心，数十年辛苦，总算小有所成。"

"不知这些财产六十年前在哪里？"

陈亚仙一愣："什么？六十年前？老夫今年五十七岁，六十年前尚未出生，我怎么会知道呢！"

"噢，不是你出生时带着来的呀！但是，陈施主你是否知道，这些东西在六十年后会到哪里？"

陈亚仙说："六十年后？六十年后老夫的骨头怕都烂了，怎么会知道！"

慧能点点头："看来，你也带不走啊！"

陈亚仙不满意了："方丈，你究竟为何而来？至于老夫的家业，不劳大和尚操心，我自然会留给我的儿子！"

"当然，当然。辛辛苦苦积攒下偌大的产业，自然要留给儿女享用。但不知陈施主能给儿孙们留下多少？"

陈亚仙傲气十足："老夫创下的这份产业，少说也值万金！"

慧能似乎有些失望，惊讶地说："啊？才这么一点点哪，还不够花半天呢！"

陈亚仙不解地问："什么意思？"

慧能不慌不忙地说："有你这份家底，儿孙们自然不会种地、耍手艺，但玩麻将、推牌九、掷骰子的功夫，恐怕是样样俱精。"

陈亚仙尴尬地笑笑。

慧能继续说："孩子们玩耍时，为了提高兴趣，找乐子，每次押上一两银子不算多吧？陈施主也不会在乎吧？"

陈亚仙故作大方："老夫之所以积攒下这份家业，就是留给儿孙们的，只要他们高兴，我就高兴。"

"可是，瓦有一仰一合，人有一时一运。如果你的后代运气不好，输了，当然想捞回来。那就得押二两，如果再输，就得押四两。婴行，我老了，脑子不好使，你给我算算，万金家当，能玩几次？"

婴行扳着指头计算："第三次四两，第四次八两，……第十四次八千一百九十二两。师父，如果运气不好，连输十四次，这家业还不够呢。"

陈亚仙脸色多云转阴，气愤地说："你们师徒不用操这份闲心，老夫家教甚严，不让他们参与赌博，一两一文也不会输掉。"

婴行撇着嘴说："你活着能管，你死了呢？不出几个时辰，他们就能将你积攒了一辈子的家产折腾个精光！"

慧能故意呵斥婴行："有你这么说话的吗？陈施主自然会教育儿孙们像他自己一样，一文钱掰成两半花，家业不就越滚越大？"

陈亚仙咕哝道："说了半天，这才是一句人话。"

婴行一撇嘴："他的儿孙若是也像他这么吝啬，等他老了、病了，动不了了，肯定舍不得给他花钱治病。所以，到那时，他病得求生不得，求死不能，生不如死。而他死后，儿孙又不肯给他花钱陪葬。于是，他就变成穷鬼、饿鬼、讨饭鬼……"

"婴行，不许胡说！"

陈亚仙却垂头不语，不知默默想着什么。

慧能像是替弟子向他道歉："陈施主，你别当真，我的徒弟是在和你开玩笑。好，言归正传。陈施主，你是不是从五十岁以后，经常失眠？好不容易睡着了，又常常被噩梦惊醒？"

陈亚仙猛地抬起头，惊讶地说："你怎么知道？"

慧能神秘地一笑，继续说："你是不是经常梦见家中着大火，山里闹土匪，儿孙们上当受骗，被诈光了财产？”

陈亚仙眼睛瞪得老大，震惊地望着慧能，不知说什么是好：“你、你……你是神仙？竟然能看到别人的梦境……”

慧能叹口气：“唉——其实，病根只有一个。你拥有了财产，财产也就全部占有了你，你反而成了它们的奴隶。你是在时时刻刻担心你这份辛辛苦苦积攒下来的家业呀！怕儿孙不孝，轻易把你一辈子的心血撇舍掉；怕世道不平安，强人们图财害命；怕冤魂索债，遭天火焚烧，怕……”

陈亚仙扑通跪倒在慧能面前：“大师，大师，你是得道高僧，能不能给我做场法事，化解这些灾祸？我、我、我情愿承担做法事的开销，十两银子够了吧？”

婴行耸耸鼻子：“抠门！”

慧能十分认真地说：“业障在你心中，我怎么能给你消得掉？若是你得了病，我能替你吃药吗？人，只有自己能救自己。”

陈亚仙：“那，那……”

慧能见火候差不多了，将话头转入了正题：“不满您说，贫僧今天是来化缘的。菩萨法门中，六度（布施、持戒、忍辱、精进、禅定、智慧）万行，以布施为第一。老施主若能布施财产，不但业障立消，而且功德无量。”

陈亚仙神情紧张地说：“真的吗？唉，慧能大师，我布施多少就能消灾啦？”

慧能从怀中掏出一个方形布巾，说：“贫僧想找个打坐的地方，只要施主能布施给我这个坐具能覆盖的一块地就够了。”

陈亚仙看看这个坐具不过三尺见方，长长松了一口气：“你，你是得道高僧，可不能蒙人！”

慧能不理婴行的眼色，十分肯定地说：“出家人口无戏言！”

陈亚仙轻松地笑了：“好，我陪你去，请你任意选一块地！”

慧能、陈亚仙和婴行登上了曹溪最高的山峰。

慧能向四面八方眺望了一下，问：“陈施主，哪些地是你的呢？”

陈亚仙向东、西、南、北指点着："东到那个山头，西到那条河流，南边到树林，北至山峰边。这些都是我的产业，大师任选吧。"

慧能说了一声好，将手中的坐具抛向了天空。

那方布不但不向下坠落，反而向上飘升，而且，越来越高，愈涨愈大，变成了一团五色彩云，然后缓缓降落，将陈亚仙指点的山川土地全部覆盖住了。而不知怎么回事，他们三个人，奇妙地站在了坐具上……

海到天边天是岸，山临绝顶雪为峰；禅心若到灵明时，廓然无际同虚空。

陈亚仙震惊，痛惜，冷汗直流，而婴行却欢呼，跳跃，开怀大笑。

陈亚仙抬头，刚想对慧能表示反悔，猛然见四方山头上各站着一个巨大的天神。天哪，那是四大天王！是寺庙里天王殿供奉的四大护法天王！

东方山头，一身白色盔甲的天王高耸入云，怀抱琵琶，似乎在铮铮作响，因其善于护持国土，名曰"持国天王"；

南山绝顶，一尊顶天立地的天王，浑身青色，手持一把利剑，能斩断烦恼，令他人善根增长，故曰："增长天王"；

西峰之巅，一个红色的巨人，身披甲胄，手臂上缠着一条张牙舞朝的蛟龙，他常常以天眼观察世间，所以称之"广目天王"；

北面山上，通体绿色装束的天王，一首持伞，一首抓银鼠，善于广闻四方福德善行，因此名为"多闻天王"。

他们平常率领部署，守护国土，维护佛法，查视人之好恶行业，劝勉人们守戒行善……

陈亚仙吓得浑身发抖，跪倒在地。连在寺庙中长大，惯见四大天王塑像的婴行也骇得直往慧能身后躲藏。

慧能不禁哈哈大笑，说："别怕，别怕！他们都是护法善神，代表的是风、调、雨、顺。"

说着他向四位天王挥挥手，四位巨大的天王，消失在云雾苍茫中。坐具，也飘飘悠悠回到了慧能手上。从此，四大天王站立过的那四个山头，就叫"四天王山"了。

陈亚仙仍跪着磕头不止。慧能拉起他来："把陈施主吓着了，罪过、罪过。”

陈亚仙东瞧瞧，西望望，心有余悸地说：“大师法力无边，老夫……不，不！弟子，弟子明白了。我愿意将所有的土地，还有所有的家产，都捐献给宝林寺，供养大师。”

慧能一笑道：“没那个必要，有几块建寺庙的土地和一些菜田就够了。”

陈亚仙真诚地说：“弟子是诚心诚意的。”

慧能说：“你有了这份布施心，再身体力行，便可以舍尽一切贪爱、执著，心灵就会获得解脱，也就无灾无病，心安体健了。”

陈亚仙喃喃自语：“谢谢大师开示，谢谢大师开示……”

从此，陈亚仙像曹善人一样，成了慧能最为虔诚的护法弟子。

自从见过四大天王显身，婴行对于寺院里大大小小的佛菩萨塑像变得极为恭敬起来。一天上午，刘志略与曹善人他们来看望师父，带来了一盒点心。慧能随手分给了婴行他们一群小沙弥。婴行嘴馋，看着师父分点心时，就馋涎欲滴，急得直咽唾液。然而，当他真的拿到点心之后，刚放到嘴边，像是忽然想到了什么，匆匆跑了出去——他要先将点心供享给佛菩萨。有好的东西，首先敬献给佛菩萨，这是他的虔诚；反正那些塑像也不会真的将点心吃下去，到头来还会装进自己的肚子里！这样，一则具有了供佛的功德，二来不耽误自己解馋，真是一举两得！这是婴行独特的精明。

寺院里到处都有佛菩萨的塑像。有观音菩萨、文殊菩萨、普贤菩萨，大势至菩萨，地藏王菩萨……而且，还有过去、现在、未来三世佛（分别为燃灯佛、释迦牟尼佛、弥勒佛），东、西、南、北四方佛（东方香积世界阿閦佛，南方欢喜世界宝相佛，西方极乐世界阿弥陀佛，北方莲华庄严世界微妙声佛），点心却只有一块，应该供在哪里呢？婴行寻思了半天，最终还是决定供享释迦牟尼。因为他是现在的佛，是所有出家人的本师。

婴行来到大雄宝殿，恭恭敬敬将点心放到了供桌上，顶礼三拜。然而，当他站立起来，合十鞠躬的时候，仿佛察觉到，那个站立在佛祖释迦牟尼右侧的、和自己差不多大的阿难塑像，似乎在偷偷窃笑。

哼，我的点心，是供享本师释迦佛祖的，可不许你偷吃！

婴行爬上莲花座，直接将点心放到了释迦牟尼结着禅定手印的掌中。

他冲阿难塑像做个鬼脸，一溜烟跑了。

午后，婴行来到大雄宝殿取点心，他惊奇地发现，那块放在释迦牟尼手掌上的点心，没有了！不见了！

天哪，佛祖享用了我供奉的点心！南无本师释迦牟尼佛！谢天谢地，佛祖显灵了……

婴行五体投地，跪倒在佛像前，像小鸡吃米一样不停地磕头。也不知磕了多久，他那颗怦怦乱跳的心总算平静了一些。孩子的好奇，终于使他战胜了恐惧与虔诚，再次攀上莲花座，去看个究竟。

这一看不要紧，使得婴行从高高的天堂摔了下来！

他在佛像手掌中，发现了一些点心碎屑，其中赫然留有几粒黑乎乎的老鼠屎！

婴行的怒气不打一处来：自己供享佛祖的点心，却被可恶的老鼠偷吃了！

婴行不禁破口大骂起来。

婴行的骂声，自然招不来老鼠，却将师父慧能与行思、法海、法达他们招来了。他们听完婴行的讲述，都忍不住捧腹大笑。婴行被他们笑恼了，说："老鼠偷吃了我的点心，你们却高兴成了这样子。"

法海说："老鼠也是众生，当然与我们共同相处。"

婴行像是从中受到了某种启发，转而问师父慧能："老鼠有佛性吗？"

"一切众生的佛性不欠不缺，老鼠当然有佛性啦！"

"既然有佛性，可它为什么偷吃佛祖的供品？而且还在佛祖手中拉屎，岂不是亵渎神圣？"

婴行人小鬼大，突然亮出了自己的撒手锏，想以此难倒慧能。

面对婴行得意忘形地坏笑，六祖慧能胸有成竹，极其幽默地反问道："老鼠为什么不去猫窝里偷东西吃？它为何不在猫爪子上去拉屎？"

"它若是敢去招惹猫，早被猫当点心吃了！"婴行说。

慧能大师正色说道："要知道，老鼠不去猫窝里偷吃，不在猫爪子上拉屎，知道避开危险，正是它有佛性的证明。它与我们人类一样，都有肉体与心灵上的烦恼，也想远离、消除这些烦恼。这种避苦趋乐、寻求解脱、向往平安、愉悦的心性，正是众生佛性的显现。这也就是说，老鼠本来具有佛性。”

慧能又问婴行：“你怎么将点心放在佛像的手掌中了呢？”

“这……”婴行吭吭哧哧，不愿意说明。

六祖心如明镜，马上说道：“婴行啊，你是不是怕别的佛菩萨分享了点心啊？”

“你是怎样猜到我的心思的？”

“你呀你，人不大，鬼心眼不少！”六祖慧能说：“你要明白，佛佛平等，无二无别；一切即一，一即一切。所以，你供奉一尊佛菩萨，就等于供奉了所有佛菩萨。关键是，我们要有一颗平等无分别的、广阔博大的心！你的心胸越大，供佛的功德越大。”

“这才真正叫‘以小人之心，度君子之腹’。”法海说婴行：“你以为，佛菩萨都是像你这样的小心眼哪！”

这个道理婴行明白，可是，他无论如何也无法将自己供奉佛祖点心、而老鼠却在这里拉屎，将这二者之间平等起来。

六祖慧能说：“老鼠在吃点心的时候，只知道闻香而来，才不分别你放在哪里呢！它在佛像手上拉屎，也不过是认为这里是一个安全的场所罢了！所以，它的行为，完全是自然而然的无心之举，并非恶意为之。观之不雅，不过是我们人类的价值取向。它的无心之举虽然弄脏了佛像，但也比你心有分别，将点心放在佛祖的手掌上好！”

婴行凛然一颤，惭愧地低下了头。

当天晚上，婴行做了一个梦，梦中，他的僧衣，他的鞋子，甚至他吃饭的钵，都被老鼠偷走了。可是，他上天入地、翻江倒海，就是找不到那老鼠的踪影，不禁哇哇大哭起来，当六祖将他从梦中唤醒时，泪水已经洇湿了枕头。第二天起床之后，他一直闷闷不乐。同在方丈居住的法海问他怎么啦？他将梦境说了一遍。法海哈哈大笑：“人生本来就如同梦幻，你的梦中之事，更是虚无缥缈，犹如水映风云，镜现烟雾，你何必当真呢。”

婴行说：“水映风云、镜现烟雾，虽然虚幻不实，但是，毕竟天上还是有风云，对面仍然有烟雾啊！”

法海知道与他纠缠不清，便打哈哈说：“水里、镜中所现的映象都是反的，左即是右，右即是左，因此，梦中的事情也是相反的。你在梦里大哭，白天就会大笑。”

婴行极聪明，也很机警，马上反问道：“果真如此，那么，晚上梦里有我在哭，白天岂不是无我在笑吗？”

一直旁观的六祖慧能，此时突然大喝一声：“没有你时，你在哪里？”

是啊，没有我的时候，我在哪里？婴行心灵受到了极大震撼，脊梁骨一阵发麻，感受到了洞开的禅机……

当——当——当——

宝林寺的大钟，在曹溪上空轰鸣，似乎在告诉每一个人，今天晚上有重大事情发生。

大雄宝殿里，慧能身披那件祖祖相传的大红袈裟，登坛就座。行思、怀让、法海、玄策等弟子侍立两旁。

六祖慧能在法座上久久沉思着，良久，他才开口叫道：“行思。”

行思上前一步：“弟子在。”

“怀让。”

怀让也赶紧站立到大师兄旁。

六祖慧能慈祥的目光一遍又一遍爱抚着这两位弟子，最后，脸上流露出欣慰的笑意：“行思，怀让，你们两个早就悟透了禅关，又在我身边磨砺了很久，可以说是功夫到家，佛果已成。现在，你们应当分化一方，自立门户，弘扬我们禅宗大道。”

行思垂泪道：“弟子道行尚浅，想继续留在师父身旁日夕参学。”

怀让更是依依不舍，不愿意离开师父身旁。

六祖慧能语重心长地说道：“我已经没有东西可以教你们了。再说，天马行空，贵在没有枷绊。我的学识，只是你们修为的基础，而不能当成顶点。你们要敢于超佛越祖，勇于百尺竿头，更进一步。而若想在百尺竿头重新进步，必须舍离这根竿哪！”

慧能指着自己身上的袈裟，口气庄重地说：“当年，我的师父弘忍将禅宗振兴的大任交给了我。这些年来，我从来不敢稍稍懈怠，才有了曹溪的这种局面。然而，这里毕竟只是偏居于岭南一隅。所以，我希望你们早日跃出师门，到更广阔的天地弘化一方，将我的顿悟法门发扬光大。”

既然师父如此之说，行思与怀让备感责任重大，所以一齐面对师父跪下，说道：“师父所命，我俩定当竭尽全力，将顿悟禅法迅速推广开来，共同完成禅宗历代祖师传下来的光辉勋业。请师父明示，哪里的机缘与我们更为契合？”

慧能说：“行思，你本是吉州庐陵人，就回吉州青原山吧。俗话说，天时不如地利，地利不如人和。你心明行正，在家乡影响很大，在那里可以占尽天时、地利、人和三大有利条件，一定能开创出一番光辉灿烂的事业。”

行思点点头。怀让说：“那么，师父，我也回金州家乡去吧。”

六祖慧能笑着摇摇头：“法无定法。怀让，你的机缘却不在家乡，而是在南岳衡山。在那个地方，将有一番奇遇等着你。临走的时候，我再告诉你一个秘密。”

两大弟子默默退回了僧列之中。

六祖慧能又点了一个人的名字：“玄策！”

玄策应声而出。

“玄策，你在师兄弟中参阅的经书最为广博，博学强记可称第一。古人云，读万卷书，行万里路。博学还要广闻。从明日起，你下山游学去吧。要广识高僧，遍访名刹，对你修行悟道会大有益处。”

玄策说：“弟子还想再阅几年藏经，所以……”

慧能笑着说：“你没听婴行说过那个书虫的故事？”

玄策闻言，也忍俊不禁，扑哧一声笑了：“弟子谨遵师父嘱咐。”

婴行跳了过来：“策师、师、师兄，你一个人出去游玩多寂寞呀，我跟你做伴好不好？”

师父慧能拦住他说：“你以为他是游山玩水呀？你吃不了行脚僧的苦，还是跟你大师兄行思去青原山，让他教导你吧。”

婴行最怕不苟言笑的大师兄，噘起了小嘴。随即，他小眼珠子一转，想到了什么，偷偷一乐，向大殿门口跑去……

第十五章　化导异己

六祖慧能大师，由于德行感召，名声远播，天下僧衲归心，弟子越聚越多，寺庙扩建了十三座，统称为花果山。后代大文学家王维将当时的盛况称之为“五天重迹，百越稽首”。在岭南这块尚未开化的荒蛮之地，宝林寺不仅是佛教中心，更是文风教化的所在。因为有慧能大师的弘化，这里原始落后的民风、民俗为之渐渐改变。偏僻的曹溪，更是成了南中国的文化中心。

与此同时，五祖弘忍的另一位高足——神秀大师，以古老的荆州玉泉寺为根据地，推演着他那动人心弦的禅法。数年之后，玉泉禅风靡禅林，流布全国，自然而然，神秀成了江北禅僧的最卓越的、最受人尊崇的领袖。

慧能与神秀，一南一北，虽然继承的都是五祖的禅法，却各自有着自己鲜明的禅风。慧能高扬顿悟成佛的大旗，提倡单刀直入，直了见性。他认为，修行不必非要打坐观心，可以在挑水砍柴、耕田种地等日常生活当中，直接领会、体悟佛性的妙用。而神秀更提倡传统的渐修方法，阐发的是“时时勤拂拭，勿使惹尘埃”的渐禅（逐渐、有次第、分阶段）。其修行方法主要是盘腿坐禅，凝神看静。

由于两位大师并行弘化，禅门迅速光大起来，在全国形成了“南能（慧能）、北秀（神秀）”两大禅学中心。人们根据他们不同的教法，称之为“南顿、北渐”，或者“南宗、北宗”。

慧能大师教导弟子们说：“教法本来只有一个宗旨，不过学法的人有南、北地域上的差别；禅也只有一种，只是人们的理解有快、慢之分。禅，并无顿渐，为什么称作顿渐呢？只是因了人们的天资禀赋不同，领悟的途径各异，所以有了顿悟与渐修的称谓。条条大路通长安，家家门前通长安。不管从哪条路走，也不管是快是慢，最终所到达的目的地，都是同一座长安城。”

神秀的门人，由于对慧能不甚了解，只知道他樵夫出身，大字不识，便想当然地认为他没什么过人之处，时常出言讽刺、轻慢。神秀大师听说之后，语重心长地对他们说：“慧能师弟虽然出身寒微，但他具有无师自通的超人智慧，所以能体悟到了最上乘的禅法。在这一点上，我不如他。何况，我的师父弘忍大师亲自将禅宗的衣钵传授给他，难道是偶然的吗？我只恨自己年迈体弱，而且路途遥远，不能亲赴岭南，当面去向慧能师弟请教。你们年轻，应该尽早到慧能师弟那里去参学，不要停滞在我这个地方，耽误了你们开悟见道。”

说归说，但弟子们谁肯舍弃年高德昭、学识渊博、名重天下的大宗师。

作为一个彻悟人生、心如明镜、智慧通天的禅者，神秀大师深深地知道，虽然表面看，自己在禅林的地位大大高于慧能，作为禅学中心，玉泉山的人气也远远超过了曹溪，但是，慧能的教法，似乎比自己更为高明。然而，慧能究竟高在什么地方？他又不大清楚。

有一天，神秀大师将自己最得意的弟子志诚找来，对他说道：“志诚，你很聪明，又富有才智，可以代替我到曹溪听法。慧能师弟讲说的法要，你尽心记下来，等回来之后再说给我。”

志诚听说去曹溪，非常高兴：“我还是在很小、很小的时候，见过慧能师叔。听说他的宝林寺已成为了全国闻名的道场，我也很想去见识一下。”

神秀说：“那你就去准备吧。”

志诚刚要离开，神秀又嘱咐说：“志诚，你要小心行事，尽量不要暴露你是从我们玉泉山去的，免得引起不必要的误会。”

志诚郑重地点点头。

望着自己最忠诚的弟子渐渐远去，神秀大师喃喃自语说：“志诚，你可要早些归来，为师等着你呢……”

志诚领受师命，跋山涉水，披星戴月，跑向了曹溪。

忽然，正在方丈打坐的六祖慧能睁开眼，展颜一笑说：“呵呵，有一个偷听佛法的人来了。”

侍立在一旁的书记法海跳了起来：“在哪儿？师父，我去抓他！”

慧能像是侧耳倾听一样稍微停顿了片刻，满有把握地说道：“他眼下正走在曹溪岸边，快到山门了。”

法海撒脚向外跑。慧能喊住他：“法海，你不要轻举妄动！他，并无恶意。去吧，你去客堂好生接待他，既不要与他讲破，也不要告诉别人。任他在宝林寺自由来去，自由学法。”

法海点点头。当他从方丈来到客堂的时候，志诚刚好走进来，对他合十致礼：“师兄，我是个行脚僧，仰慕慧能大师的高德，想在宝林寺挂单学法，不知方便与否？”

法海会心地一笑，道：“欢迎、欢迎。我来给你安排食宿。至于学法嘛，慧能大师的确十分高明，你可要好好听啊！”

志诚说：“一定、一定！”

随后的时间里，志诚真的像一个行脚而来的普通禅僧一样，跟随着大家劳动，学法，修禅。他发现，六祖慧能的曹溪顿悟禅法，与神秀大师的渐修禅法，有着根本的不同。

开始，志诚与那些刚刚慕名而来的禅僧一样，大家之所以竹杖为马、草鞋为船，顶风冒雨，不远千里来依止慧能大师，就是期盼着聆听到深奥的佛法，在修行上突飞猛进，得到长足的进步。但是，当他们吃尽千辛万苦，真正来到曹溪之后，才发现，情况与他们想象的大相径庭。

慧能大师身为宝林寺住持，在禅宗道场里就是佛的化身。但是，他却很少讲说佛法，也不开示禅要。每天，只是带领着弟子们辛苦劳作——开荒种田，修建寺院。要知道，人家禅僧抛家离舍，是为了了生脱死、成佛作祖的，而不是为了来给你当泥瓦匠、庄稼汉的！要当泥瓦匠、庄稼汉，人家还出家干什么？

以前，他们在其他寺院的时候，原来的师父都是严格训诫、督促他们每日做功课——除了一些必须干的杂务，全部时间都用来打坐静修。甚至，许多禅师，比如神秀大师，要求自己的弟子们练习“不倒单”的功夫——肋不沾席，昼夜不睡，一天十二个时辰全部用来坐禅。

现在倒好，六祖慧能从来不让他们打坐，每天与在家的俗人一样，干不完的杂务活，种不完的庄稼地！长此以往，原来练就的坐禅功夫，岂不全都荒废了？所以，有一天，志诚他们几个新来挂单的禅僧在山野里开荒时，大家不约而同，各自找到一个僻静的地方，跏趺而坐，观心静修……

六祖慧能慧眼如炬，明察秋毫，拎着禅杖找上山来。乒乒乓乓一顿敲打，将他们从静坐中打了起来！

"过来，都过来！"六祖慧能一挥手，将志诚他们都招呼到自己身边。他亲自拿起一柄镢头，一边刨地开荒，一边说道："我知道，你们心里觉着憋屈，有人甚至在私下里骂我这个老头子。"

"大师，您是一代宗师，我们怎敢对您大不敬呢！"

"看看，言不由衷了吧？"慧能微笑的目光一一掠过禅僧们。他们一个个都低下了头。"你们是不是心里抱怨，来到曹溪之后，从来不让你们坐禅，使你们修行的功夫生疏啦，倒退啦？"

志诚诚实地回答："是。我们这些新来的弟子，的确是这样想的。"

"实话告诉你们吧，我就是要让你们这些刚来曹溪的弟子，尽快将你们过去的修行方法忘掉！因为，真正的禅，并不仅仅在静坐上，它无处不在，无时不有。举手投足，皆在道场，开荒种田，即是禅修！"

"天哪，像今天这样的开荒，居然是修行？"志诚喊出了所有人心中的疑问。

"对，这就是修行！"六祖慧能斩钉截铁地说："并且，这就是在坐禅！"

啊，不会吧？志诚惊讶得说不出话来了：挥动镢头开荒，就是静坐禅修？

六祖慧能心知弟子的困惑，一笑之后，徐徐说道："其实，你们每一个人都曾经切身体验过，当我们专心致志、一心一意做一件事的时候，全部的注意力，所有的心念，都集中在了这一点上，这时候，心里不会有任何的杂念、也不起什么妄想。半天时间，好像一眨眼就过去啦。"

"对，对。"几乎所有的人都深有体会地说。

慧能笑道："我们日常修行，不就是为了去除杂念、降伏妄想吗？因此全身心的劳动，就是在修行啊。"

"啊，我明白啦！"志诚兴奋得抓耳挠腮，"原先，我虽然总想用打坐的方法降伏妄想，可是，往往越想降伏，妄想反而越多。就算强行观心，能将妄念暂时排除，但是，就像用石头压住野草，并未连根拔除，一不打坐的时候，它就又冒出来了。"

慧能吟诵道：

抽刀斩水水更流，举杯消愁愁更愁。
落叶自有清风扫，天凉月明好个秋。

志诚说："从心所欲，放旷自然，不拘泥于修行形式，这些我们已经理解了，可是，大师您为何说开荒就是坐禅呢？"

慧能回答说："保持心性的纯洁，使之不受是非观念的影响，就是'静坐'——心灵的静坐；心灵净化，自识本性，就契入了禅的境界。这不就是坐禅吗？而且，外动而内静的劳作，比起整日表面静坐、而内心却心猿意马的修行来，哪个更合适呢？要知道，当年，在东山寺的时候，我并没有打坐静修，而是整整踏了八个月的碓，舂了八个月的米，于日常生活中领悟到了佛法的真谛。正是因为如此，弘忍大师才把衣钵交给我的啊！"

慧能怕他们记不牢，又哼起了那个十分通俗的偈子：

佛法在世间，不离世间觉。
离世觅菩提，犹如求兔角。

在六祖慧能言传身教的影响下，这些禅僧耳濡目染，形成了不拘成法、处处用心的禅风。于是，这些抛家舍业的出家学佛参禅、本来是为了成佛作祖的人，却被慧能一头摁进了田地里，伺候庄稼去了。更令人费解的是，他们一个个竟然心甘情愿地安心于生产劳动。因为，在慧能的调教下，他们已经明白了工作即是禅修、劳务即是佛事的真理，而且，在每日的劳动之中，他们渐渐得到了禅悦的滋养，亲身体会到了真实的受用。

明心见性，顿悟成佛，此为基础。

慧能大师道法之高明，由此可见一斑。

在志诚来到曹溪三个月之后的一天晚上，志诚在慧能所在的方丈门前来回徘徊，徘徊。他心中似乎装着一个硕大的矛盾，几次意欲敲门，又几次犹豫不决。

最后，他似乎终于下了决心，走到一旁，冲着北方星空默默三拜，自言自语道："神秀师父，原谅弟子不能完成您交给的任务了。想我志诚，出家的目的就是寻求佛法。慧能大师的禅风，表里明澈，与我心心相印。弟子只有拜他为师，经他老人家的琢育，方可明心见性……"

志诚不再犹豫，推开丈室的门。他一脚刚踏入室内，就听见里面慧能的声音："是志诚吧？进来吧。"

志诚一惊：六祖坐在蒲团上并未睁眼，如何知道是我？

他来到慧能面前，跪下说道："大和尚慈悲，弟子原在当阳山玉泉寺神秀师父那里学习佛法，未能开悟。现在听了您几次说法，心里亮堂了许多，真是深契本心！大师，盼望您莫嫌弃我，对我多加指点，开示迷悟。"

慧能与侍立一旁的法海相视一笑："我早就知道，你是来偷听我的禅法的。"

法海说："慧能大师法眼通天，慧心如镜。你尚未进宝林寺，他老人家就已经知道了你的来历。"

志诚诚惶诚恐地说："原来大师早知志诚来意，却依然照常授法，真是胸襟如虚空辽阔，心明堪比日月。"

慧能故作严肃状，说："你从玉泉寺来，又担负着特殊使命，是不怀好意！"

志诚说："我不是不怀好意。"

"为何不是？"

志诚回答得颇为机警："未说明之前，可以说是；既然我已经对和尚您说明了，那就不是了。”说完，他合十致礼，心安理得地坐了下来。

如此问答，不但精彩，而且蕴藏着无限禅机。六祖有棒喝，有启迪，悟与不悟，悟到了什么？如人饮水，冷暖自知。——志诚自己知道。

志诚接着又给慧能磕了三个头，算是正式参拜。

慧能让他坐在自己身旁，先是询问了一些神秀师兄的身体以及日常生活情况，然后切入了正题，问道：“志诚，你的师父，神秀师兄，平常是怎样教导你们的呢？”

志诚回答：“神秀师父经常教诲我们，应该住心一处，观照清静的境界。他督促我们天天打坐，要求人人练成‘不倒单’的功夫。”

所谓的“不倒单”，就是昼夜坐禅。千年之后的今天，禅宗丛林之中，有此功夫的禅僧依然大有人在。

慧能听后，不禁大摇其头，说：“强行将心念停住在一个地方，以期达到清静境界，是一种禅病，而不是真正的参禅。昼夜长坐不卧，更是不但与禅的领悟没有什么关系，还会损害身体！”

说完，慧能怕他不明白，又吟诵了一首偈子：

生来坐不卧，死去卧不坐。

一具臭骨头，何为立功课？

是啊，禅的修行修的是心，何必与身体过不去呢？

志诚心服口服，情不自禁地匍匐在地，再次向六祖顶礼。他激动万分，说话都有些磕巴了：“弟、弟子，跟、跟随神秀大师参、参禅整整九年，始终不、不能契入禅机。来到曹溪之后，听了大师您教法，顿时领悟了本心。弟子深知生死事大，大师慈悲，请再详细给我开示佛法。”

六祖慧能总是根据学僧的根基，巧妙点化，从而使之以最快捷的途径契入禅的枢要。所以，他要先摸清志诚的具体情况。他说：“佛法，无非是戒、定、慧三学。你的师父神秀大师，是怎样让你们修持戒、定、慧的呢？”

“神秀师父说，诸恶莫作叫作戒，众善奉行名为慧，自净其意则是定。”

这种传统的教法，早在慧能的预料之中，所以，他脸上隐隐约约泛起了一缕百味具足的神秘微笑。

“诸恶莫作，众善奉行，自净其意，是诸佛教。”这是佛祖释迦牟尼亲口所说的一首偈子。可以说，这短短数语，十六个字，高度概括了全部佛法的精要。而神秀大师使之与戒、定、慧相对应，也可以说是恰到好处，是对传统的如来禅的最佳表述。如法修行，次第渐进，也能悟道。然而，六祖慧能所创立、所提倡的是“超佛越祖”的顿悟法门，所以，“南能北秀”的“南顿北渐”由此划开了界限。

志诚敏锐地察觉到，六祖脸上那缕神秘莫测的微笑，有着非同寻常的含义。他机敏地问道：“不知和尚您是用什么方法来教导弟子的？”

慧能说：“我若是说有什么特别的方法可以教给人家，那是在欺骗你。因为，法无定法。我只不过是根据每个人的根器灵活施教，用相应的方法解除他心灵上的束缚罢了。这种随机应变的方法本无名称，只是借用一个‘三昧’的假名。你师父所说的戒、定、慧，与我的理解很是不同。”

志诚疑惑不解：“佛教的戒定慧，应该只有一种，怎么会有差别呢？”

慧能解释说：“你师父说的戒定慧，接引的是大乘根性的人；我所说的戒定慧，则是接引最上乘人的。每个人的领悟不同，因此见地就有了快、慢之分。我讲的教法，从来不离开人的自性，若是离开自性讲说佛法，不过是空洞的说教，并不能从中得到实际利益。你要知道，一切万法都是从自性生起妙用的，这才是真正的戒定慧教义。”

六祖慧能用柔和的嗓音，轻轻吟唱道：

心地无非自性戒，心地无痴自性慧，
心地无乱自性定，不增不减自金刚，
身去身来本三昧。

志诚闻听偈语，如同沐浴春风，宛若醍醐灌顶，恰似甘露滋润，心中一片灵动的空明……那是在一个遥远的什么地方呢？是慈母真切的呼唤，还是天地造化对灵魂的洗礼……

六祖的声音戛然而止。

突然之间，志诚心头豁然一亮，多年的困惑为之顿消——他，大彻大悟了！

志诚激动得语不成声："我明白啦，我终于明白啦！真是曹溪一席话，胜过当阳十数年！"

从方丈出来之后，志诚面向北方跪了下来，对着灿烂的星空喃喃说道："神秀大师，弟子辜负了您的期望，我要留在六祖身边，留在曹溪了，不再归去了。您能理解吗……"

远在数千里之外的荆州当阳玉泉山，神秀大师忽然感到一阵心悸。他若有所思，问站立在左近的影隐："志诚离开，已有几个月了吧？"

影隐算了一下回答："是呀，已经三个月了。大师，他究竟去哪儿了，为什么还不回来？"

神秀摇摇头，长叹一声："唉——不回来，就是回来了。"

"大师，我不懂您在说什么。"

神秀沿着自己的思路说道："他，人虽然没回来，但不回来的原因却自然回来了。看来，我数十年的修为，还是令人汗颜啊！我也老朽了……"

影隐一脸的迷惑："大师，今天您的话，我怎么一句也听不懂？"

"那就说个你能听得懂的：去吧，你也去岭南曹溪吧。去了之后，你也就能像志诚那样，一跃而跳过龙门，化作一飞冲天的神龙……"

神秀大师感到了一种苍凉。

本来，志诚是自己的特使，然而，他却情不自禁地被慧能"顿悟成佛"的禅法所吸引、所感化，心甘情愿地投诚了。他，活像一条去试探龙门高度的小鲤鱼。谁知，鲤鱼一旦跃上龙门之后，便化作飞龙，一去不回头。

神秀大师心中情不自禁地发出一声百感交集的叹息。

志诚的一去不归，让神秀更加深切地感受到，慧能的禅法的确比自己高明。在他的鼓励下，又有几名弟子投奔了岭南曹溪。

心量像整个太空一样无边无际，是开悟禅师的特征之一。因为他们没有烦恼阴云笼罩心窍，没有“爱则取之、憎则舍之”的分别，所以三祖僧璨说，禅者的心“量同太虚，无欠无余”。

但是，神秀大师的这种禅者所独有的“泯灭取舍，心空无我，世界大同”的胸怀，是一些名利客无法想象的。所以，他的这番好意，反而使得他门下的一些弟子感到十分惶惑。尤其是影隐他们那几个曾经追杀过慧能的人，更是惶惶不可终日。不能任慧能的势力继续这样迅猛扩展下去！

于是，在影隐的暗中策划下，他们悄悄聚在一起密谋，商量着怎样消除慧能在禅林日益扩大的影响。其中有一个人感叹说：“据说，岭南常年瘴气弥漫，怎么就毒不死那个樵夫呢？”

“对，对！只要慧能一命呜呼，他的门徒自然就树倒猢狲散了。”影隐说。

是啊，只要慧能这杆大旗一倒，什么曹溪家风，什么顿悟法门，就会统统烟消云散，见鬼去了！于是，他们找到了一个人，一个头脑简单却又专爱打抱不平的壮士——张行昌。

侠客张行昌，是江西人士，从小喜好舞枪弄棒，练就了一身硬功夫，三五个大汉休想近身。他仗义行侠，凌强扶弱，在长江沿岸很有名气。但是，他一个雷霆万钧、壮怀激烈的男子汉，偏偏是一个大孝子。这不，为了祈求母亲疾病痊愈，他专程来到玉泉寺拜山进香。

他们将张行昌找到寮房，编造了慧能许多故事，说慧能是如何地奸诈，怎样利用妖法迷惑了弘忍大师，骗取了五祖的信任，盗取袈裟之后连夜逃走，在岭南藏匿了十六年……那些人绘声绘色的哭诉，激起了张行昌除邪扶正的侠义之气，他怒火中烧，拍案而起，一口答应他们，前去岭南行刺慧能。临走，他们给了张行昌十两银子，说是让他给母亲请医看病。张行昌反而被感动得不知说啥是好，便马不停蹄，日夜兼程，翻过江西与广东交界的大庾岭，直奔韶州曹溪……

宝林寺的夜晚格外安静，唯有山门前的曹溪，不知疲倦地为沉默的大山唱着蓝色的小夜曲。一个身穿夜行衣的黑影，像一个机警的幽灵，无声地掠过围墙，悄悄在殿宇之间穿行，悄悄地接近了方丈——

这里，就是慧能大师安眠睡觉的地方！

神秘的黑影，自然是前来行刺的杀手——张行昌！

张行昌静静伫立在方丈门前，似乎在思考如何进入室内。他在抬手整理面罩的时候，手臂肘部无意之中轻轻挨碰到了大门，没想到，那扇门居然应手而开！

天哪，方丈的大门，竟然是虚掩着的！

天下，竟有如此的巧事？

真是天助我也！张行昌没有多想，拔出锋利的尖刀，闪身潜入室内……

方丈之中一片安详的静默，只有一缕均匀的呼吸声从房角传来。张行昌高高举起尖刀，悄然摸到床边，向卧床之人的脖颈部位狠狠刺了下去——

躺在床上的人，竟然毫无反应。

不知是因为一切都太顺利了，还是因为幻觉，张行昌感到，刺下去的尖刀很是有些异样呢！他不管三七二十一，又连刺了两刀。这时，本来应该已经死在床上的人，却开口说话了：

“正剑不邪，邪剑不正。你的刀，是邪恶的，永远杀不死我！”

老天爷，世上竟然有这般怪事！本来就有些疑神疑鬼、惊魂不定的张行昌，突然听到“死人”说话，其震惊，其骇怪，足以令其魂飞胆破！他当即惊叫一声，吓得昏死过去……

原来，六祖慧能自从大彻大悟之后，神通具足，早在几天以前便感到了一股杀气渐渐向曹溪逼来了。这天晚上，他特意虚掩房门，熄灯卧床，进入了慈悲三昧（一种禅定状态，能化解一切嗔恨）。所以，张行昌的尖刀，对他毫发无伤。

不知过了多久，张行昌像惊蛰时节的蛇，渐渐从冬眠似的状态中醒来。他看到，慧能端坐在禅床上，身上似乎放射神圣的光芒。他心中一片茫然，只是跪在地上不住地磕头，哀求慧能饶恕。

慧能说：“你并不欠我的命，你也没有伤害了我，所以我更不想对你怎么样。你走吧，今后好自为之。”

张行昌无论如何也不敢相信，差点被他杀死的人，竟然就这样轻而易举地放过了他！不是做梦吧？他犹犹豫豫站立起来，试探着向门口挪去……

“回来！”

张行昌不由得一惊：看来，慧能后悔了。是啊，生与死的仇恨，谁人能够忘怀？！活该，你是罪有应得，理应受到严厉的惩罚！

谁知，慧能却说：“我知道，你来刺杀我的时候，预先收了人家十两银子。现在，你行刺未果，如何向人家交代？”

“我……”那十两银子，张行昌早已经为母亲看病花了，除了一死谢罪，他还真不知如何是好。

慧能一笑，说道：“俗话说，一分钱难死英雄好汉。你虽然有一身的武艺，却一贫如洗，所以，我早已如数为你准备好了十两银子。喏，就放在你旁边的凳子上。你拿去归还人家吧。”

张行昌先是目瞪口呆，继而泪流满面。一直过着快意恩仇、刀头舔血的江湖生活的他，何曾感受过这般温情？于是，他扑通一声跪了下来，膝行来到慧能的禅床前，发自真心向六祖慧能请求忏悔，当下就誓愿出家，终生侍奉在师父身边，以赎罪过。慧能说：“你想改邪归正、出家修行当然很好，可是，你却不能留在曹溪，更不能留在我的身边。”

试想，谁愿意将一个刺杀过自己的人留在身边呢？张行昌一脸的绝望，喃喃说道：“是的，我是罪不可赦……”

慧能笑道：“你想到哪里去啦？你若是留在曹溪，我怕我的弟子们知道了这件事情，会对你不利，加害于你！所以，你暂且避一避，等到事态平息之后再来，到那时，我一定接纳你，收你为徒。”

张行昌的泪水，像江河奔流，像大雨滂沱。他给慧能磕了三个响头——前额碰得大地咚咚作响，然后连夜隐遁。

数年之后，一个神态疲惫、面容憔悴的苦行僧来到曹溪。他宛若浪迹天涯的游子，忽然见到了日夜思念的白发娘亲，扑倒在慧能大师膝下，痛哭流涕。

慧能也真的像一位慈母，抚摸着他的头顶，动情地说："我已经想念了你很久、很久，你怎么等到现在才回来呢？"

现在的苦行僧，就是昔日彪悍的杀手张行昌。

当年，他被慧能大师感化之后，隐姓埋名，到一座小庙出了家。为了忏悔自己的罪过，他毅然开始了最为艰难的头陀苦行。

慧能关切地问他："你既然出了家，是怎样修行的呢？"

行昌说："多年来，我一直以读诵《涅槃经》为课业。可是，由于弟子根基浅薄，又无明师指导，仅仅是照本宣科而已，连经中'常与无常'的本义都不甚明了。今天，正好请大和尚您给我讲一讲。"

慧能说："所谓瞬息万变的无常，即是佛性；有常，就是一切善恶诸法的分别心。"

行昌一愣，惊愕地问道："师父，怎么你所说的，与《涅槃经》的文义大相径庭呢？是不是违反了佛经的原意？"

慧能微微一笑，道："我是从佛祖释迦牟尼一脉相承的禅宗祖师，是代佛宣化、传佛心印的，我的话，怎么会与佛经相违背呢？"

行昌说："可是，《涅槃经》上说，佛性是常，而您却说无常；经上说，一切善恶诸法乃至菩提心等，都是无常，您反而说是常。这不是正好与经文相悖、相反了吗？"

慧能大师哈哈大笑，直把行昌这个和尚笑到了身高丈二——摸不着头脑了。

"师父，您这一笑，我更加迷惑了。"

慧能说道："这部《涅槃经》，早在我去黄梅求法之前，就听无尽藏比丘尼读诵过一遍。那个时候，我就能为她讲解，没有一字一义不符合《涅槃经》的本义。现在，我给你解说的，也是一样啊。"

行昌使劲挠着头皮，也未能将满脑子的疑惑挠去，于是，他再次恳求道："师父，我的秉性愚蠢，学识又不渊博，请你仔细给我解释、解释。"

慧能点点头，对他说道："你知道吗，佛陀为什么说《涅槃经》？他老人家为何在经中说明涅槃具有常、乐、我、净的意义？"

行昌将自己的脑袋摇得像货郎鼓。

慧能大师缓缓说道："有一些人，以无常为常，以苦为乐，以无我为我，以不净为净，这是四种颠倒，也就是邪常。还有一些人，不明白随缘不变、不变随缘的道理，又将非常、非乐、非我、非净当成了宝贝理论，这也是四种颠倒。正是为了破除这八种偏见，佛祖释迦牟尼才在《涅槃经》中，说明了涅槃所具有的真常、真乐、真我、真净四德。

"佛说的法，都是为了度化相应的众生。所以，我们不能将佛的经典当作一成不变的教条。你是因为死抠文字，机械地理解佛经的意义，从而曲解了佛陀圆融微妙的教义。行昌啊，你要明白，学佛，切忌死板教条。像你原来那样，就是将佛经读诵千遍、万遍，又有什么作用呢？"

六祖慧能的教法，与佛陀一模一样，都是"观机逗教"：如果弟子执著"佛性是常"的时候，他便会说"佛性无常"；若是当弟子执著"佛性无常"之时，他又会反过来说"佛性是常"。其实，佛性非常，亦非无常。佛陀与祖师说"常"、说"无常"，都是为了破除我们的执著。

一个明眼的人，领着一群暂时失明的人去治疗眼睛。他们的求医之路非常坎坷，布满了大大小小的石头与深坑。为了避开那一个个的障碍，明眼人就一会儿指挥着他的队伍向左，一会儿又让他们向右。这样一来，就有人会情不自禁地怀疑：左与右，恰恰是相反的，你究竟是让我们向左，还是向右？其实，明眼的人既不是让他们向右，也不是叫他们向左，而是让他们向前；其实，向前也不是目的，而是为了让他们得到治疗，重见光明！

在六祖慧能春风化雨的滋润下，行昌豁然大悟了！一首偈子像汩汩泉涌，从他心田之中流淌而出：

因守无常心，佛说有常性。
不知方便者，犹春池拾砾。
我今不施功，佛性而现前。
非师相授与，我亦无所得。

慧能听了他的悟道偈，非常高兴，对他说道：“你今天大彻大悟了，法名就叫‘志彻’吧。”

从此，行昌改名为志彻，长年跟随在师父身边。这个鲁莽的杀手，一旦放下屠刀，不但悟透了宇宙人生的真谛，而且成为慧能大师晚年的十大弟子之一。

张行昌——志彻的归来，是十年之后的后话。

第十六章　禅者风采

玄策离开曹溪之后，沿着师父当年走过的路线向北翻越大庾岭，来到了赣州南康。他用慧眼观察，发现这里紫气东来，佛缘极盛，几十年之后，将有大菩萨从东方而来，在这里建立无上法幢。从此，禅宗如江出三峡，一泻千里；河出潼关，益见奔涌。天下禅宗如风偃草，一统江湖；各地丛林如雨后春笋，纷纷创立。

果然，此后的唐天宝年间，马祖道一从东面的建州建阳（今福建建阳）来到这里的龚共山，大弘禅法二十年。他在此所锤炼出的几百名著名禅师，遍布大江南北，一时间，狮吼原野，虎啸峰巅，龙游长空，象舞丛林……可谓英才辈出，各领风骚，在中华大地上掀起了波澜壮阔、洋洋大观的禅海狂潮。这是后话。

玄策正在路边一个茶摊上喝茶。婴行匆匆赶来，喘着粗气说：“师兄，可、可也追、追上你了！”

玄策大吃一惊：“你不是要跟大师兄到青原山去修行吗，怎么跑到这儿啦？”

婴行一屁股坐在凳子上，一边使劲揉脚，一边说：“师父不是对你说过，读万卷书，行万里路。我先跟你行万里路，再去跟行思大师兄读万卷经书。”

玄策无可奈何：“你呀你……”

古代禅者行脚，是每个人的必修功课。且不说在藏龙卧虎的四方丛林（禅宗修行的道场）机锋法战，观风历练，仅是那蕴藏着不尽禅机的大自然，就能使得一个禅心灵明修行人感悟万千：

风声雨声松涛声，声声自在；山色水色烟霞色，色色皆空。山静水长，时于此中得禅意；天高云飞，更从何处问慧日……

光头一袈裟，天涯又海涯；

风霜铜钵里，辄幻妙莲花。

从此，婴行一双草鞋，一顶斗笠，一只瓦钵，一条禅杖，跟随着师兄玄策开始了云游生涯。草鞋虽小，将千里长路穿在脚下；斗笠不大，把万里蓝天戴在头上；瓦钵虽浅，足能装进江河湖海之水；禅杖在手，可以勘验天下丛林风云。

他俩脚下沾着粤北泥，绑腿存着赣南土，头上顶过闽中月，而今来闻浙东风。

行行复行行，他们走过了秋冬春夏，来到了浙江永嘉境内（今温州）。这一天，玄策与婴行行进在瑞安县仙岩山崎岖的山路上，奋力向顶峰攀登。

中午的太阳像一团火，烤得山路直冒烟儿。

一路上，婴行走得极艰苦，但他看看玄策，却从来不敢提议休息。——活该，谁让你死乞白赖自己非要跟来的呢！只要他稍稍抱怨，玄策准会这样说。

玄策偷偷乐了。他指着前面半山腰的凉亭说：“到那个亭子，咱们休息片刻。”

总算到了。

亭子中，已经有一个人躺在长凳上休息，脸上盖着一个斗笠。

玄策、婴行寻地坐下。婴行脱下草鞋，看着又红又肿的双脚，直吸凉气。

玄策故意问他：“咱们这是干什么？”

婴行想都没想：“行脚呗。”

玄策又问：“你知道什么叫行脚吗？”

“不知道。”婴行回答得懵懵懂懂。

“不知最好。”玄策说得更是高深莫测。

知之为知之，不知为不知——孔老夫子说。有所知必有所不知，而无知无所不知——僧肇大师在《般若无知论》说。圣智无知，而万品俱照。法身无象，而殊形并应——《维摩诘经》序如是说。

婴行忽然有所领悟！他后悔地大声喊叫道："哎呀，我又上了老和尚的当啦！"

"你上谁的当啦？"

"咱们师父呗！"

玄策笑道："师父他老人家并没有叫你跟我来行脚，是你自己心甘情愿偷偷跟来的嘛！"

婴行哭丧着脸说："正是因为老和尚知道，越是不让我来，我反而会想方设法地跟着你，所以……苦——哇——有苦没处诉，这才真叫苦呢！"

"活该，这叫聪明反被聪明误！不过，这是师父度化你哩。你既然来了，就不要白过时日。游州过县，几百里、几千里的走，好山好水随意玩；这里过冬，那里过夏，候鸟似的，如此行脚，是图人家一斗米，失却自家半年粮！没有任何利益。"

玄策的一番大道理，说得婴行很不耐烦，他没好气地说："是、是，是！你别唠叨啦好不好？我都记着呢！师父说过，三界唯心，万法唯识。"

玄策忽然抖出凛冽的机锋："是吗？既然'三界唯心，万法唯识'，那么，亭子外的那块大石头，是在你心里呢，还是在心外？"

婴行不假思索地说："三界唯心，当然是在心里啦！"

玄策大笑："你怎么能把这么老大一块石头放在心里呢？难道行起路来，不觉得沉重吗？"

婴行明明感受到了扑面而来的禅机，但因为功夫不够深，修行不到家，无法真切地把握住，所以无言以对。

看着他的窘迫模样，玄策语重心长地劝说道："小师弟，我们学佛、修禅，不能死背经典，更不能拿着祖师们的禅要语录当作自己的话语。祖师说的禅话，那是人家的体会，不是我们的。禅，如人饮水，冷暖自知。一切要靠自己去体悟哇！"

那个躺着像是在睡觉的人，突然掀掉脸上的斗笠，坐了起来。原来他也是个光头的和尚。他没头没脑地问：“你们的师父是谁？”

婴行正没好气，说：“我们的师父，当然就是我们的师父啦！你也来凑热闹、斗禅机！”

“我是问，哪位高僧是你们的师父？”

婴行反问：“你是谁？”

那个禅僧一拍脑门：“噢，是我唐突了。”

他站立起来，合十施礼道：“贫僧玄觉。刚刚听了这位师父的话语，句句契合佛理禅机，想请教一二。”

婴行忽然大笑起来：“玄觉、玄策，你们俩倒是有缘。法号都排着叫哩。”

玄策瞪他一眼，回答说：“我叫玄策，这位是我的小师弟婴行。师兄，请问您宝刹何处？”

玄觉向莽莽山野里指了指：“我就在这仙岩山结庵而居，没有依附哪个道场。不过，我主修天台宗的止观法门。我听到的诸家经论，各有师承关系。后来看《维摩诘经》，悟到了佛法心宗，还没有人为我验证过，不知是不是真的开悟了。”

玄策严肃地说道：“在威音王佛以前，天下无佛，可以无师自通，成为独觉佛。在威音王佛之后，无师自通，那当然是外道了。”

玄觉深深鞠躬说：“师兄大论，头头是道，句句皆禅，尤其是刚才的‘石之喻’，更是禅机无限。所以，希望你能给我印证。”

玄策谦虚而又真诚地说道：“我学识尚浅，无法给你印证。曹溪的禅宗第六代祖师慧能，是我们的师父。现在，四面八方的求道者都云集在他老人家身旁，听他宣讲佛法。你何不去向他请教呢？”

玄觉说：“谢师兄指点。请二位到我的草庵一叙。”

玄觉带着玄策与婴行向山那边走去。

这个玄觉，天生注定就是一位禅者。他生于唐高宗麟德二年（665），俗姓戴，字道明。戴家是永嘉（今温州）的名门望族，世代奉佛，所以，玄觉在很小的时候就与兄长道宜同日出家，剃度为僧。

坐落在瑞安县的仙岩山邻海耸立，山高隔尘埃，路险阻俗客，林密藏鸟影，草高掩兽踪。玄觉在背山面海的西岩搭了一间茅篷，学天台宗教义，习摩诃止观，修禅定，诵《华严》，研《维摩》。前面，浩浩荡荡的大海涤其胸襟；背后，巍巍峨峨的高山壮其心魄；头顶，白云悠悠弄禅意；脚下，清泉汩汩传道情。日出日落，潮来潮去，仙岩山的灵气将玄觉滋润成了一位英俊的青年僧人，佛祖经论律义更把他培养成了潇洒的禅客。

一夕，玄觉在读《维摩诘经》时，忽然觉得内外明澈，经文之中所说的境界与他自己的内心世界无二无别，自性宛然。他将自己的证悟写信告诉了好友左溪山朗禅师。山朗禅师鼓励他走向山外，到广阔的天地里去参学，遍谒禅宿大德。许是巧合，许是冥冥中不可思议的机缘成熟，这一天，他正要外出云游，巧巧在半山亭与慧能大师的弟子玄策、婴行不期而遇了。他与玄策不仅法号相近，而且二人都饱读经书，所以一见如故，言谈话语十分投机。于是二人联袂共同回韶州曹溪，参谒六祖慧能。

婴行呢？婴行独自一人继续云游去了。茫茫天地之间，似乎哪里都有他的踪迹，哪里都有他的身影……

婴行，如婴儿之行，一片纯真，一片烂漫，一片禅心……

世人当自问：能婴儿乎？

玄觉与玄策来到宝林寺，走进方丈，六祖慧能正坐在禅床上。玄觉不待玄策介绍，自己一人抢步上前，将手中的锡杖摇得哗哗作响，围绕着六祖转了三圈儿，然后，振地而立，既不礼拜，也不作声。

慧能看了他一眼，徐徐说道："看你的举止，像是出家多年了。那么，你应该知道，作为僧人，应当具备三千威仪、八万细行（僧尼行住坐卧的行为规范）。请问你从哪里来，竟然如此傲慢？"

玄觉不在乎，说："了生脱死，是人生最大的事情，而且，各种因缘的变化又迅速无常，其他的事情在我看来都不重要，因此，我哪有时间顾及什么威仪不威仪、礼节不礼节呢。"

六祖说："既然如此，你为何不去领会不生不灭、无快无慢的道理呢？"

玄觉回答："根据我的体会，认识自性，就知道世界上的万事万物根本就没有什么生死、有无；明了本心，就会领悟到宇宙间没有什么快与慢可言。"

六祖慧能高兴地拍着禅床，由衷地赞叹道："是这样，禅，就是这样。"

侍立在方丈两侧的僧众们感到十分惊讶，因为六祖平时很少如此称赞人。由此看来，这个新来的云水僧很是不一般呢！

得到了六祖的印可，玄觉这才按照禅僧拜山、参访前辈高僧的礼仪、规矩，整理好自己的袈裟，铺展拜具，恭恭敬敬地给慧能磕了三个头。

这个玄觉，先倨后恭，很是出乎常人的预料。谁知，更出人意料的是，刚磕完头，他就与六祖慧能告别，马上就要下山回去了。真可谓来也匆匆，去也匆匆。

六祖说："你真的要走？既然来了，为何这么快就走呢？"

玄觉无风起浪，竟然又一次主动挑起了与老师的法战。

他说："本来我就没有动，也就是无来无去，哪里有什么快与不快呢？"

六祖慧能不动声色却禅机洞然地说道："谁知道你动了没有？"

玄觉当机不让，回答得无法无天："是师父你自己心中有了分别。"

慧能大师颔首肯定了玄觉："你已经证悟到了无生的真实意义。"

然而，玄觉并没有见好就收，他仍然不肯善罢甘休，又将电闪雷鸣、瞬息万变、意趣盎然的禅机推向了更深层次。他说："既然无生，难道还有意吗？"

是啊，所谓的证悟，是有所得吗？世间万物的各种形态，是刻意而为之的吗？

慧能大师自然是会者不忙，他老人家夺人又夺境，说："有意也好，无意也罢，是谁在觉知，谁在分别呢？"

玄觉像孩子般地笑了，笑得很开心。然后，他将这一场精彩的师徒法战做了一个总结："善能分别万事万物，却不是有意识的，更非刻意而为之。就像碧潭印月，因其无心，不管阴晴圆缺，都能客观映现。"

慧能开怀大笑，道："你已经悟到了极妙的禅理，太好了，真是太好了！天快黑了，小住一夜再走吧。"

玄觉就在方丈安顿下来，与师父抵足长谈了整整一个晚上。

慧能与玄觉师徒二人的一夜禅话的内容，已经无从知晓了，而“一宿觉”的典故一直流传到如今。

六祖慧能与玄觉大师的会面，可谓是单刀直入，箭锋相拄，长矛对快枪，针尖对麦芒。石块相击，才能迸出炽烈的火花；雷电交加，方可撞出照彻天空的闪光。禅，毋庸长篇大论，而是直探心源；禅者，没有必要虚与委蛇，而要直截了当。面对禅宗第六代祖师，玄觉大师为我们展示了一位禅者的风度：简洁，直接，不盲从权威，不受条条框框约束。

可谓，心自由者人自由，性通达后皆通达。

两位伟大先哲活灵活现地为我们表演着一曲千古绝唱。从这里，我们可以深刻地品味到什么是禅，什么是石火电光的禅机，什么是心灵无限自由的禅者风采。

棒下无生忍，临机不让师。

怀让奉师父慧能之命，出来独立门庭，弘化一方。他来到南岳衡山，长期住在般若寺，所以人称南岳怀让，或南岳大师。

一位禅僧问怀让：“大和尚慈悲，请您告诉我，镜子照人，映成形象之后，不知镜子上原有的光，跑到哪里去啦？”

怀让反问：“不知道你做孩童时的相貌，这时到哪里去啦？”

妙哉，怀让大师！小时候的我们到哪里去啦？我们每一个人似乎都能回答；现代数学家可以以“拓扑”——形的连续变化来说明现在的我们与过去的我们的关系。然而，表述得最准确的，还是佛学的“不一不异”——现在的我们既不同于过去的我们，又不异于过去的我们；不能说现在的我们就是过去的我们，也不能说现在的我们与过去的我们没有关系；不管过去、现在，我们是同一个我们，也即是一；过去的我们与现在的我们又存在差别，此即是异；一不是异，一中有异；异不是一，异中有一。同样，父母未生前如何是我们的本来面目？父母未生前我们在哪里？现在的我们与那时的我们是一、是异？

佛教中观的“八不”——不生不灭，不常不断，不一不异，不来不去，很值得我们下功夫研究一番，从中我们可以发现许多看似简单，实则深奥的道理。

多年之后，怀让听说，山那边的传法禅院，有一位从四川什邡来的青年僧人，俗姓马，名道一。他性情孤傲，终日坐禅，从不与人交往。怀让马上想起，在他离开曹溪的时候，师父慧能告诉他：你门下将出一匹马驹子，纵横驰骋，踏平天下。再向前追溯，远在达摩祖师来中国之前，他的师父般若多罗尊者，便向他预言说：“震旦虽广别无路，要借儿孙脚下行，金鸡解御一粒粟，供养十方罗汉僧。”莫非，六祖说的“马驹子”就是他，这个俗家姓马的禅僧？

怀让沿着曲曲弯弯、山花烂漫、茅草掩映的小径，走到传法禅院后面的山岗。他看到，一株虬龙盘曲的苍松下，兀兀孤坐着一位青年禅僧。那坐禅的僧人似乎早已与周围的山川草木融为了一体，不动不摇，不闻不看，呼吸，大概也中断了吧？

他就是道一，一个注定要震惊天下的禅者，一位流芳千古的高僧。六祖之后，唯一被后人称为“祖”的大师。

怀让径直走到他的面前，站立了良久，才不疾不徐问道：“你这样天长日久地枯坐，究竟图个什么？”

“图将来做佛！”道一用不屑一顾的口吻回答，连眼皮都未抬。

怀让见状，便不再问，随手捡起一块砖头，在岩石上磨了起来。

“咯——吱——嘎——吱——……”

这刺耳的磨砖声，在力求心静的道一听来，比山崩地裂还响，比夜猫子叫魂更难听。忍，忍，忍！佛陀说过，忍辱波罗蜜，是菩萨修行六种的方法之一。道一就强忍着。但是，那怀让总是磨个不停。那破砖头与岩石的磨擦声音，尖厉，怪诞，简直就像一枚枚钢针，钻进道一的耳朵里，扎入他的大脑中，穿刺着他的每一条神经……道一忍无可忍，再也按捺不住心中的愤怒，终于睁开了眼，恶狠狠地瞪着怀让。

然而，此时，怀让反而不理睬道一了。他头不抬起，目不斜视，自顾自地磨砖。那副专心致志、无暇旁顾的样子，活像他是在打磨世界上最珍贵的钻石。道一被他如此认真地研磨一块砖头的神态所吸引，不禁好奇地问："你，如此仔细地磨那砖头干什么？"

"我要将它磨成一面光洁明亮的镜子。"

"一块烂砖头，岂能磨成镜子？"道一半是疑惑、一半是讽刺地说。

"你既然知道砖头不能磨成明镜，那么像你这样整天呆呆枯坐，就能坐成佛吗？"怀让终于说出了磨砖的目的，原来都是为了引逗道一上钩，以便启发他。

道一听了怀让的话，一时间不知如何回答。怀让从树下捡起一根枯枝，往道一坐禅的卧牛石上抽打了几下，慢慢悠悠说："这就像赶牛拉车，半路上牛车停了，你是打牛呢，还是打车呢？"

道一感到怀让的话高深莫测，不由得站了起来。

怀让见道一动了心，正在全神贯注地倾听自己说话，这才徐徐导入正题："你那会儿说要坐禅成佛，然而，禅不在坐卧，佛也没有固定不变的形象。事物都是变化不定的，不应该有所取舍。你如果认为只有静坐才能成佛，就等于扼杀自己活生生的佛性；如果执著于坐相，拘泥于形式，是无法体悟到佛法的真理的。"

道一从心里知道怀让说得十分有理，但是，人很难自我否定，尤其是对于自己十分得意的东西，很难看破、放下。道一吭哧了半天，说："坐禅也没有什么不好的，佛祖释迦牟尼就是坐禅成佛的。"

"坐禅当然很好，但是，如果你将坐禅当成成佛唯一的途径，尤其是心中对坐禅产生了有所得的执著，那就错了。中国有句老话，说英雄海量。可是，若一个酒鬼据此说自己是英雄，成吗？若是有人能喝大量的酒，他就是英雄好汉了吗？佛陀在打坐时睹明星而悟道，并不代表每一个人必须在坐禅之中才能开悟。学佛修禅，关键是要把握着佛学的真谛，契入禅的心要，只有这样才能事半功倍，一闻千悟。"

如醍醐灌顶，如甘露润心，道一言下大悟。智慧之花灼然于心灵之内，喜悦之泪潸然于眼眶之外。他向怀让深深地拜了下去……

等他抬起头来的时候，眼前早已没了人影。山野里，跳跃着一串珍珠般璀璨的歌声：

心地含诸种，遇泽悉皆萌；
三昧花无相，何坏复何成。

道一连自己天天坐禅的蒲团都没拿，急急忙忙向歌声飘起的地方追去。

从此，道一拜在了怀让座下。

十年辛苦不寻常。怀让大师的千锤百炼，将懵懵懂懂的小僧道一，打造成了手眼通天的宗师马祖——一个注定要驰骋天下、纵横千古的大法王。

十年磨一剑，毫光照大千。马祖道一的呼啸出世，带来了禅宗的极大繁盛。因为，他以博大宏阔的气度，神奇灵动的智慧，将深奥玄妙的禅理，显示在平淡无奇的日常生活之中，使得每一个普通人都能体会到禅的超越，感受到禅的风采，领悟到禅的般若慧光。

于是，四方学者，云集座下，天下僧衲，望风来归；龙腾虎啸，象舞狮吼，千僧万指，蔚为大观。他的弟子中，百丈怀海、南泉普愿两大祖师遗泽后世，汾州无业、大梅法常、西堂智藏、归宗智常、石巩慧藏、兴善唯宽、五台隐峰、盐官齐安、盘山宝积、大珠慧海……都是禅宗史上大宗师一级的重要人物。因此，马祖道场有“选佛场”之称。

后来，他的弟子百丈怀海门下，诞生了禅宗五大宗派中最早的沩仰宗与最大的临济宗。因为天下禅僧大都出自他的门下，所以，后人都称他为“马祖”。北宋之后，一直到今天，汉传佛教所有的僧人，大都属于临济一宗。

玄觉在宝林寺住了一个晚上，第二天一大早，他便沿着活蹦乱跳的曹溪下了山。路过曹侯村，那个卖糍粑的老婆婆热切地喊道：“师父，来，吃个糍粑，喝碗茶水，好赶路。”

玄觉脚不停步地回答说：“谢谢您，婆婆，我饱饮慧能大师法乳，不渴也不饿。”

“可是，有人在这里等着你呢。”

莫道君行早，更有早行人。是好友玄策。依然的一杖、一钵、一斗笠，一副云游僧的装束。

“玄策师兄，你在外行脚一年，刚刚回来一天，便又要出行啦？”

“你不也是一样？苦苦寻觅几十年，刚刚与自己心心相印的师父畅谈了一个晚上，就挥手告别了。真可谓‘一宿觉’啊！”

二人结伴行进在大庾岭的险峰之巅，深谷之底：

苍松映碧潭，日照光明生；
微风扫白云，极目太虚清。

不一日，他俩走到了赣州。该分手了，玄策要继续北上，游匡山而渡长江；玄觉则东行千里，回归故乡。禅者心无挂碍，喝杯茶就告别吧。于是，二人来到赣江之畔：

铜钵舀来江水，片石鼎立为灶，枯枝自有火性，烟汽散后茶成。

刚刚烧开的茶水很烫嘴，玄觉就将茶杯晾在了面前。于是，茶杯中倒映着青山绿树、蓝天白云。他指着茶水说：“山河大地，森罗万象，都在里边。”

玄策闻听此言，端起茶杯，将茶水倒回了浪花纷飞的赣江之中，然后问：“森罗万象，在什么地方？”

玄觉说得巧，玄策逼拶得更妙，大好禅机犹如滔滔江水，铺天盖地，滚滚而来。玄觉是大宗师，自有其高明之处。这时，恰恰有一条硕大的鲤鱼高高跃出水面，在空中划出一道银白的闪电，然后又落回了水中。玄觉大声喊叫道：“鱼、鱼，鱼！”

——森罗万象映在茶水里，茶水溶入了江水之中，鲤鱼在江中畅游吞吐，所以，鲤鱼即是森罗万象的显现。

更玄妙的是，不知从哪里划来一条小船，抛出一张大网，将刚才得意忘形的大鲤鱼罩在了其中。渔翁拎着水淋淋的鱼儿开怀大笑，直笑得两位禅师面面相觑，不知如何是好。笑够了，渔翁将它抛回了江水之中。

玄觉心中灵光一闪，跃上了小船。玄策亦是心有灵犀，跟着跳了上去。渔翁说：“二位，我老汉驾的是一叶渔舟，并不载客。”

玄觉呵呵一笑说：“渔舟何妨载客去，画舫亦能打鱼来。”

“渔舟即是渡船，渔翁等同艄公。”玄策说。

渔翁亦豪情大发，捋着长须吟诵道：“撒下罗网捞明月，满船载得和尚归。”

江河淮汉，皆为流水；禅客相逢，何劳一问。

小舟顺流而下。这一叶扁舟，原来不知来自哪里，现在也不知驶向何方……

玄策说：“老人家，耽误你捕鱼了。”

渔翁尚未回答，玄觉却说：“捕鱼还能耽误吗？渔翁不是农民，庄稼顺应季节，农时不等闲人。而捕鱼，频频撒网，不见得大有收获；鱼群到来，一网尽可满载。”

渔翁频频点头：“老汉要的就是这营生的自由自在，飘逸闲散。一舟一篙，独来独往，眼闲心静，水清天宽。”

“好一个世外高人！好一个禅者境界。”玄觉击节叫好，“那么，我们就顺江而下一千里，到烟波浩渺的鄱阳湖去！”

渔翁说：“小溪通大江，大江连大海。我们到长江，到东海去！”

所谓兴起而发，兴尽而止。他们既没有到达鄱阳湖，更没有去大海，而是在顺水行舟四百里之后，在吉州附近弃舟登岸。因为，赣江右岸的青原山，是大师兄行思住持的道场。正是为此，后人称他为“青原行思”。

然而，上到青原山，来到静居寺方丈前，玄策却不进门，而是将大师兄从未见过的玄觉单独推了进去。

禅者心意相通。他的意思，玄觉当然明白。因此，他也不说明身份，而是按照行脚禅僧拜山的规矩行礼之后，问道：“如何是佛法大意？”

这一问，看似平淡，却绵里藏针，稍一拿捏，便会扎手。因为，佛法大意，岂能用语言说明？所谓不立文字，教外别传，即是因为如此。

但是，明明不能用语言讲说明白，禅师还必须要说，不然的话，学僧如何能受到启发而契入禅机？因此，禅师的修行、见地、功夫，是否明见本心、彻悟自性，尽在这一言半句之中。

那么，青原行思是如何回答的呢？

行思说："庐陵的米是什么价？"

庐陵，是来青原山的必经之地，但是，庐陵的米价，与佛法大意有什么关系？更奇怪的是，闻听此言，门里面的玄觉与门外边的玄策都哈哈大笑，恭恭敬敬向大师兄磕头顶礼。

原来，难以用语言描述的禅，却体现在日常生活的每一个角落，平平常常的庐陵米价，就恰恰蕴涵禅的法要，也就是佛法大意的显现。一句"庐陵米价"，可谓鞭辟入里且不露痕迹，自然而然地表明了禅的精髓。

从青原山下来，两位"玄"禅师在匡庐畅游一番之后，在山下握别了。玄策目送着"一宿觉"渐渐走远，他的身影渐渐与苍莽原野融为了一体……

忽然，原野里，白云中，回响起玄觉的吟诵之声：

君不见，绝学无为闲道人，不除妄想不求真。
无明实性即佛性，幻化空身即法身。
…………
游江海，涉山川，寻师访道为参禅。
自从认得曹溪路，了知生死不相关。
…………
一性圆通一切性，一法遍含一切法。
一月普现一切水，一切水月一月摄。
…………

这六十三首《证道歌》，在山川大地上久久回荡，并且一直回响到如今——时至今日，永嘉大师——玄觉，他的《禅宗永嘉集》，仍然是佛门内外所有的修禅者、禅学研究者必读的经典。

玄策禅杖之端，挑着曹溪明月；斗笠边沿，缭绕庐山烟霞；行囊之中，裹藏江淮波浪；草鞋之下，染着中原香花……

他渡长江，涉淮水，跨黄河，来到了河北境内。因为，他听说，小师弟婴行的踪迹，在燕赵大地上出现了。还有，这里是六祖慧能的祖籍，自古多慷慨悲歌之士，行进在“风萧萧兮易水寒，壮士一去兮不复还”的苍茫原野上，该是一种怎样壮阔的情怀！

一日，他在路过一座山脚下时，看到许多百姓冲着半山腰上的一个岩洞遥遥跪拜，便好奇地询问。当地百姓充满敬意地说，那岩洞里，有一位神奇的高僧在静修。

人们见玄策不大相信，七嘴八舌告诉他：

“那智隍禅师与誉满全国的神秀大师是同门，都是弘忍大师亲自传授了禅要的弟子。”

“自从他老人家在黄梅得法之后，就回到了这个山洞，已经整整静修了二十多年。”

“他每次入定，少则十天、八天，多则一个月。据说，有一次，山雀都在他的身上做了窝……”

玄策还是大摇其头，因为，甚深禅定是禅修的功夫，是形式，而不是禅的内容。他来到山洞中，看到一位六十多岁的老和尚——智隍禅师，静静坐在那里。

玄策向智隍禅师打了个问讯，然而问道：“你在这里修什么？”

智隍禅师说：“我在修习入定。”

玄策再问：“你所说的入定，是心有所想而入定呢？还是心无所想而入定？”

智隍张口结舌，感到不好回答。

玄策继续逼拶道：“如果你入定时心中没有任何意念，那么你周围的这些草木石头等没有生命的东西都应该能入定；假如你心有所想而入定，那么，一切有生命、有意识的众生，比如满山遍野的牛羊野兔也都应该能入定。”

智隍一听，知道遇到了内行，并且是有证悟、有见地的大行家。他十分谨慎地回答说："我在入定的时候，没有感觉到有无之心。也就是说，忘却了有无，不知道究竟有没有念头。"

他自以为回答得十分圆满，然而，玄策却紧紧盯住了他话中的漏洞，不客气地指出："你入定时既然感觉不到有无之心，那就是常定。既然是常定，又怎么有入定和出定呢？如果有出、有入的话，那就不是真正的禅定。"

智隍哑口无言，羞愧难当。他毕竟是个心胸开阔的禅者，有着改过自新的勇气，所以赶紧追问道："你的师父是谁，能教出你这样出色的徒弟？"

玄策笑着说："说来，我的师父还与您有着很深的机缘。他就是弘忍大师的衣钵弟子，慧能。"

"慧能？噢，听说过。不知他以何为禅定？"

"我师父说，自性湛然常寂，灵明圆满，如如不动。色、受、想、行、识，五蕴本空；色、声、香、味、触、法，六尘亦虚幻不实。所以，禅定是指心理上的淡泊宁静，它外不受六尘的干扰，内不被五蕴所左右，无论行住坐卧，整个身心既不刻意专注，也不放纵散乱，时时保持自然平和、空明灵动的状态。禅的本性不是死板不变的，它不生不灭，无住无念。"

智隍再也坐不住了，站立起来，合十问道："慧能师、师……师父，终于出山啦？他现今在哪里开法？"

"岭南曹溪宝林寺。你……"

未等玄策说完，智隍呼啸一声，飞奔出洞，一溜白烟向南跑去。

他这一跑，跑得远了一些，一直跑了几千里，跑到了宝林寺，跑到了六祖慧能的面前。

慧能大师问他："看你的相貌，像是北方人士。你从哪里来？"

"河北。"

"哎呀，咱俩还是半个乡亲呢！先父就是河北范阳人士！你如何来到了岭南？"

智隍向慧能大师施礼之后，将他与玄策的相见情况说了一遍。

听了他的叙述，慧能十分高兴，一则为玄策突飞猛进的修行兴奋，二为智隍禅师不远万里、不耻下问的求法精神所感动。他当下开示说："正如你刚刚谈到的玄策的说法，只要你做到心灵如虚空一样，又不拘泥、执著于空无，使心灵保持自由自在的状态，无论行、止、动、静，都不刻意存心。请你看那棵大树。"

智隍看了看这棵曹溪之树，与自己家乡河北的树木并无多大的区别，也没看出什么独特的禅意。

六祖慧能说："你看，每当微风吹拂的时候，那树叶就哗啦、哗啦唱歌；风停了的时候，它就自在地享受阳光，无拘无束，自由自在。这就是禅定！忘却凡圣情解，泯灭能动与所动之间的分别，内在本性与外在现象相统一，就能无时无刻不在禅定之中了。"

智隍听后豁然大悟，连连跪拜致礼。后来，他又回到了河北，将六祖的顿悟禅法带到了燕赵大地，为日后的南禅大举北上，起到了急先锋的作用。

第十七章　南能北秀

在当阳山，神秀大师正在禅床上打坐，忽然，一个好听的童音急切地喊叫：“师父、师父！”

是志诚，是志诚回来了吗？

他急忙睁开眼睛，当然不是志诚，志诚现在已经是中年汉子了，如何还会发出幼稚的童声！跑进方丈的，是一个十二三岁的小沙弥。他紧张、兴奋得小脸红扑扑的，好像熟透了的苹果。

神秀一笑，替他擦拭着脸上的汗珠，说道：“有什么事情啊？看你跑得满头大汗。”

小沙弥蹦豆一样干脆利索地说道：“圣神则天皇帝派来的钦差带着圣旨到了！”

一个孩子，难得他能将如此绕口的话语，学说得清清楚楚。神秀叹了一口气说道：“唉——又是来迎请入宫讲法的！这位女皇，倒是笃信佛教，诚心诚意。山僧推辞了多次，她一直不死心。看来，这次是非去不可了。”

神秀大师从禅床上下来，准备去山门外迎接钦差。

一个中年禅僧一边为师父披袈裟，一边说道：“政佛一统，国之更兴，道之更畅。师父，您就去京城吧。若是再推辞，恐怕皇上要怪罪的。”

小沙弥说：“师父，你到京城里的时候，一定要带上我。”

中年禅僧故意逗他：“师父是去给则天女皇说法的，你去干什么啊？”

小沙弥一本正经地说道：“神秀师父给现在的老皇帝传授佛法，我去给将来的小皇帝讲禅法。”

这句话，逗得所有人哈哈大笑。然而，有谁知道，几十年之后，这句话居然变成了现实。他，这个小沙弥，真的成了在中国禅宗史上，一个轰轰烈烈的人物。

他，就是将来荷泽神会禅师。

神会（684—758）出生在襄阳（今湖北襄阳）一位姓高的大户人家，因此，他不用放牛，不用拾柴，小小年纪便跟随着师长“之乎者也”，读圣贤书，习举子业，准备学而优则仕，将来光宗耀祖。这小神会真够神的，孔孟之书，过目不忘，诗词歌赋，出口成章。教书先生面对这个一日千里的弟子，不知如何是好，便将自己都不甚了了的《老子》《庄子》丢给了他。谁知，他不但啃得有滋有味，还咀嚼出了玄之又玄的哲理。于是乎，先生给他搬来了长达 130 卷的大部头——《后汉书》——这回，够你个书虫子啃了吧?

小神会没有从厚重的历史之中读到朝代兴亡，而是从中发现了佛教一事。于是，他投襄阳国昌寺颢元法师，出家当了小和尚。有着深厚的儒学功底，他读诵佛经自然易如反掌。

襄阳，距离神秀大师住持的当阳玉泉山不远。在禅林，神秀大师的风采，犹如霞光在天，绚丽夺目；他的声名，恰似仙鹤鸣于云霄，声震寰宇。自然而然，小神会对神秀大师仰慕如同日月。因此，他便嘚嘚跑到了玉泉山，投在神秀大师座下，参禅已经整整三年了。

这一年，是武则天久视元年（700），神秀大师应皇家的诏请，要到京城洛阳宫弘扬禅法。小神会很想跟随师父进京去看看热闹，神秀说：“神会啊，我一旦到了京城，每天的俗务都应接不暇，恐怕就没有时间指导你修行了。所以……”

“是不是也要将我打发到遥远、偏僻的岭南去？”小神会人小鬼大，早已猜透了神秀的心意。

“是啊，是啊，你小小年纪，应该效仿善财童子，遍参天下善知识，悟透生死玄关。而慧能大师，恰恰是你的大善知识。岭南因为有了他这尊古佛，荒芜之地，变成了人人向往的佛国。”

于是，满心希冀的小神会北上不成，反而被师父神秀打发南下，到偏远的岭南参访慧能去了。

34 年之后，唐玄宗开元二十二年（734），神会携六祖慧能的顿悟禅法北上，在滑台（今河南滑县）大云寺召开无遮大会，正式向神秀所创建的北宗宣战——不知，神秀大师当初让他南下之时，想到了没有？——这是后话。

从湖北当阳，到广东韶州，遥遥两千里余里，对于一个十三岁的孩子说来，太过遥远了。跋山涉水，风餐露宿，雨淋日晒，坎坷路途，将小神会的脚掌磨出了一层血泡。由于他行脚不停，所以旧的血泡尚未痊愈，新的又磨了出来……其疼痛，可想而知！一层又一层的血泡干了之后，总算凝结成一层死皮。然而，在跨越一道沟坎之时，他用力一蹬，死皮深深裂开了，鲜血喷流不止……

小神会无法穿鞋，便撕裂衣衫，将脚掌缠裹起来，一步一拐，一步一趔，一步步终于走到了曹溪，走进了宝林寺，走到了六祖慧能面前。

慧能大师一看到这个不惮千山万水前来求法的小沙弥，心生欢喜，笑着问道："小师父远道而来，一定很辛苦，你把根本带来了吗？如果带来了，理应认识自己的主人公。你不妨说说看。"

神会年纪虽小，毕竟已在神秀大师座下参学了三年，知道慧能所说的根本，指的是佛性，于是不假思索回答说："无住为本，见即是主。"

他的意思是说，自己以不执著任何现象为根本，能认识到这一点，就是佛性。然而，六祖慧眼如炬，早已洞悉到他心中并无证悟，只不过是人云亦云、鹦鹉学舌而已。禅宗最忌讳贩卖人家的话语，因此，六祖慧能毫不留情地呵斥他："你这个小沙弥，说话怎么这样草率呢！"

神会极端的聪明，格外的伶俐，十分的要强，反应还非常迅速，他立刻反问道："大和尚您老人家坐禅时，是见还是不见？"

谁知，调皮鬼终于遇到了克星，只见六祖拎起禅杖，在他头上"咚、咚、咚"敲了三下。然后问："我打你，是痛还是不痛？"

硬邦邦的禅杖敲在光光如也的头顶上，能不痛吗？不是吗？小神会早痛得龇牙咧嘴了，但他强忍着说道："亦痛，亦不痛。"

六祖慧能好像早就预料到他会这样回答似的，嘿嘿一笑，说："那么，我来告诉你，我是亦见亦不见。”

小神会敏锐地捕捉到了稍纵即逝的禅机，追问道：“如何是亦见亦不见呢？”

慧能耐心解释说：“我所说的见，是时常见到自己的过失；我的不见，是不见别人的是非。而你说的亦痛亦不痛，是什么道理呢？我打你，你若是没有疼痛的感觉，那你就如同石头、木头；你若是痛，那就与凡夫没有两样，甚至心中还会生起嗔恨念头。”

小神会脸色微微发红，不自觉地垂下了头。

慧能继续慈悲开示说：“你原先问我见还是不见，走了两个极端，非此即彼，是一种错误的思维方式；而你所说的痛与不痛，也没离开生与灭的范畴，这都说明你身心根本没有得到解脱。你尚未见到自性，居然还敢在老僧面前耍贫嘴、捉弄人！”

神会感到，自己的五脏六腑都被慧能大师看得一清二楚，那几根花花肠子，更无法避开祖师的法眼。他扑通一声跪倒在地，不住地叩头谢罪，恳请忏悔。

六祖慧能见他知错能改，是个可塑之材，赶紧将他扶了起来，让他在对面坐下，继续教导他说：“你若是心中迷惑，不见自性，就要去请教明师，学习明心见性的修行方法。假如你已经心有所悟，就应该依法修行。”

说着，六祖话题一转，忽然问道：“你云水（云游）而来，一定饿了吧？”

小神会不知六祖葫芦里卖的什么药，接受刚才自作聪明的教训，照实点了点头。六祖说：“那么，我现在让侍者拿点心来，我自己吃下去，然后告诉你吃点心的感受，你的肚子是不是也就饱了呢？”

这怎么可能呢！神会咽了一次口水，将自己的小脑袋摇得像货郎鼓。

“同样的道理，”六祖慧能一笑，继续说道，“现在，你自己被无明所惑，不见自性，却反而问我见不见性。我见不见性，我自己知道，岂能消除你心灵中疑惑？如果你已经见性，也不能代替我啊！你要知道，各人吃饭各人饱，自己的生死自己了。所以，你现在最要紧的是自己明心见性，而不是问我见不见性。”

六祖这一番慈悲开示，感动得小神会痛哭流涕。从此，他随侍在师父身边，像小苗沐浴雨露一样，在六祖的摄受下迅速成长。

一天晚上，六祖慧能携弟子到寺外曹溪岸边散步。

天空一弯半月，地上一曲溪水。月光皎洁禅心寂，溪声喧闹兰若静。

小神会毕竟是孩子心性，忽然指着弯弯的半月说："师父，您看，我们走，月亮也跟着走，好像一只小船，摇啊摇。"

"那一半呢？"慧能大师无风起浪，忽然问道。

他是在以月喻禅。"那一半"指的是佛性，我们的身体在动，那一半动吗？

于是，清新的禅意如同迎面而来的微风，徐徐吹拂在弟子们的心灵中……

六祖慧能又将大好禅机推向了更高一层，他问神会："你能用手指指出这一半，能指出另一半吗？"

是啊，怎样才能认识到佛性呢？小神会回答得妙极了："看清了这一半，也就明白了那一半。"

慧能一笑说："小神会，理路上你已经明白了，关键是把自己的'那一半'显发出来。世上的事情往往就是这样：明理的多，行动的少。禅，不是一种玄妙的理论，而是人生的真谛，要将它贯穿于日常生活的每时每刻。"

小神会郑重地点点头，默默思索着什么。过了一会儿，他问慧能："师父，古人常常以月亮比喻禅心，什么'禅月孤圆，禅月湛然'等等。那种美妙的意境，我能感受到。但是，怎样才能领悟到自己那像明月一样的禅心呢？"

慧能不答，而是指着天上的月亮说："你想想看，怎么才能将天上的月亮捉到手里？"

小神会咯咯笑了起来："师父，你这不是故意难为人吗？试问天下，谁能捉住天上的月亮呢！"

慧能居然说："我就能。"

小神会自然是一脸的不相信。六祖慧能也不解释，走到曹溪边，双手捧起一汪清水，让弟子们观看。

果然，六祖手中有一轮明月——映在水中的月亮！

文采斐然的法海受到启发，诗兴、禅心一起灵动，情不自禁吟诵道：

“掬水月在手，弄花香满衣。”

小神会也兴奋地叫唤道：“师父，我明白啦！禅心无形，即事而真；自性无相，随心而现。”

慧能明白地点点头，说：“我们禅者，要全面理解‘指与月’的关系，不能厚此薄彼。”

所谓“指与月”，是以“指”比喻语言、说教、经典，以“月”比佛法、禅要。因为有了手指的指引，很容易便看到空中的月亮。禅宗以“本来无一物”的境界为上乘，以“万虑皆空”为至德。主张不立文字，不下注脚，亲证实相，方为究竟。认为一切言教经典，无非为示机之方便而设，如以指指月，使人因指而见月。以言教而显示实相，然言教本身并非实相。但是，千万不能因此而轻视、甚至完全舍弃经典言教，因为它毕竟是指月的工具。

六祖慧能与弟子们都不再说话了，静静坐在曹溪岸边，欣赏着空中的一轮如梦似幻、亦真亦幻的明月，倾听着真真切切的溪水流淌，细细体味着美妙、神奇的境界……

禅的意境只可意会，不可言说；而那领会这种境界的自性，更是无形无相。因此，在回寺院的路上，六祖慧能对弟子们说：“我有一样东西，它没有头也没有尾，没有名也没有字，没有背面也没有正面，你们各位还能体会出它是什么吗？”

神会反应最为机灵，抢先说道：“这是诸佛的本源，神会的佛性。”

六祖喝道：“我已经向你们说了它无名无字，你怎么还说什么本源、什么佛性？你呀你，你这小子今后即便有个小庙住持，也不过是个咬文嚼字、在名相上寻求知解的宗徒罢了！”

六祖的教法就是这样灵活，时时刻刻纠正着弟子们的偏颇。

与神会来岭南的方向正好相反，那十几辆雕龙描凤的皇家专用宝辇，载着神秀大师以及数位随侍他的重要弟子，浩浩荡荡，从襄阳一路北上，到达了东都洛阳——许是忌讳李氏皇族的列祖列宗吧，自从十年前，则天大帝登基之后，一直居住在东都洛阳，原来的京城长安，俨然成了陪都。

宝辇一直驶进金碧辉煌的皇宫。神秀大师从车上下来，赫然发现，头戴金冠、身穿蟒袍的女皇武则天，竟然亲自站立在长生殿之外迎接自己！他一愣之后，刚想趋向前去拜见，一个宫中专用的二人小轿停在了他的跟前。不由分说，他被扶上小轿，径直抬到了皇宫中的小道场。而则天女皇手扶轿杆，率领太子与文武百官，簇拥在神秀的小轿周围，一步步迈上长长的台阶……

尽管九十多岁高龄的神秀大师见多识广，但仍然热泪盈眶，模糊了视线……

或许是早年出家当过尼姑，或许是从小受笃信佛教的母亲的影响，武则天，这个中国历史上唯一的女皇，不但真心实意信奉佛教，而且是亲身修行。甚至，从某种意义上说，中国佛教八大宗派中的华严宗，就是在她的大力扶持下诞生的。不是吗？华严宗的创始人法藏大师，正是在她的激扬下，才写出了光辉巨著《金狮子章》……

宫中内道场里，神秀大师被送上了高高的法座。

则天皇帝已经换上了便装，与太子等宫中内宾双手合十，肃立在神秀面前。

静，极度的寂静。

不仅仅外面世界的喧哗停止了，连人们内心的骚动也完全平息了下来。而这种静，不是死寂，不是呆滞，不是冷凝，而是充满了勃勃生机。这时候，你的心分明能感觉到，有一种潜流正在悄然运行……

忽然，一声天籁破空而来——

是她，武则天！贵为皇帝的她，居然亲自吟唱起了自己即兴创作的偈子：

无上甚深微妙法，百千万劫难遭遇。

我今见闻得受持，愿解如来真实义。

从那一天起，这首武则天所作的偈子，就成了《开经偈》，刊印在每一部经书前面，诵经或讲经之前，先要唱诵此偈……

更令人吃惊的事情还在后面。

吟唱完毕之后，则天皇帝倾金山，倒玉柱，五体投地，跪在了神秀大师座下……

则天皇帝的虔诚，令神秀感动；而神秀大师的谦虚，亦令则天皇帝感到不可思议。因为，神秀大师说，自己并不是五祖弘忍最杰出的弟子，禅宗的衣钵，在岭南曹溪！他真诚地向皇帝推荐了老安、慧能。

要知道，当初，正是慧能抢走了本来属于他的六祖之位啊！要知道，慧能居于偏僻辽远的南天一角，若不是神秀推荐，官方压根就没有听说过他！

不知什么时候，宝林寺来了一个奇怪而又有几分神秘的老年僧人。他的脸上有着许多伤疤，再加上多年岁月雕刻出的深深烙印，从而显得有些扭曲，有些变形。他整天沉默寡言，从不与人接触；他不念经，不听法，每天只是扛着大扫帚，打扫着宝林寺门前那一段长长的道路。

神龙元年三月的一天（705），他像往常一样扫路的时候，偶然抬头，他惊奇地发现，十多辆雕龙画凤的皇家御用马车，在骏马侍卫的保护下，浩浩荡荡向宝林寺开来。许是因为自己的相貌丑陋吧，他悄悄隐没在了路边的树丛之中。

不用说，这一列曾经出现在荆州当阳玉泉山的皇家车队，是来迎接慧能大师进京的。

早已接到地方官员飞骑通报的六祖慧能，率领着他晚年的十大弟子：法海、法达、志诚、志彻、志道、智常、智通、法珍、法如、神会，恭候在宝林寺山门前。寺里的两序大众，亦按照僧腊沿两侧排班，准备迎接皇帝诏书的到来。

“来了，来了！你们看！师父，您快看！”

年仅十八岁的神会眼尖，老远便发现了车队的影子，兴奋指着远方喊叫道。

慧能并没有顺着他的手指眺望，而是若有所思地打量着寺前一尘不染的道路。

皇家车队走到宝林寺山门前，则天皇帝最信任的内侍薛简，率领十数位宫人下车，与慧能等寒暄了一番之后，被请进了寺内，直趋客堂。

那里，已经摆好了迎接圣旨的香案。

一位宫人在客堂门口宣道："圣旨到！"

薛简郑重地展开黄缎圣旨，说道："韶州曲江宝林寺方丈慧能接旨。"

六祖慧能带着十位弟子刚要跪下听旨，薛简又小声说道："皇上口谕，慧能大师乃方外之人，不必行世俗之礼。"

慧能道："谢皇上体恤。"

薛简宣读圣旨："奉天承运，皇帝诏曰：朕请安、秀二师，宫中供养，万机之暇，每穷一乘。二师推让云，南方有能禅师，密授忍大师衣法，传佛心印，可请彼问。今遣内侍薛简，驰诏迎请，愿师慈念，速赴上京。钦此！"

圣旨之外，还有则天皇帝亲手所写的一封诏书：

> 朕虔诚慕道，渴仰禅门，召诸州名山禅师，集内道场供养，安、秀二德，最为僧首。朕每谘求，再推南方有能禅师，密受忍大师记，传达摩衣钵，以为法信，顿悟上乘，明见佛性。今居韶州曹溪山，示悟众生，即心是佛。朕闻如来以心传心，嘱咐迦叶，迦叶展转相传，至于达摩。教被东土，代代相传，至今不绝。师既禀承有依，可往京城施化，缁俗依旧，天人瞻仰。故遣中使薛简迎师，愿早降至。
>
> 神龙元年正月十五下

慧能听完圣旨与诏书，说："薛公公一路车马劳顿，先请到客房安歇片刻，贫僧再与诸位洗尘。"

薛简说："有劳大师。"

慧能微笑着说："客气、客气。请！"

慧能陪同薛简等宫人走出客堂，来到客房。

等薛简洗涮之后，慧能与他分宾主而坐。

六祖慧能端杯请茶之后，说："公公何日离京？一路辛苦。"

薛简回答："因皇上盼师若渴，弟子于皇帝颁诏的上元日（正月十五）当天便驶离京城。从中原到江汉，从江汉到岭南，一路快马加鞭，不敢懈怠。请大师稍事准备，不日晋京吧。"

慧能说："贫僧年事已高，平时身体一直欠安。京师离这里路途迢迢，加上生活、气候有所不同，衰年难以适应。请先生禀过朝廷，感激皇恩，恕我不去之罪。"

薛简诚恳地说道："大师，你且莫推辞。你有所不知，当今皇上诚信佛教，对得道高僧更是崇礼有加。神秀大师进京之时，则天皇帝特赐他乘轿上殿，并且亲自行跪拜之礼，可以说是隆重至极。您若奉诏法驾上京，必将深得虔敬，天恩浩荡，威慑四方。"

慧能说："出家之人，视荣华富贵为过眼烟云；至于虚名，更是镜花水月，不去招惹那烦恼也罢！"

薛简见慧能无动于衷，哀求说："请不到大师，弟子无法向皇上交差呀！所以，求大师您看在薛简千里奔波的诚意上，权作到京一游吧。"

慧能说："贫僧实在年老体弱，不胜遥途，请公公见谅。再说，贫僧乃一介山野草民，难登大雅之堂；而且相貌丑陋，话语土俗，倘若贸然进京入宫，朝中官吏、京师居民，因我形容猥琐，会产生轻视佛法的念头。何况，早在我离开黄梅之时，我的师父弘忍大师就反复嘱咐我，一生不可离开山林而居于闹市。师命难违，想来皇帝陛下亦能理解。"

慧能的这一番推心置腹、诚恳真切的话语，薛简听后觉得不无道理。在京城，他见识过神秀大师的风采。那神秀，身材高挑，相貌周正，庞眉秀目，威德堂堂。其行也，如行云流水，其止也，似苍松临风。信众远远看见，便被他的仙风鹤形所摄受，几乎是情不自禁、不由自主地顶礼膜拜。而眼前的慧能，身体瘦弱矮小，容貌带有显著的南方土著特点，而且腿脚有些不利索。这样一位其貌不扬的人，很难与禅宗六祖、岭南活佛的形象联系起来……

想到此，又见慧能坚决推辞，薛简彬彬有礼地说："大师身体欠安，留恋南国，我就不再勉强。不过，弟子也十分向往佛法，时常请高僧授教。京城有道行的禅师都说，若要领会佛法，必须修行坐禅入定。企图不由禅定而得到解脱，那是不可能的。不知大师对此有什么高见。”

慧能说：“佛之大道是用心而悟，怎么会从静坐而得呢？佛经上早已说过：如果说如来若坐若卧，那是错误的邪见。为什么这样说呢？禅，无所从来，无所从去。不生不灭，是如来清净禅。诸法空寂，是如来清净坐。究竟的解脱，并无一法可证可得，岂在坐与不坐？”

薛简想了想，说道：“弟子回到京城，皇上一定要问佛法。希望大师慈悲为怀，指示佛法要义。我回去转奏两宫，以及京城学佛之人，就像一盏明灯可以点亮千百盏灯一样，使黑暗变光明，使光明无穷无尽。”

慧能借题发挥，因势利导：“道，无所谓明暗，明和暗是相互替代、相互转化的。说光明无穷无尽，其实也是有穷有尽的，因为明与暗是相待（相对）而言：相待于光明，才有黑暗；相待于黑暗，才有光明。它们并无实质，不过是两个互为缘起（条件）而存在的名词罢了。”

薛简有些疑惑不解，问道：“大师的禅法，非同寻常。我是借用光明比喻智慧，黑暗用来比喻烦恼。学佛的人，如果不用智慧之光来破除无明烦恼，又怎么能出离生死呢？”

慧能耐心开导他：“烦恼就是觉悟，二者并没有区别。若是像你刚才所说，用智慧破除烦恼，把智慧和烦恼区分对立起来，这不是大乘顿悟法要，而是根基比较差、天资比较低的人的见解。”

薛简问：“什么是大乘的观点呢？”

慧能侃侃而谈：“光明与黑暗，在凡人眼里是对立的，性质是完全相反的。他们所看到的，只是二者的区别。而有智慧之人，明澈通达，认为二者的本性没有区别。这种没有平等不二的本性，就是真实的佛性。真实的佛性处烦恼而不乱，居禅定并不空寂，它不增不减，不来不去，不生不灭，常住不迁，既不会断绝也不永恒不变，其现象与本质真实一如。这就是大乘顿悟佛法。”

薛简又问：“我也曾经听那些不信佛法的人说过不生不灭，您所说的与他们有什么区别呢？”

慧能道：“他们所说的不生不灭，是灭后不再生，将生停止，以生来显示灭，将生与灭看成了两种。其实，生即是灭，灭即是生。”

听到这句话，薛简下意识地皱了皱眉头。慧能大师自性中的大圆镜智明察秋毫，知道他不甚理解，马上举例说：“这个道理很简单，当一粒种子发芽的时候，我们通常会高兴地说，它在成长；当它生成植物，变得干枯的时节，我们会悲哀地说它已经死亡。从禅的思维角度来看，种子的发芽、成长，也是通向死亡的过程，因此，当它刚刚发芽的时候，也就可以说它正在死亡；而它的死亡，恰恰是再生（它所生成的种子）的开始。所以，生即是灭，灭即是生。”

薛简如品甘饴，一脸的陶醉。

慧能接着说：“因此，我所讲的不生不灭，是本来无生，故而亦不灭。所以，与外道所说的不生不灭有着本质的不同。你若想得到禅的心法，一切善恶都莫思量，自然就会契合本来清净的心体，湛然灵明，灵明湛然，其妙用无穷。”

薛简恍然大悟，感到自己浑身上下的每一个毛孔都张开了，向外散发着自性的光辉……

在薛简告辞离山的时候，慧能大师意味深长地对他说：“烦请中使把我的禅法禀明当今圣上。烦恼即菩提。自心清净，不自寻烦恼，当下即是解脱。另外，时势无常，充满变数，该放下时一定要放下，当以天下苍生为念！”

薛简听出慧能的话里有弦外之音，敏感地追问道：“大师，难道政局有什么变化吗？”

“无妨大局。公公回到京城自然就明白了。”

“大师法旨，我一定转告圣上，弟子告辞！”

未等回到京城，薛简在半路上就已经得知：在他奔波于岭南道路上的时候，京城里发生了一件惊天动地的大事——武则天被迫退位，太子中宗登基了——果然时势无常。

初夏的一天，在曹侯村村口，已经步入古稀之年的刘志略与九旬老人曹叔良正在那株大树下与年轻后生说古，韶州刺史韦琚坐着轿子，后面跟着数十位随从官员，从大路上走了过来。

刘志略说："又有达官贵人来找慧能大师了。"

曹叔良看了一眼，说："哎呀，这是咱们韶州刺史韦大人的坐轿。韦大人可是个好官，特别体恤百姓。"

刘志略说："噢，是父母官哪！可是，慧能大师连皇帝的奉请都不接受，更不会巴结这些权贵。"

他们目送韦琚一行向宝林寺走去。

韦琚在他的随从们簇拥下，来到宝林寺客堂。神会赶紧去方丈请师父出面迎接父母官的到来。不一会儿，法达、法海侍奉着慧能走了进来。

韦琚起身合十鞠躬："大师。"

慧能还礼说："韦大人光临敝寺，有失远迎。"

韦琚说："下官不敢惊动大师法驾，所以未经通报，冒昧前来。"

慧能示意说："韦大人请坐。神会，看茶。"

入坐后，慧能说："韦大人公务繁忙，怎么有闲暇携众到曹溪来？"

"不瞒大师，弟子今日前来，一则拜会您这活菩萨，聆听法音；二来，想请慧能大师下山，去韶州城里的大梵寺开讲佛法。"

法海插言说："韦大人有所不知，我师父年事已高，近日又多不适，恐鞍马劳困，有碍法体。"

"这……"韦琚看看慧能，接着说："大师贵体欠安，婉拒皇上诏请之事，下官也曾耳闻。不过……"

慧能说："韦大人，你不必为难，若是于佛法有不明之处，就请提出来，贫僧尽己所能，与大人共同探讨。"

韦琚说："下官若为自己一人，怎敢打扰大师清修？是大梵寺僧众及韶州百姓托下官前来……算啦，大师法体要紧。我等改期再……"

慧能打断他的话："韦大人，你刚才说大梵寺僧众与韶州百姓怎么着？"

韦琚说："下官是受韶州城内外信众之托，前来请大师说法的。大梵寺里，已聚集了各地僧俗一千多人。"

慧能马上说："你怎么不早说！法达，你替我准备一下行装，明天一早……不，不是明天，而是现在！走，马上去韶州！”

韦琚赶紧制止：“连夜赶路，太过劳累大师。早晚不差这一半天。”

慧能说：“生命在于呼吸之间，我们还是抓住当下。再说，一千名信众的一天时光，就相当一个人的三年哪！别说了，走吧！”

六祖慧能当天赶到韶州大梵寺的时候，已是入夜时分。

大梵寺内，人群挤得水泄不通。大殿前搭起了高高的讲经宝坛。韦琚等三十多位官员也来到这里，和僧俗信众一起肃穆地站在宝坛前面。

突然，钟鼓齐鸣，大梵寺的维那师高声唱道：“恭请上慧下能大师！”

慧能身披大红祖衣，神采奕奕，一步步登上铺着厚厚绒毯的宝坛。

坛下众人屏息合掌，恭敬肃立，气氛庄严。

维那见慧能坐定，轻轻一敲引磬，领着众人礼拜下去！

慧能向全场僧俗合十致意。他身上的袈裟，闪烁着五彩的光芒。众人惊讶之时，慧能那晨钟一样的声音已经在全场回荡：

“各位善知识，人的本性原本是洁净无瑕、无污无染的。只要能将这种本性显发出来，就可以直接成佛。这种清净本性，你们大家都有，只因为你们心里迷惑，不能自悟，以至于流转生死，不得解脱。”

台下听众听到自己都有佛性，明心见性可以成佛，感到新鲜又兴奋，注意力更加集中。

慧能大师继续说道：“现在，我为大家讲解摩诃般若波罗蜜佛法。也就是大智慧到彼岸的佛法。”

六祖慧能略微一停顿，口吐妙语：“人世间的一切文字，以及大小乘、三藏十二部经文，都是人创造的，并且因人而设。如果没有人心灵的智慧，也就没有一切万法。既然万法来源于心灵，那么我们自己为什么不从自己的心里，去顿见本性呢？因此，世界上的一切善法，也都在人的本性中，不必外求。诸位，佛和众生，原本没有什么差别，关键在悟与不悟。如果自性迷，便是众生；如果自性悟，众生就是佛。所以说，只要你们的心，对世间的一切事物能够做到不拘泥不执著，无所谓取也无所谓舍，那就能够明心见性，得道成佛了！”

众人从来未听过这种深入浅出、明明白白的佛法，各自心领神会，无不既敬且惊。他们欢喜顶礼，合十拜谢。

慧能接着说：“佛，并不神秘。可以这样说，你们各位的慈悲心，就是观音菩萨；舍离贪念，广行布施，就是大势至菩萨；能够净化自心，就是释迦牟尼佛；公平正直，就是阿弥陀佛。”

听众情绪更加振奋。

慧能扫视了一下全场，说道：“今天来听法的，大都是居士信众。我要郑重告诉大家，学习佛法，觉悟禅要，在家也行，并不一定非要出家。身在家中真心修行，照样可以明心见性，成就佛道。”

韦琚合十礼拜后，问：“大师，我等在家里如何修行，希望你详细指教。”

慧能说：“我为大家说首《无相偈》，只要照此修行，就像和佛天天在一起一样；如果不照此修行，即使剃头出家，也没什么好处。诸位且听我偈。”

慧能的声音如春风化雨，滋润着人们的心田：

心平何劳持戒，行直何用修禅，
恩则孝敬父母，义则上下相怜，
让则尊卑和睦，忍则众恶无喧。
若能钻木取火，淤泥定生红莲，
苦口的是良药，逆耳必是忠言。
改过必生智慧，护短心内非贤，
日用常行饶益，成道非由施钱。
菩提只向心觅，何劳向外求玄，
听说依此修行，西方只在目前。

一直与师父形影不离的神会，破例没有跟随师父慧能去韶州大梵寺。因为，他要去更远的地方——西京长安受戒去。岁月流转，他已经从一个顽皮的小沙弥，长成了一位风度翩翩的青年比丘。

他在北上西京受了具足戒之后，在回曹溪的路上，顺便来到了大师兄行思所住持的江西吉州青原山静居寺。

此时，青原行思的“庐陵米价”公案，早已轰动禅林，无数僧衲争相参究。在禅宗史上，这一公案影响极大，至今仍经常有禅者提拈、参究。

行思以他弘深的悟境、精妙的禅法，终成一代大宗师。因此，历史上曾经有人将他立为禅宗七祖。

当年，小神会到达曹溪之时，行思早已经离开，所以并不认识他。行思询问道：“你从哪里来？”

神会颇为自豪地回答：“我从曹溪来。”

曹溪，是行思在师父慧能的锤炼下了生脱死、脱凡成圣、开悟得道的地方；曹溪，是天下禅僧心目中的圣地！行思不禁抬起头，看了这个青年比丘一眼。曹溪是禅的故乡，禅的乳源。从那里来的禅僧，应该浑身浸透了禅的滋润吧？因此，行思问道：“带了些什么东西来呢？”

神会当然知道，师兄问得不是礼物，而是像当初六祖问他的一样，见到自性了吗？本来自性，无形无相，如何表示？于是，神会站立起来，抖了抖身体，表示没有什么东西。

然而，行思大师并不认可，笑说：“还是带着砖块、瓦砾呢！”

本来自性，了无一物。神会之所以抖动身体，是因为他还认为有个自性在。而这，在行思大师看来，就是破烂，就是垃圾，就是砖头瓦块！

神会冰雪聪明，立刻明白了，自己是灵龟拽尾——虽然掩盖了爬行的踪迹，却将尾巴来回扫动的印痕留了下来。他毕竟年轻，又是性情中人，时时刻刻不忘争强好胜。于是，他立刻反问道：“难道，大和尚您这里有真金给人吗？”

真金譬喻佛法。然而，若是将佛法当成珍贵的有形的东西，就谬之千里了。

行思大师举重若轻，轻轻说道：“假如有，你要放在什么地方呢？”

由此，神会知道了禅海之深邃玄妙，禅海之波澜壮阔。他重回到了曹溪之后，认真阅读《大藏经》，曾提出六个重大问题，向师父请教。在六祖慧能的点化下，他终于融会贯通，彻底觉悟了。

第十八章　入　灭

六祖慧能已经是第三次来观察山门之前一尘不染的道路了。然而，他依然没有见到那扫路的人。他知道，那人一定在刻意回避他；他还知道，那人也一定躲在不远的什么地方。于是，慧能大师，以他"狮子吼"说法的功夫——能传播到很远的地方，徐徐说道："道路不是心路，清除外在的尘埃固然重要，关键是要自静其意，那么，心灵上的尘埃就会自动消失。过去的已经过去，未来的尚未到来，切切实实把握住现在。本来无一物，何处惹尘埃！"

曹溪边上的一丛灌木莫名其妙地抖动起来。

慧能一笑，刚想转身回寺，只见道路尽头，一行人马浩浩荡荡向这里走来。

是韶州刺史韦琚。韦大人来向慧能大师传达中宗皇帝的诏书来了：

"……师辞老疾，为朕修道，国之福田。师若净名，托疾毗耶，阐扬大乘，传诸佛心，谈不二法。薛简传师指授如来知见。朕积善余庆，宿种善根。值师出世，顿悟上乘，感荷师恩，顶戴无已。并奉磨衲袈衣及水晶钵，敕令韶州刺史修饰寺宇赐额'法泉寺'，赐师旧居为'国恩寺'焉。"

在客堂，韦琚将诏书合起来，递给慧能，又指着立在他身旁的两个官差捧着的东西说："大师，这是皇上赐给您的袈裟和水晶钵，请过目。"

韦琚掀开礼盘上罩着的黄缎，袈裟华贵，水晶钵更是晶莹剔透。

神会不改儿时的好奇，往前挤着叫道："哇，真漂亮啊！"

志诚拉住他："小心！弄坏朝廷的珍品，是要砍头的！"

神会一吐舌头，故意做个鬼脸。

慧能吩咐说："法海，收起来吧！"

法海、志诚将朝廷赏赐的礼物接了过来。慧能做个请的手势说："韦大人，又辛苦你上山一趟。请，请坐。"

韦琚入座后，双手合十说道："大师，根据皇上的敕令，广州刺史负责将您的老家改建为国恩寺。下官奉命重修宝林寺。你看何时动工为好？"

慧能说道："韦大人，自从三十年前，本寺护法陈亚仙大居士，将曹溪的大片山地布施给宝林寺，这些年来，贫僧与弟子们在山水奇胜处建造了13所寺院，总称为'花果园'。曹溪现在虽有数千僧众，但住的地方还是有的。所以，没必要劳民费财，再重修寺庙了。"

韦琚说："那怎么成呢，皇命难违！"

"朝廷敕命造寺，必堂皇至极，耗银无算。无端加重本州百姓的负担，贫僧担待不起呀！"

韦琚道："大师一片慈悲爱民之心，令我这父母官感激不尽，也备感汗颜。不过，您不用担心，皇上已拨下库银三十万两，不需动用本州一文钱。"

六祖慧能说："贫僧出身卑微，家境贫寒，养成了勤俭度日的习惯。韦大人哪，你若将这宝林寺修饰得富丽堂皇，气派豪华，贫僧怕是住不惯、坐不宁、睡不着哇。所以，你省下这几十万两银子，救济贫困百姓吧！噢，对了，前几日，我听香客说，韶北乐昌、仁化一带发生了百年未遇的大旱，庄稼枯死绝收。救人一命，胜造七级浮屠。你就把这批建寺庙、造浮屠（佛塔）的银子，当作官家的赈灾款，救济了灾民，以助他们度过荒年。"

韦琚急忙站立起来说道："大师，你这是让我丢掉头上的乌纱帽哇！朝廷下拨的专用库银，下官若是挪作他用，轻则丢官，重则杀头！您饶了下官吧，借给我几个胆儿，我也不敢挪用您的佛资。"

慧能低头思索了一会儿，说："韦大人，不客气地说，修建寺庙，塑造佛像，贫僧比你在行。"

韦琚说："那当然。下官只知经济文章，对建筑、雕塑一窍不通。"

"那么，你是否可以把朝廷下拨的库银交给贫僧，由贫僧主持修造寺院这件善事？"

韦琚点点头："可以，可以，下官回韶州之后，立刻将银子全部解到宝林寺来，交给您。"

如果不是亲眼看到，六祖慧能绝对没有想到，韶北的旱魔肆虐得如此严重！

烈日当空，炽炎似火。断流的江河。龟裂的土地。枯死的禾苗。蔫萎的树木。默默无语的送葬人。片片新坟。……

尘土飞扬的漫漫长路上，扶老携幼的逃荒人群毫无生气地缓缓而行。

慧能率领法达、志诚、志彻、神会等弟子，在灾区奔波。他们来到了一座小镇，看到破败不堪的十字街头，一支黄色幡旗飘扬，上书：宝林寺施粥。

先期到达的法海，在热气腾腾的大锅边掌勺盛粥。饥民从四面八方拥来，有的拿着破瓢，有的伸出瓦罐，乱哄哄挤作一团。

慧能见状，登上因无粮可碾而废弃了的一个碾盘，大声喊道："乡亲们，大家不要挤，不要着急！请大家排好队，按顺序来。宝林寺的粥厂，一天十二个时辰不断，保证大家都能吃上。只要灾情一日不减，我们施粥一日不断！"

人群中有不少人认出了慧能，纷纷低声说："是慧能大师来救济我们了……"

慧能继续说："天降灾难，就是在警示我们，要同舟共济，共渡难关。越是这个时候，越要相互救助啊！"

于是，人们自动排好队，次序井然。

慧能从碾盘上下来，走到队尾，搀扶起一个病弱老人。人们纷纷给他们让开路。慧能动情地说："谢谢大家，谢谢大家！礼让老者，爱护幼童，是我中华千古美德。在这危难之时，只要我们互帮互助，就一定能渡过难关！"

慧能将老人扶到锅边。法海给他盛上粥，老人急不可耐地马上向嘴里倒，呛得咳嗽起来。慧能边给他捶背边说："老人家，不要着急，只要我慧能力所能及，一定不会让你们再饿死一个人！"

老人泪花闪烁，一个劲点头。

志彻接替汗流满面的法海。慧能对他说：“法海，眼下当务之急是广设粥厂，救济四方灾民。”

法海抹一把汗，气喘吁吁说：“师父，我们已在外出求生的灾民们必经之路上设了十八座粥棚。”

“还不够，还要多设一些。”

法海说：“我们的人手不够。更主要的是，米、面需要量太大，来不及运输。”

慧能想了想说：“人手不够，可以组织灾民自助。至于米面，我们去到大户人家化缘，用我佛的慈悲感化他们，开仓布施。实在不行，由我们出资购买他们库存的余粮。”

法海说：“我这就去办理。”

一个小女孩儿，双手抱着粥罐匆匆向街角跑去，不小心跌了一跤，瓦罐摔得粉碎。她一边用手去捧洒在尘土上的粥，一边放声大哭。

慧能大师用自己的钵盛上粥，送到她跟前，拉起她说：“孩子，别哭，别哭。给，你喝吧。”

小女孩儿接过钵，又向街角跑去。

六祖慧能一边追她，一边喊：“孩子，别跑，你就在这喝吧。不够，还可以再去盛。”

小女孩儿头也不回地说：“我先给妈妈送去，妈妈快饿死了。”

慧能大师急忙跟她而去。

在一处断壁残垣的房角，慧能追上女孩儿。墙角草堆上，躺着一位半昏迷状态的中年妇人。

小女孩儿将粥钵递到女人嘴边，女人嘴唇动了动，却无力抬头。

慧能将她拖起来，倚靠到墙边。

神会帮着小女孩儿将粥喂到了妇人口中。那女人越喝越快，半钵粥下肚，人也恢复了生机。她睁开迷蒙的眼，微笑的慧能在她眼里成了放着光芒的观音菩萨。她喃喃说道：“大慈大悲观音菩萨，救苦救难观音菩萨……”

六祖大师看到女人苏醒了过来，便悄悄离开了。

小女孩儿："娘，那不是观音菩萨，是慧能大师施粥救了咱们。"

女人一愣，闭闭眼再睁开，看到的是一个老和尚的背影。

小女孩儿说："娘，他就是慧能大师呀！"

女人面对着那消失了的背影，喃喃说道："慧能大师就是活菩萨……"

六祖慧能最担心的事情还是发生了：瘟疫，这个恶魔拖着巨大的阴影，正在一步步逼近！

正值农历五月，天气异常酷热，病饿而死的无主尸体很快腐烂，蛆虫乱爬，苍蝇横飞，臭气熏天！更可怕的是，疫病，这个有史以来人类最凶残的杀手，已经开始在个别人中流行传播……

饿殍、腐尸无处不有。若是不赶紧掩埋，必将严重污染土壤、水井、空气，何况携带着病菌的蚊蝇无处不在，那么，一场空前的大瘟疫将不可避免！

人们谁不惧怕传染？所以，老百姓无人敢去埋葬那些携带着瘟疫病菌的无主腐尸……

我不下地狱，谁下地狱！六祖大师决定自己亲自带领弟子们去掩埋那些尸体。然而，一个出乎他意料的情况发生了：

原来那些暴露在荒野的死尸不见了，全部掩埋了起来。而且，那些患瘟疫而死的人，还被用木柴火化了！

什么人如此慈悲？如此无畏？

终于，慧能大师在一个火化腐尸的火堆旁，看到了那个人——那个常年打扫宝林寺山门前道路的人，那个脸上有伤疤的老僧。他似乎已经被传染上了瘟疫，有气无力地躺在火堆旁。当他发现六祖和几个弟子正在向他走来的时候，急忙摇着手，制止大家向他靠近。

六祖慧能没有停住脚步，仍然向他走了过来。他用尽最后的力气，挣扎着站立起来，力图躲向远处……

"陈阿四，阿四。阿四哥——！"

慧能突然发出一声饱含深情的呼唤！

那老僧下意识地定在了原地。随即，他的后背在剧烈抖动……

"阿四，知客师。影隐禅师！"

慧能继续呼叫着，颤抖的声音，说明他已经老泪纵横了……

老僧终于转回身来——他，果然是慧能少年时期的伙伴陈阿四，也就是因大火而毁容变相了的东山寺知客，影隐禅师！

"影隐师，我早就知道是你。几十年，我早就盼望着你能以本来面目与我相见……"

影隐以手掩面，无声地抽泣。

慧能向他伸出了友谊的双手，欢迎的双手。影隐痛哭流涕，无限自责地说："慧能，我、我、我……我罪该万死，我浑身罪孽，我……"

"咳——"

慧能大喝一声，打断他的话："影隐，本来无一物，何处惹尘埃！"

影隐一愣，随即，本来已经奄奄一息的他，脸上突然灿烂出夺目的光华——在六祖的激发下，他，豁然开悟了！彻悟的光辉，照亮了他生命的最后一刻。他如梦似幻地说道："南无慧能大师……"

慧能如释重负，欣慰地笑了，一步步向他走去。

影隐急忙摆摆手说："慧能，你不要过来，我已经感染上了瘟疫……"

慧能像是没听见，依然深情地微笑着向他走去。

影隐却一步步向后退，已经退到了那火化死尸的火堆旁！突然，他转过身去，一跃跳入了熊熊大火之中！

"影隐，阿——四——"

慧能发出一声撕心裂肺的呼喊。

烈焰翻滚中，影隐跏趺而坐，火光映红的脸上，流露出安详的微笑……

目睹这一切的禅僧们都跪了下去，集体念诵起往生咒：

南无阿弥多婆夜　哆他伽多夜　哆地夜他　阿弥利都婆毗　阿弥利哆　悉耽婆毗　阿弥利哆毗迦篮帝　阿弥唎哆　毗迦篮多　伽弥腻伽伽那　枳多迦利　娑婆诃……

慧能像是因悲伤过度而站立不稳，身体摇晃起来。时刻关注着师父状况的神会，赶紧将禅杖递给了他。

慧能拿起禅杖，徐徐舞动起来……

随着他禅杖的舞动，有微风起于草叶之下，徐徐吹过原野……

他越舞越快，越舞越快，将禅杖舞成了一团黑云。于是，乌云翻滚，狂风大作……

他，六祖慧能，进入了一种最为神奇的禅定："龙奋迅三昧"——但见，他手中的禅杖活像一条飞龙，呼啸而出，升腾而起——

一道闪电从乌云中蹿出——

一声炸雷砸地轰鸣——

瓢泼大雨从天而降……

六祖慧能大病一场。

在宝林寺方丈室，他在床上倚着被子斜靠着，听刚刚从乐昌一带回来的法海讲述赈灾的情况："……朝廷拨的三十万两修建寺庙的库银，已全部购买了粮食，连同各寺僧众捐献的粮食、衣物，已尽悉运往了灾区。下了那场大雨，旱情已经解除，灾民们正在抢种庄稼。这场天灾，总算抗过去了。"

慧能突然打了个冷战，愣了一会儿，两行清泪流了下来。

法海说："师父，你还在为影隐师叔难过？哀极伤神啊，师父！自从你因悲劳过度大病之后，身体大不如以前了，可要节哀啊。"

慧能说："我是在哭你神秀师伯。你神秀师伯，在京城入寂了。"

法海一愣："师父，你什么时候接到的凶讯？"

"刚才。刚才我一晃忽，已经感知到了。天地之间，众生迁流，你来我往，生灭无常啊！法海，你去将法达他们召到大雄宝殿。"

大雄宝殿里，法海、法达、志诚、志彻、志道、智常、智通、法珍、法如、神会十大弟子，分列二排，慧能大师从合十而立的他们中间穿过，坐到了法座上。

慧能逐个看了看弟子们，缓缓说道：“刚才，我们遥祭了神秀大师。我知道，北禅各门认为我是离经叛道，异端邪说。你们也有许多人看不起神秀的北禅。神秀师兄作为三帝之师，两京皆宗，岂是浪得虚名？只不过他的渐悟之说与我顿教各有侧重罢了。最难能可贵的是，神秀大师为人谦虚，胸襟坦白，道德崇高，堪为我等出家人的楷模啊！”

慧能歇了一口气，接着说：“你们十大弟子，与其他弟子不同，以后你们要和行思、怀让他们一样，也会各自住持道场，弘化一方。我要你们记住，学佛修禅的人，应该把一切善恶念头消除干净，唯有先天具足的自性，才是独一无二的本质。佛门弟子，应该在真实的自性之上，讲经说法，进而建立一切宗派教门。我所讲的这些，需要你们来认识理解。”

法海带师弟们回答：“师父请放心，我等今后一定遵循奉行。”

慧能点点头。

法达上前半步，像有什么事，发现慧能正在闭目冥思，悄悄退了回来。

六祖慧能闭着眼说：“法达你有什么事吗？”

法达说：“弟子听到有人指责我们禅宗标榜的‘不立文字，教外别传’是异端邪说。对于这种指责，师父做如何解说？”

慧能大师睁开眼睛说：“不立文字，是说不要拘泥于经典，并不是说不要经典。禅宗注重直入心性，注重般若空慧，从这个意义说，整个大乘经典中的般若思想和如藏思想都是禅宗立派的根据。人家之所以指责我们，是因为有些人执著于佛性的空无，甚至说佛性不需要文字。既然不需要文字，那么这些人也就用不着语言了，因为语言也是可以听见的文字。要知道，‘不立’两个字也是文字，还是没有离开文字呀！”

法达点头称是。

六祖接着说：“任何事物都不能走入极端，更不能执著于事物的表面现象。你们要依照我所讲的佛法修行，切不要百物不思，阻碍了明心见性。如果只是听听佛法，或念念佛经，而不去依照佛法修行，这会让人反而产生出更多的偏见邪念。因此，你们必须依据佛法来修行，而不要执著于事物的表面现象。你们若是明白了这些道理，照此做事、运用，就不会离开本门的宗旨了。”

四天王山绿了黄，黄了绿，宝林寺一侧果园里的桃花开了又谢，谢了又开，结满累累硕果。

慧能望着枝头成熟的果实，发自内心地笑了。

法海与立楷走了过来，站在他身后合十致礼叫了一声：“师父。”

慧能转身，欢喜地叫道：“法海，立楷，你们从新州归来啦？”

“是，师父。弟子们刚刚回到宝林寺。”

“事情办得怎么样啦？”

法海说：“所幸未辱师命。您吩咐在国恩寺建的塔，已于上月落成了。”

慧能点点头：“好，好。法海，立楷，这一年，你们在新州监督造塔，能提早完工，辛苦了。”

“弟子是应该的。”

慧能顺手摘下两个桃子，仔细擦了擦桃毛，递给法海和立楷。

“谢谢师父。”

两个人大口吃了起来。

慧能看着他们吃桃的样子，开心地笑笑，问道：“甜不甜？”

法海说：“甜，很甜。师父，你尝尝。”

慧能一笑，摇摇头说：“法海，你说，辛辛苦苦种桃树的人，什么事叫他最开心？”

法海尚未回答，慧能已飘然自去。

“当、当、当……”

宝林寺的大钟敲破了山野的空寂，僧众们匆匆向大雄宝殿集中。

这一天，正是唐玄宗先天二年（713）七月一日。

大殿里，慧能端坐法座上，数百名僧人井然静坐。

慧能环视了一周，开口说道：“今天把你们全体召来，是因为我有重要的事情要说。”

慧能停顿了片刻才接着说："去年七月，我吩咐法海与立楷到新州国恩寺建塔，并督促他们必须在今年七月前完工，许多人不理解。我现在可以告诉诸位了。那座塔，是我为报答父母的恩情而修建的报恩塔，因为，贫僧在下个月，也就是八月，就要入寂了。"

众僧都吓一跳，呆呆的，似乎听错了似的。

慧能一笑，说："你们不必吃惊，趁我在世尚有一个月时间，你们在修行上有什么问题，赶快提出来，我为你们释疑解答。"

僧众们哪里还顾得上提问题，震惊之后便是莫大的哀伤，全都呜呜痛哭起来。只有神会不动声色，也不哭啼，好像什么事也没有发生一样。

挨着神会的志诚，见他无动于衷，怒从心起，狠狠打了他一拳，低声骂道："你这没良心的东西！平时，师父最疼爱你，但现在……"

神会疼得龇牙咧嘴，还是没有哭。志诚刚想再打他，听到师父慧能喝道："志诚，你干什么！你们大家都在干什么？"

慧能威严的目光巡视着全殿，僧众们的痛哭变成了无声的抽泣。

慧能说："尤其是志诚，你为什么打神会？神会年纪虽小，却已得到了无善无不善、在生死荣毁面前无动于心、既不哀伤也不快乐的佛家真谛。你们其他人都未达到这种境界。不知你们在山中修行多年，都修些什么？你们现在悲伤哭泣是为谁？我问你们，佛陀去世时，你们哭了没有？一百年后我再次去世时，你们哭了没有？"

众僧一愣，法海说："师父，佛陀一千多年前去世时，还没有我们；而一百年以后，也就没有你了呀！"

慧能说："这不就对了嘛！过去没有你们，将来没有我。世间无常，有生就有死，即使贵如释迦牟尼佛祖，不是也入灭了吗？"

众僧停止了抽泣。

慧能缓了一口气，柔声说道："现在我再告诉你们，佛性本来就没有生，也没有死；没有来，也没有去。我的形体之身迁化了，可我的佛性之身却依旧如故，从本质上是无生无死、无来无去的。"

法海顶礼拜叩后问道："师父圆寂之后，衣钵将交付什么人呢？"

六祖慧能说："我自在大梵寺讲说佛法至今，所说述的内容被世人广为抄传，称之为《法宝坛经》。法海，你不是有一份详尽的记录吗？你们将《坛经》互相传授，广度大众。只要根据《坛经》讲授佛法，就是正确的佛法。至于衣钵，根据我师父弘忍大师的嘱咐和达摩祖师的偈子之意，就不再传了。"

为了说明自己的根据，六祖慧能重新吟诵起达摩祖师的偈子：

我本来兹土，传法救迷情，

一花传五叶，结果自然成。

一花五叶，代表着禅宗在传过五代之后，至六祖慧能，禅法大盛，遍地开花，结果自成，所以，就不用以衣钵传宗了。众人一听，都默默垂下头。偌大的佛殿之中，凝结了一层像蝉翼一样脆弱的静默……

"哇……"

忽然就有撕心裂肺之声骤然响起。是他，一个小沙弥，一个名叫希迁的小沙弥。他是继婴行、神会之后，最后一个随侍六祖的小沙弥。他一屁股坐到地上，号啕大哭。

法海过来哄他："希迁，别哭。你没听到大师所说的话吗？再哭，大师就不高兴了。"

小希迁不管不顾，依旧伤心地哭个不停。

六祖慧能从法座上走了下来，抱起他，边给他擦泪边说："小希迁、小希迁，你看大家都不伤心了，你还哭什么？"

小希迁的脑袋伏在六祖的肩头，呜咽着说道："师父，你不能死呀！你若是死了，我可怎么办呢？我将来跟着谁学佛法呢？"

六祖将希迁放下来，双手捧着他的小脸说："希迁，希迁，你的名字不是叫'希迁'吗？"

希迁虽然听出师父的话里别有意味，但他太小了，尚不知其中寓意，迷惑不解地说："师父，我这法号，还是几年前您给我剃度时，亲自给我起的呢！”

六祖点点头。小希迁依依不舍地拽着六祖慧能的衣襟说：“师父，你圆寂之后，我当依止何人？跟着谁修禅呢？”

六祖微微一笑，答以三个最简洁的字：

“寻思去！”

六祖慧能放下希迁，对法海说：“法海，你去韶州准备船只。过几天，我要回家去。回家乡的国恩寺。”

六祖慧能乘坐的木船从韶州出发，沿着北江顺流而下。

清清绿水，点点帆影，脉脉青山，灿灿野花，深深蓝天，片片白云，一切都是那么自然，那么美好。连卓立船头的慧能的苍老身影，融在这大自然里，也是那么和谐。

船到三水，沿新兴江逆流而上。其时，北风劲吹，木船高扬风帆，顺利到达六祖慧能阔别多年的故乡——新州夏卢村。

六祖故居，已经奉诏改建成了国恩寺。

慧能登上法海与立楷修建的报恩塔，故乡山水尽收眼底：龙山依旧苍翠，卢溪依旧潺潺，连那吹过稻田的风儿，都是那样地熟悉、亲切……

按照当地的风俗，他率领弟子们将父亲卢行瑫、母亲李氏夫人的遗骸重新入殓，安葬在了一起。

将所有的后事料理完毕之后，八月初三日，慧能大师沐浴更衣，跏趺静坐在大殿之中。

国恩寺一片黑压压的人群。没有经声，没有梵唱，僧俗们静静坐着，摇曳不定的灯光里，慧能苍哑的吟诵，像精灵一样在夜空中回荡：

心地含诸种，普雨悉皆萌，
顿悟花情已，菩提果自成。

兀兀不修善，腾腾不造恶。

寂寂断见闻，荡荡心无著。

六祖慧能稍一间歇，接着说："诸位善知识，贫僧一生所说的道理，不过是一场及时雨，普润诸位的心田罢了。你们自身本具的佛性，就像花木的种子，才是成佛得道的真正原因。但愿诸位发大心愿，普度一切众生。"

慧能说完，闭目静坐。

"梆、梆、梆！"

殿外三更敲过，六祖慧能睁开眼说："我走了！"

一代宗师，溘然寂灭。

这时，一道白虹突然出现在夜空。它连天接地，将四周的庙宇、林木尽染白色。卢溪之畔，夜鸟哀鸣；龙山之上，猿猴悲啼……

禅宗第六代祖师慧能，春秋七十有六。年二十四传衣，三十九祝发，说法利生三十七载，得法弟子四十三位，度人无数。

三个月之后，弟子们将六祖慧能的遗体运回了曹溪。如今，六祖的法体依旧供奉在南华寺（由古宝林寺更名）内。一如同他所开创的禅宗、所讲述的《坛经》，历千年而常新……

尾声　最后的弟子

宝林寺，十多年之后。

一枚黄叶从高高枝头飘然而下，落在了树下默然静坐的一位青年比丘头上。一只蝴蝶翩跹而来，摇摇摆摆栖息他的肩头。左前方，供奉六祖肉身的木塔下，首座和尚将这一切都看在了眼里，他不禁摇摇头，轻轻叹了口气。他犹豫了片刻，最终还是走了过来，关切地对寂然独坐的青年僧人说道："希迁，你又在这里坐了一天了吧？是不是又没有吃饭？唉——师父六祖大师已经去世十多年了，你这样整天枯坐着有什么用呢？"

两行清泪从希迁脸上潸然而下："六祖临圆寂之前，嘱咐我要好好寻思。我现在不过是秉承大师的遗训罢了。"

自从十几年前，六祖慧能圆寂，时年一十三岁的希迁的金色童年之帷幕便悄然落下了。出家伊始，自己的业师便溘然而逝，不啻幼年丧父，其悲怆，其凄凉，可想而知。因此，在失去了精神依怙、灵魂导师之后，希迁一直在痛苦地彷徨，求索。每天总是这样默然独处静坐。一晌，一日，甚至连续几天，忘记吃饭，忘记睡觉，只是这样默默思索着，思索着……

"路漫漫其修远兮，吾将上下而求索。"

十多年漫长的岁月，就这样浸满了"寻思"的苦涩，小沙弥也在如云似雾的思绪中悄然长成青年比丘。

首座和尚说："你总这样一个人苦苦思索下去也不是个办法。大师兄行思在江西吉州青原山开法，他的见地高拔时辈。要不，你就寻找行思去吧。"

"大师兄，行思？去寻找行思？寻……思……"

"对呀，六祖让你'寻思去'？明明就是让你寻找行思去呀！"

希迁，希冀迁徙；树挪死，人移活，迁移，变迁，变易，就有新的希望！

希迁像一只脱困的雄狮，仰天长啸一声，绝尘而去。

希迁日夜兼程，千里跋涉来到吉州青原山。前面，不远的地方，那片绿树掩映着的古老殿宇，就是行思大师传禅的静居寺了。

蓝天辽阔，白云悠然，青山叠翠，碧水清冽。高高山门之前，一抹红墙之外，灼然灿烂着大片黄黄的油菜花。清风徐来，金浪起伏，馨香浮动。最美妙的是，花海簇拥之中，金浪漂浮之上，就这样赫然存在着一位老和尚！

他弯腰，弓背，垂首，头上还顶着一只硕大的斗笠，使人无法看清他的面容。其实，人们也不会去注意他的面孔，因为，他自己已经进入了一种浑然忘我的境界，全部心神都集中在手中的锄头之上。他徐徐挥动着锄头，一心一意在大地上描绘着精美的图画。不知是风的轻拂带动了他的舞蹈，或者满园黄花随着他的锄头的律动一起舞蹈，反正他早已与周围的一切融为了一体，有一种浑然天成的神韵。一切都是那么自然，那么和谐，似乎，若是没了他的存在，天便不再湛蓝，云便不再舒卷，风便不再吹拂，花便不再芬芳……山川大地因为有了他的劳作而生机盎然；而他，因了周围的一切，生命才有意义。

他，是画家妙笔生花、画龙点睛一样描绘而出的神韵，还是沉沉大地、郁郁黄花幻化而出的精魂？

希迁被眼前这幅活生生的、司空见惯又充满诗情画意的美妙情景感动着，心灵深处有一种朝阳喷薄欲出、岩浆即将迸发的跃动。天哪，十几年来，他苦苦寻思、苦苦追求的禅之神韵，禅之真谛，不就存在于这最简单、最平凡、最和谐的生活之中吗？！自然，和谐，就是禅的韵律。

希迁脸上洋溢着梦幻般的、灿若朝霞的微笑，一步步走向田中劳动的老僧。老僧头未抬，手不停，轻轻问道："你是谁？从哪里来？"

"您是行思大师吧？我叫希迁，从曹溪来。"

行思不禁抬起头，看了这个青年比丘一眼，问道："你从曹溪来，带来了什么东西呢？”

行思说着，随手拈起一朵小小的野花，插在了斗笠上。

就是这样一句看似平常的话语，一个不起眼的动作，却蕴含着铺天盖地的禅机，直接示出禅的心要。当年，六祖就是这样启发怀让的呀！希迁看着行思大师头上的毫不起眼小花，心有灵犀一点通。于是，他内心深处那硕大无朋、璀璨无比的禅之花蕾已经灼然开放！他宛然一笑，说道：“我带来的东西，在参礼曹溪六祖慧能之前便早已具足了。”

是啊，人人本具的佛性，在凡不减，在圣不增。如同那小小野花与这遍地黄花一样，它们都蕴含着芬芳，都天然具有甘甜的蜜浆。

果然，就有一只蜜蜂从灿烂的菜花丛中振翅而起，轻轻落在了行思大师头顶的野花上。行思却不肯轻易放过，冷冷地说：“既然在参谒六祖之前便早已具足了，那么，又何必大老远地跑到曹溪，去麻烦师父慧能他老人家呢？”

希迁的目光始终没有离开在野花上采蜜的小蜜蜂，嘴里轻轻说道：“假如我不到曹溪，不去参拜六祖大师，又怎么能够知道，自己的佛性本来就已经具足呢？”

是啊，如同他不来寻找行思，怎么能发现这一切呢？

闻听此言，行思大师的老脸灿烂成了一朵盛开的菊花。他摘下斗笠上的野花，递给了希迁。如同一千多年前，佛祖释迦牟尼递给大迦叶尊者的那枝金莲花一样……

从此，希迁投在行思门下，成了青原山上的一只金色麒麟。

后来，希迁在南岳衡山大开法门，世称“石头希迁”。他与同时期在江西传禅的马祖道一，共同开创了禅宗狂飙突进的崭新局面。这两座中国禅宗史上的巍峨高峰，或许只有同时代的文学领域的李白、杜甫堪与媲美。马祖道一机锋峻烈，大机大用，恰似蛟龙闹海；石头希迁深邃绵密，清高孤傲，宛若凤鸣云霄。他们二人并世而出，湖南衡山孤峰突起与江西洪州选佛场相互辉映，蔚然成为中国思想史上的一大奇观。

“十影神驹立海涯（马祖），五色祥麟步岸天（石头）。”

“星垂平野阔，月涌大江流。”马祖道一在江西烘炉大开，千锤百炼打造的禅僧个个铜头铁臂，龙腾虎跃，闯关夺隘，大机大用。

“孤峰高千仞，只许明月临。”石头希迁端坐在南岳绝顶，门风孤峻，目光犀利，经他印可的弟子，人人保任功深，仙风鹤骨，非同凡响。其后，马祖门下诞生了沩仰、临济两大宗派，石头座下演化出曹洞、云门、法眼三大支流，中国禅宗，发展到鼎盛时期，成为人类文明史上最璀璨的智慧花朵……